U0939677

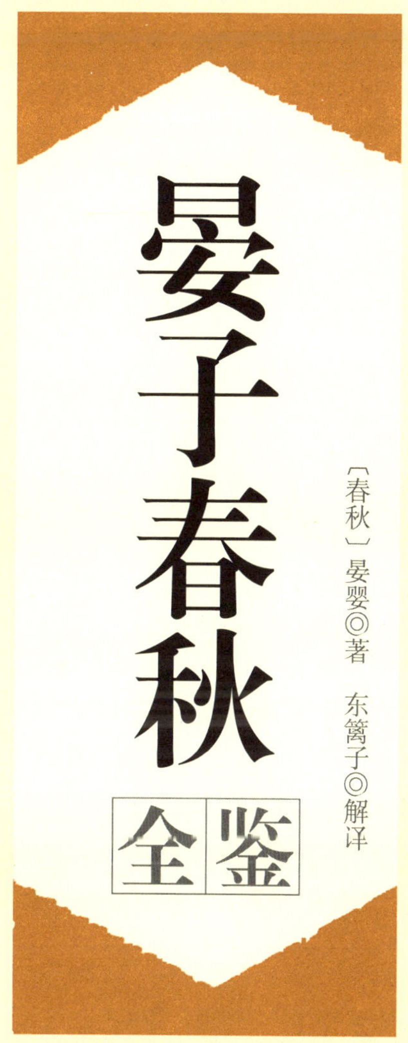

晏子春秋全鉴

〔春秋〕晏婴◎著

东篱子◎解译

中国纺织出版社有限公司

国家一级出版社

全国百佳图书出版单位

内 容 提 要

《晏子春秋》是一部记叙春秋时代著名政治家、思想家晏婴君臣对话的书。书中详细地记述了晏婴生平事迹及各种传说、传闻，记录了晏子劝谏君主不要贪图享乐，要爱民为民，反映了晏子的政治主张，再现了晏子机智贤明的形象。本书对《晏子春秋》的内容进行了精心注释和翻译，便于读者在忙碌之余轻松阅读。

图书在版编目（CIP）数据

晏子春秋全鉴：珍藏版 /（春秋）晏婴著；东篱子解译. --北京：中国纺织出版社有限公司，2019. 11

ISBN 978-7-5180-6946-0

Ⅰ. ①晏… Ⅱ. ①晏… ②东… Ⅲ. ①先秦哲学 ②《晏子春秋》—译文 Ⅳ. ①B220. 4

中国版本图书馆CIP数据核字（2019）第240567号

策划编辑：张淑媛　　责任校对：韩雪丽　　责任印制：储志伟

中国纺织出版社有限公司出版发行
地址：北京市朝阳区百子湾东里 A407 号楼　邮政编码：100124
销售电话：010—67004422　传真：010—87155801
http：//www.c-textilep.com
中国纺织出版社天猫旗舰店
官方微博 http：//weibo.com/2119887771
北京华联印刷有限公司印刷　各地新华书店经销
2019 年 11 月第 1 版第 1 次印刷
开本：710×1000　1/16　印张：20
字数：295 千字　定价：68.00 元

前言

《晏子春秋》是记叙春秋时代著名政治家、思想家晏婴君臣对话的一部书。全书分为内篇和外篇两大部分，共八卷（215篇），与《汉志》八篇之数相合。《晏子春秋》思想非儒非道，秦始皇时代曾被视为离经叛道之作，列为禁毁书目，但于今天看来，可说是一部教化人廉洁无私、勤俭朴实、勤政为民、敢于谏言的智慧之书。

晏子，名婴，齐国夷维（今山东省高密县）人，生年不详，卒于公元前500年。他的父亲晏弱为齐国上大夫。其父于齐灵公二十六年去世后，晏子开始继任齐卿，历经灵公、庄公、景公三朝，长达五十余年，其中辅佐景公四十余年之久，本书中记录的故事多为这个时期所发生的。

春秋战国时期，周王朝已经由盛到衰，诸侯纷争，各霸一方。在那种弱肉强食、各诸侯国都希望能得到治国贤才的动乱时代，晏子力挽狂澜，使齐国依然能站立强国之位。之所以赞誉晏子是我国历史上的“智者”之一，可与齐桓公时代的大政治家管仲齐名，这与他在齐国不断走向衰落、国君昏聩、权臣把持朝政、外有秦楚之患、内有人怨之忧的背景下所做出的贡献是分不开的。

晏子出任齐国宰相，依照当时的国情倡导严谨的治国思想。他深知民心向背是国家兴衰的根本，内外安定才是国力强盛的源泉，因此，他劝导君王对外主张友好诸侯，反对侵略；对内主张减轻徭役税赋，节俭薄葬，免罚省刑；他提倡礼治，注重伦理；他提倡举荐贤能，反对谄谀奸佞；他直谏君王摒弃邪僻、爱民勤政，不可骄奢淫逸、倒行逆施。晏子的这些政治主张无疑是正确的，也是治国安民所必需的。书中有着对封建社会贵族思想的揭露与批判，更有着对后世之人的警醒与启迪，可是说每一个小故事都是一堂人生大课。

《晏子春秋》在文学史上的价值毋庸置疑，不仅所讲内容积极上进，而且语言风格更是别具一格。其语言简洁明了，没有繁复冗长之感；辞藻虽不华丽，却能把质朴的君臣对话于传神之中传达出深刻的哲理。

《晏子春秋》现今尚存的有元刻本《晏子春秋》八卷、明活字本八卷、明抄本四卷等版本，其在流传过程中，难免出现错抄、漏刻的情况，但无伤大雅，内容基本一致。本书遵照前人的研究成果，参照张纯一《晏子春秋校注》（中华书局 2014 年 5 月版）等权威书籍的原文以及注释进行整理，在依从原文直译的基础上加以会意调整，使文章语言更为流畅，故事内涵更易理解。

为了便于广大读者阅读，本书对于作品内容进行了精心编著，并加以注释、生僻字注音以及配以流畅的现代译文。当然，由于水平有限，或许会有令读者不满意之处，万望海涵。

本书平装本自出版以来，广受读者欢迎和喜爱。为满足大家的收藏、馈赠需要，现特以精装形式推出，敬请品鉴。

解译者

2019 年 5 月

目录

《晏子春秋》·卷一·内篇谏（上）

《晏子春秋》·卷二·内篇谏（下）

《晏子春秋》·卷三·内篇问（上）

《晏子春秋》·卷四·内篇问（下）

《晏子春秋》·卷五·内篇杂（上）

《晏子春秋》·卷六·内篇杂（下）

《晏子春秋》·卷七·外篇第七

《晏子春秋》·卷八·外篇第八

《晏子春秋》·卷一·内篇谏（上）

庄公矜[1]勇力不顾行义晏子谏第一

【原文】

庄公奋[2]乎勇力，不顾于行义[3]。勇力之士，无忌于国。贵戚不荐善，逼迩[4]不引过[5]，故晏子见公。

【注释】

①庄公：春秋时期齐国君主，名光，齐灵公之子。公元前553~548年在位。《韩非子·奸劫弑臣》中有“其妻美，而庄公通之”，记载了他在位期间曾荒淫无道，后因与大臣崔杼之妻私通，被崔杼弑杀。矜：自尊自大，盲目崇尚。

②奋（fèn）：盲目崇尚。

③义：从古体“義”字解析，“我”是兵器，也代表仪仗；“羊”表祭祀用的温顺的牲畜。因此“义”可解释为合宜的道德、行为，也就是符合行为规范的行为，即一种最佳的行为方式。部分版本此处作“仁义”。

④逼迩（ěr）：接近、靠近之意。这里指君王身边的异姓近臣。

⑤引过：指出过错的意思。这里指向君王进谏。

【译文】

庄公盲目崇尚有勇猛之力的人，却不顾及推行礼仪的最佳行为方式。那些依靠勇力得势的人，从不顾忌国家法令，为所欲为。因此贵胄族亲不去推行忠言善事，异姓近臣也不敢进谏君王，朝纲混乱，所以晏子决定去拜见庄公。

【原文】

公曰：“古者亦有徒以勇力立于世者乎？”

晏子对曰：“婴闻之，轻死以行礼[1]谓之勇，诛暴不避强谓之力。故勇力之立也，以行其礼义也。汤、武用兵而不为逆，并国而不为贪，仁义之理也。诛暴不避强，替罪[2]不避众，勇力之行也。古之为勇力者，行礼义也。今上无仁义之理，下无替罪诛暴之行，而徒以勇力立于世，则诸侯行之以国危，匹夫行之以家残。昔夏之衰也，有推侈、大戏[3]；殷之衰也，有费仲、恶来[4]。足走千里，手裂兕虎[5]，任之以力，凌轹[6]天下，威戮无罪。崇尚勇力，不顾义理，是以桀

纣以灭，殷夏以衰。今公自奋乎勇力，不顾乎行义，勇力之士，无忌于国。身立威强，行本淫暴，贵戚不荐善，逼迩不引过。反圣王之德而循⑦灭君之行，用此存者，婴未闻有也。”

【注释】

①礼：这里专指等级社会的礼法、礼节、传统习惯等典章制度以及规范人们社会行为的制度。

②替罪：消灭罪恶。

③推侈、大戏：人名。出自《墨子·明鬼下》：“故昔夏王桀，贵为天子，富有天下，有勇力之人推侈、大戏，生列兕虎，指画杀人。”

④费仲、恶来：人名。《墨子·明鬼下》：“故昔者殷王纣，贵为天子，富有天下，有勇力之人费仲、恶来、崇侯虎指寡杀人。”

⑤兕（sì）虎：兕，指雌性犀牛；虎，指哺乳中的雌虎。兕虎，泛指猛兽。

⑥凌轹（lì）：这里是侵犯、欺凌之意。《管子·宙合》：“此言擅美主盛自奋也，以琅汤凌轹人。”《吕氏春秋·慎大》：“干辛任威，凌轹诸侯以及兆民。”《汉书·酷吏传序》：“酷吏独有侯封，刻轹宗室，侵辱功臣。”颜师古注：“轹，谓陵践也。”

⑦循（xún）：这里是遵循、效仿的意思。

【译文】

庄公问道：“从前有只凭勇力在世上久立的国家吗？”

晏子回答：“我听说，为了遵行礼仪规范而轻视死亡的人才能称为有勇，诛杀凶暴而不畏强悍的人才能称为有力。所以勇与力的树立，要以能推行礼仪和最佳行为方式为准则。商汤王、周武王用兵伐罪不是忤逆，兼并其他国家也不是贪婪，这都是在遵行仁义的行为。诛杀凶恶残暴从不畏惧其强悍，消灭罪恶从不害怕人多势众，这就是有勇有力的行为。古时候能称得上是有勇有力的人，都是遵行礼仪的勇猛之人；如今君上没有推行仁义的美德，臣下没有消灭罪恶、诛杀凶暴的行为，而仅仅依靠单纯的勇力而去立于世间，那么诸侯这样做以后就会导致国家面临危险，平民这样做就会导致家庭残破。以前夏朝的衰亡，因有推侈、大戏；殷国的衰亡，因有费仲、恶来。这些人虽然能行走千里，用手能撕裂猛兽，但任用他们的勇力后，他们却侵犯欺凌天下苍生，乱施淫威杀戮无辜百姓。像这样崇尚勇力，却不顾及推行仁义道德，这就是夏桀、商纣灭亡的原因，殷商、夏朝也是因此而衰亡。如今主公主张一味崇尚勇力，而不顾及推行仁义的最佳行为方式，任由有勇有力之人，毫不顾忌国家法令。以威强立身，以淫乱暴力行事，导致贵族皇亲不敢上陈推行善事，近臣也不敢进谏君王。像这样背离圣王德政天下的原则而仿效亡国之君的行为，用这种行为来求得国家长存，我晏婴从来没有听说过。”

景公饮酒酣愿诸大夫无为礼晏子谏第二

【原文】

景公①饮酒酣，曰：“今日愿与诸大夫为乐饮，请无为礼②。”晏子蹴然③改容曰：“君之言过矣！群臣固④欲君之无礼也。力多足以胜其长，勇多足以弑其君，而礼不使也。禽兽以力为政⑤，强者犯弱，故日易主。今君去礼，则是禽兽也。群臣以力为政，强者犯弱，而日易主，君将安立矣？凡人之所以贵于禽兽者，以有礼也，故《诗》曰：‘人而无礼，胡不遄死⑥。’礼不可无也。”公湎⑦而不听。

【注释】

①景公：春秋时齐国君主，名杵臼，是齐庄公异母的弟弟，崔杼弑杀齐庄公后立他为君主，即公元前 547~ 公元前 490 年在位。在位期间，残酷剥削，大兴酷刑，致使民不聊生。

②无为礼：不必拘于礼节。

③蹴（cù）然：惊悚不安的样子。

④固：固然，本来。

⑤禽兽：那些凭借强力而争夺为王的动物。政：主事者，这里指成为首领。

⑥遄（chuán）死：快速死去的意思。

⑦湎（miǎn）："湎"曾有质疑是"偭"的误字，应该是偭（miǎn），背转过去；违背的意思。

【译文】

齐景公饮酒到高兴之时兴致大起，说："今天我想与诸位大夫畅饮一番，请你们不要拘束于礼法。"晏子神色不安地说："君王的话有一些不对的地方，所有臣子本来就希望君王不讲礼法。力量大的人完全可以依靠力量大欺凌长辈，勇猛的人完全能够倚仗勇猛去杀死国君，但由于礼法制约着他们才不敢去行动。禽兽都是凭借力气的强大而能成为首领，强大的欺凌弱小的，所以每天都在更换首领。如今君王要是丢弃礼法，那就是和禽兽的情况一样了。朝中群臣都凭借力量去争夺权位，强的欺凌弱的，每天都要更换君主，那么君王将立身于何处呢？凡间的人之所以比禽兽高贵，就是因为人类讲求礼法。所以《诗经》里说：'人如果不懂得施行礼仪，还不如快些死去。'也就是说，礼法不能没有啊。"景公背转身子而不再听晏子所说的话。

【原文】

少间，公出，晏子不起；公入，不起，交举①则先饮。公怒色变，抑手疾视②，曰："向者③夫子之教寡人，无礼之不可也。寡人出入不起，交举则先饮，礼也？"晏子避席④，再拜稽首⑤而请曰："婴敢与君言而忘之乎？臣以致无礼之实也。君若欲无礼，此是已。"

公曰："若是，孤之罪也。夫子就席，寡人闻命矣。"觞三行⑥，遂罢酒。盖是后也，饬法修礼⑦，以治国政，而百姓肃也。

【注释】

①交举：相互举杯对饮。

②抑手疾视：用手按住桌子，愤怒地看着。疾，愤怒地。

③向者：过去的，以往。

④避席：离开座位。

⑤稽首：古时候的一种跪拜礼仪，叩头到地，是三拜九叩中最高的礼节。

⑥觞（shāng）三行：举杯三次。觞，中国古代的一种盛酒器具。

⑦饬（chì）法修礼：整顿法度，修正礼治。饬，整顿、整治、使整齐。

【译文】

过了一会儿，景公起身出去，晏子没有站起来恭送；景公走进来时，晏子也没站起来迎候，而在一起相互举杯时，晏子先景公一饮而尽。景公非常生气地变了脸色，手按桌子怒视着晏子说："以往先生教悔寡人不可不讲求礼法，而今寡人出入你都不起身致意，大家相互举杯你却先我而饮，这是礼法吗？"晏子赶紧离开座席，恭敬地叩头到地拜了又拜以示请罪，说："我哪敢忘记以往和君王说的那些话呢？我这样做只是向您演示一下不讲求礼法的后果。君主如果想不要礼法，就是这个样子的。"

景公说："先生说得对，看来这是我的过错啊。先生请回座席，我听从您的劝谏了。"然后，君臣举杯三次，就结束了酒宴。从此，景公便开始整顿法度、修明礼治，以礼法来治理国家政事，因此，百姓也恭敬守礼了。

景公饮酒酲三日而后发晏子谏第三

【原文】

景公饮酒，酲①，三日而后发②。晏子见曰："君病酒③乎？"公曰："然。"晏子曰："古之饮酒也，足以通气合好④而已矣。故男不群乐以妨事，女不群乐以妨功。男女群乐者，周觞五献⑤，过之者诛。君身服⑥之，故外无怨治，内无乱行⑦。今一日饮酒而三日寝之，国治怨乎外，左右乱乎内。以刑罚自防者，劝乎为非；以赏誉自劝者，惰乎为善；上离德行，民轻赏罚，失所以为国矣，愿君节之也。"

【注释】

①酲（chéng）：形容酒醉后神志不清的样子。

②发：起。这里指醒酒后起来。

③病酒：醉酒的意思。

④通气合好：疏通气血，使身体各部位的血脉通畅、运行和谐。

⑤周觞五献：相互敬酒对饮五次。觞，中国古代的一种盛酒器具，这里用作动词，指饮酒。

⑥服：躬行。

⑦故外无怨治，内无乱行：汉墓竹简作"故上无怨治，下……"。"下"字

后边残缺四字。“怨治”，刘师培《补释》云：“怨，当作蕴”。蕴，即丛脞（cuǒ），是细碎、烦琐的意思。

【译文】

齐景公饮酒大醉，迷迷糊糊地昏沉三天后才清醒。晏子进宫拜见齐景公时问道：“君王喝醉酒了吧？”景公说：“是的”。晏子说：“古时候的人饮酒，达到疏通气血、调和精气神就停止了。所以，男人不因聚众饮酒而妨碍本业，女人不因聚众饮酒而妨碍女工。男人和女人坐在一起饮酒时，也只是相互敬过五次为限，超过限度的人会受到斥责。君王自觉躬行这个原则，所以在朝廷之外没有积怨琐碎的政事，在朝廷之内没有出现祸乱朝纲的行为。而主公您如今饮酒一日，醉卧三天，朝政在外就会遭受怨声载道，在内也会有臣子伺机作乱。那些惧怕刑罚的人，会因刑罚的疏漏而肆意为非作歹；原本以追求功名自勉的人，也懒得施行善事；倘若君王背离德行，臣民轻视奖赏与刑罚，就会丢掉治国之本，希望君王您能够节制饮酒啊。”

景公饮酒七日不纳弦章之言晏子谏第四

【原文】

景公饮酒，七日七夜不止。弦章①谏曰：“君欲饮酒七日七夜，章愿君废酒②也！不然，章赐死。”

晏子入见，公曰：“章谏吾曰：‘愿君之废酒也！不然，章赐死。’如是而听之，则臣为制③也；不听，又爱其死④。”晏子曰：“幸矣，章遇君也！令章遇桀纣⑤者，章死久矣。”于是公遂⑥废酒。

【注释】

①弦章：齐景公时期的大臣，生年卒月不详，是一个善于讽谏的忠臣。

②废酒：废止饮酒。这里指劝说景公停止酗酒。

③臣为制：被臣子管制。为，被……。

④爱其死：可惜他的死。这里指景公舍不得赐死弦章。

⑤桀纣：桀，夏朝的最后一个君王；纣，商朝最后一个君王。他们是历史上的两个暴君。

⑥遂：于是，就。

【译文】

齐景公饮酒，喝了七天七夜还不停止。弦章进谏说："君王已经喝了七天七夜的酒，臣恳请君王废止饮酒！倘若不能听臣所言，就请赐臣死。"

之后晏子入宫参见景公，景公对他说："弦章对我进谏说：'臣恳请君王废止饮酒！倘若不能听臣所言，就请赐弦章死。'如果我这样听从了弦章的话而停止饮酒，那我这个君王就是被臣子管制了；不听他的话，我又舍不得他死。"晏子听后便说："真是幸运啊，弦章遇到了君主您！如果让弦章遇到了桀、纣那样的暴君，弦章早就被赐死了。"从那以后，景公就停止了酗酒。

景公饮酒不恤天灾致能歌者晏子谏第五

【原文】

景公之时，霖雨①十有七日。公饮酒，日夜相继。晏子请发粟于民，三请，不见许。公命柏遽②巡国，致能歌者。

【注释】

①霖雨：连续降雨三日以上为霖，亦称淫雨。

②柏遽：历来有不同说法，有一说认为是景公一个近臣的名字，有一说认为"柏"就是"伯"，属于官名，是君主的近臣。本文采用此说。遽，匆忙，仓促。

【译文】

齐景公时期，有一次连续下了十七天的雨，景公却夜以继日地在宫中饮酒作乐。晏子请求发放粮食赈济灾民，请求多次，都没有得到准许。而与此同时，景公却命令近臣火速到全国巡查，招致善于歌舞的人入宫。

【原文】

晏子闻之，不说①，遂分家粟于氓②，致任器于陌③，徒行见公，曰："霖雨十有七日矣，怀宝④乡有数十，饥氓里有数家，百姓老弱，冻寒不得短褐⑤；饥饿不得糟糠⑥，敝撤⑦无走，四顾无告。而君不恤，日夜饮酒，令国致乐不已，马食府粟，狗餍刍豢⑧，三保之妾，俱足梁肉。狗马保妾，不已厚乎？民氓百姓，不亦薄乎？故里穷而无告，无乐有上矣；饥饿而无告，无乐有君矣。婴奉

数之筴[9]，以随百官，使民饥饿穷约而无告，使上淫湎失本而不恤，婴之罪大矣。”再拜稽首，请身[10]而去，遂走而出。

【注释】

①不说：不高兴。“说”通“悦”。

②家粟：春秋时，诸侯以封邑立国，大夫封以禄田为家，“家粟”是指晏子自己的禄田里产出的粮食。氓：指平民百姓。

③任器：盛装粮食的器具。陌：田间东西走向的道路，泛指田间小路。

④怀宝：王念孙云“怀宝”当为“坏室”的笔误。后文中的“怀宝”亦如此，都是毁坏的房屋之意。

⑤短褐：用兽毛或粗麻布做成的短上衣。泛指平民的衣着。

⑥糟糠：酒滓、谷皮等粗劣食物，是贫穷的人用来充饥的食物。

⑦敝撤：走路艰难。

⑧狗餍刍豢（gǒu yàn chú huàn）：餍：吃饱，比喻满足。刍豢：泛指牛羊等家畜。

⑨筴（cè）：“筴”同“策”，书写文字的简册。

⑩请身：即“乞身”，是请求辞职的委婉说法。

【译文】

晏子听到这件事以后，非常不高兴，就把自己禄田里产出的粮食分发给了灾民，并把装运粮食的器具放在田间的小路旁，然后步行着去参见景公，说：“大雨连续下了十七天，每乡有数十家房屋被冲毁，每个闾里有数家平民遭受饥饿之苦。年老体弱的人，遭受寒冷却连御寒的粗布衣服都没有；忍饥挨饿的人，就连酒滓、谷皮这样粗劣的食物也吃不上，处境艰难到无路可逃，翘首四望却求告无门。而君王不去救济他们却日夜饮酒作乐，还无休止地命令近臣在国内招致能歌善舞之人供自己享乐。您的马匹吃的是府库里的粮食，猎狗饱餐的是猪牛羊等家畜的肉，后宫嫔妃都有充足的粮米肉食。对于宫中犬马嫔妃有如此待遇，难道不是太优厚了吗？对平民百姓，难道不是太苛刻了吧？所以，乡里百姓遭受穷苦却无处求告，便不会愿意有这样的官府了；忍饥挨饿却无处申诉，就不会喜欢这样的君主了。我是手捧简册的朝廷之臣，身在百官之上，眼看着百姓忍受饥饿贫苦而无处申告，使君王沉湎于酒色而不理国事、丢弃百姓而不知加以体恤他们的疾苦，我的罪过实在是太大了。”话音未落便拜了两拜叩头至地，请求辞官归乡，然后起身快步离去。

【原文】

公从之，兼于涂而不能逮[①]，令趣驾[②]，追晏子其家，不及。粟米尽于氓，任器存于陌，公驱及之康内[③]。公下车从晏子，曰："寡人有罪，夫子倍弃不援[④]，寡人不足以有约也，夫子不顾社稷百姓乎？愿夫子之幸存寡人，寡人请奉齐国之粟米、财货，委之百姓，多寡轻重，惟夫子之令。"遂拜于途。晏子乃返，命禀巡氓，家有布缕之本而绝食者[⑤]，使有终月之委[⑥]；绝本之家，使有期年之食；无委积之氓，与之薪橑[⑦]，使足以毕霖雨。令柏巡氓，家室不能御者，予之金；巡求氓寡、用财乏者，死[⑧]三日而毕，后者若不用令之罪。

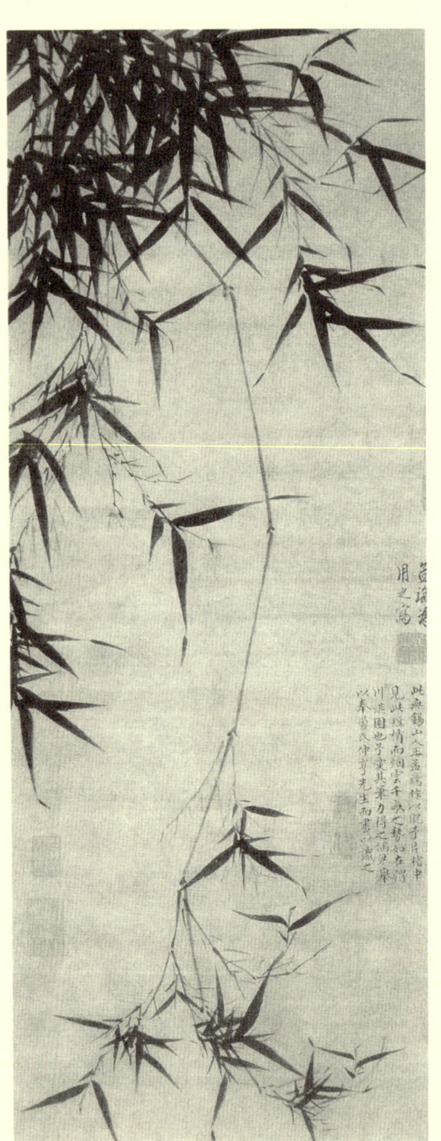

公出舍，损肉撤酒，马不食府粟，狗不食飦[⑨]肉，辟拂嗛齐[⑩]，酒徒减赐。

三日，吏告毕上：贫氓万七千家，用粟九十七万钟，薪橑万三千乘；怀宝二千七百家，用金三千。

公然后就内退食，琴瑟不张，钟鼓不陈。晏子请左右与可令歌舞足以留思虞者退之，辟拂三千，谢于下陈[⑪]，人待三，士待四，出之关外也。

【注释】

①兼于涂而不能逮："兼"是"溓"的假借字，读"黏"音。兼于涂，是说连续下雨十七日，道路泥泞难行。逮：追住，赶上。

②趣驾：即趋驾。意思是坐车去追赶晏子。

③康内：大路上。

④倍弃不援：背离而去不加以援助的意思。这里指晏子一气之下离开景公不再辅佐他。"倍"通"背"，背离之意。

⑤家有布缕之本而绝食者：布缕之本即农桑之本，这里指从事农桑耕种的种子。绝食：断炊，没有可吃的粮食了。

⑥终月之委：一个月的生活用粮。终月：整月。

⑦委积：贮积薪柴。薪橑（liáo）：用来生火的柴草。

⑧死：当作“比”，意为及，等到。

⑨饘（zhān）：稠粥，干饭。

⑩辟拂嗛（qiàn）齐：宫中所有近臣的资供分别减少。辟拂：指侍御之幸臣。辟，通“弼”，辅弼。嗛：不足，歉收之意。齐：“齐”通“资”，指粮食和钱财。

⑪谢于下陈：辞去现职而排列在后位。下陈：后列，不重要的位置。

【译文】

齐景公随后追了出来，但被泥泞的道路阻碍没能追上，于是乘坐马车去追赶晏子，到了晏子家，也没有追上他。只看见晏子家的粮食都已经发放给了灾民，剩下装粮的器具摆放在门前的小路上，景公继续乘车一直追到大路上才看见晏子。景公下车紧跟在晏子身后，说：“我有罪过，先生抛弃我而不再辅佐我，我也没什么足够的理由屈请先生留下，但先生难道不顾念国家和百姓了吗？希望先生赐幸留在我身边，我请求拿出齐国贮积的粮食、钱币和货物，分发给受灾的百姓，给多给少，谁轻谁重，全都听凭先生的指令。”景公就在大路上躬身恳请晏子留下来。晏子答应返回朝廷，命令景公的近臣禀告巡视灾民情况，凡是家中有衣服穿和耕地种子却没有可吃的粮食，就发给一个月的食物；衣食之资全都没有的，就发给一年的食物；没有贮积柴火的，发给他们柴草，使他们能平稳地渡过霖雨之灾。然后命令柏带人去巡查百姓的房屋，凡是房屋不足以抵御风雨的，发给他们一些钱币；查寻百姓中缺钱、少物的家庭。限令三日内完成这些事情，若有拖后延迟怠办的人，按不遵守命令论罪。

景公离开宫庭奢侈的享乐，减少膳食用度，马匹不再吃府库的粮食，猎狗也不再吃稠粥和家畜的肉，宫中所有近臣的禄供分别减少，陪同宴饮歌舞的仕女的赏赐也减少了。

三日期到，官吏上报：贫苦灾民共有一万七千家，分发粮食九十七万钟，柴草一万三千车；房屋毁坏的有二千七百家，共分发修缮之资三千金。

景公知道这些情况后，回到后宫，减少食用，不再击鼓鸣琴奏乐。晏子请求将景公身边的婢妾以及足以使他留恋娱乐的舞女歌者遣退。于是，三千侍御的近臣都被请辞出内宫，舞女琴师限期三天，有职位的侍臣限期四天，全部被遣散出宫外而成为自由身了。

景公夜听新乐而不朝晏子谏第六

【原文】

晏子朝，杜扃望羊[①]待于朝。晏子曰："君奚故[②]不朝？"对曰："君夜发[③]不可以朝。"晏子曰："何故？"对曰："梁丘据扃入歌人虞[④]，变齐音。"

晏子退朝，命宗祝[⑤]修礼[⑥]而拘虞。

公闻之而怒曰："何故而拘虞？"晏子曰："以新乐淫君[⑦]。"公曰："诸侯之事，百官之政，寡人愿以请子。酒醴[⑧]之味，金石之声，愿夫子无与焉。夫乐，何必夫故哉[⑨]？"对曰："夫乐亡而礼从之，礼亡而政从之，政亡而国从之。国衰，臣惧君之逆政之行。有歌，纣作《北里》，幽厉之声，顾夫淫以鄙而偕亡[⑩]，君奚轻变夫故哉？"

公曰："不幸有社稷之业，不择言而出之，请受命矣。"

【注释】

①杜扃（jiōng）：齐景公的侍臣。望羊：望向远方的样子。

②奚故：什么缘故。奚：表疑问，是"什么"的意思。

③夜发：夜间不睡觉，兴致勃发的样子。这里指景公兴致很高彻夜未眠。

④梁丘据扃入歌人虞：梁丘据秘密引进来一些能歌善舞的乐人。梁丘据：齐景公的近臣。扃入：秘密从外边引进来之意。

⑤宗祝：官职名称，主要负责祭祀祈祷的事物。

⑥修礼：治礼。这里指按照礼法规定办事。

⑦新乐：指上文所说的"变齐音"这样的改变齐国音乐风格的音乐。淫君：淫乱君心，使君王丧志。

⑧酒醴（lǐ）：酒和醴。泛指各种口味的酒。

⑨何必夫故哉：何必一定要依照旧例呢？意思是娱乐之曲何必一定要遵照齐国旧礼去演奏呢？

⑩顾夫淫以鄙而偕亡：回顾那些淫靡鄙下的乐曲而导致国家都走向灭亡的历史。淫以鄙：淫靡而鄙下。偕：古时候读作"皆"音，是共同、一起的意思。

【译文】

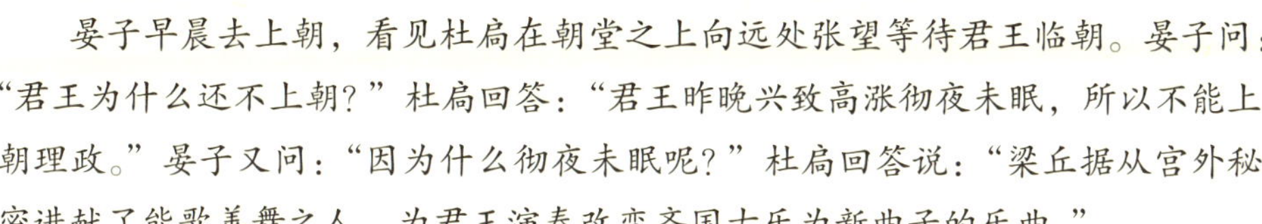

晏子早晨去上朝，看见杜扃在朝堂之上向远处张望等待君王临朝。晏子问："君王为什么还不上朝？"杜扃回答："君王昨晚兴致高涨彻夜未眠，所以不能上朝理政。"晏子又问："因为什么彻夜未眠呢？"杜扃回答说："梁丘据从宫外秘密进献了能歌善舞之人，为君王演奏改变齐国古乐为新曲子的乐曲。"

晏子听罢转身离开朝堂，命令祭祀官依照礼乐法规拘捕了歌人虞。

景公听到这个消息后怒气冲冲地说："为什么逮捕歌人虞？"晏子说："因为虞用新乐惑乱君心。"景公说："诸侯之间礼仪往来的事情，管理百官的政务，我愿意向先生请教询问。至于我品味哪一种酒，欣赏哪一类乐声歌舞，希望先生不要干预寡人。倾听音乐，为何非要听那些古曲呢？"晏子回答说："古乐消亡了，礼法就会随之消亡；礼法消亡了，政教就会随之消亡；政教消亡了，国家便会跟着消亡。如此造成国运衰败，我惧怕君王也背离政治教化去做事。有关歌乐误国的故事，君主一定听说过，像纣王作曲《北里》，周幽王与周厉王时期的淫靡乐曲，正是那些淫靡而鄙下的乐曲导致了国家灭亡，君王难道还认为轻易改变古曲礼乐没有害处吗？"

景公恍然大悟地说："我侥幸拥有了国家的基业，却不慎重考虑就说出了那险些铸错的话，我诚恳接受先生的劝谏。"

景公燕赏无功而罪有司晏子谏第七

【原文】

景公燕赏①于国内，万钟者三，千钟者五。令三出②，而职计莫之从③。公怒，令免职计；令三出，而士师④莫之从。公不说⑤。晏子见，公谓晏子曰："寡人闻君国者⑥，爱人则能利之，恶人则能疏之⑦。今寡人爱人不能利，恶人不能疏，失君道⑧矣。"

【注释】

①燕赏：设宴赏赐。"燕"通"宴"。

②令三出：多次发出诏令。三：这里是虚指多数的意思。

③而职计莫之从：可是职计并没有把它执行下去。

④士师：官职名称。

⑤说：通“悦”，高兴的意思。

⑥君国者：君临天下的人，即是一国之君。君：在这里属于名词动用。

⑦恶人：令人厌恶的人。疏之：疏远他。

⑧失君道：失去国君的权柄。道：在古语里释义很广，可以作德行、规范等注解，这里指君王的权力。

【译文】

齐景公在国都朝内设宴赏赐，有三个人获得万钟粮食的赏赐，有五个人获得千钟粮食的赏赐。诏令下达多次，职计官却没有执行这道旨意。景公大怒，下令罢免职计官；诏令又下达多次，而士师也没有去执行。景公非常不高兴。晏子拜见景公，景公对晏子说：“我听说统治国家的君王，宠爱谁就能重用与赏赐谁，厌恶谁就能罢免谁。而现在我宠爱的人却得不到我对他的赏赐，我厌恶的人却不能罢免他，看来我已经失去了作为君王的权力了。”

【原文】

晏子曰：“婴闻之，君正臣从谓之顺，君僻臣从谓之逆①。今君赏谗谀之臣②，而令吏必从，则是使君失其道，臣失其守也。先王之立爱，以劝善也；其立恶③，以禁暴也。昔者三代之兴④也，利于国者爱之，害于国者恶之，故明所爱而贤良众，明所恶而邪僻灭，是以天下治平，百姓和集⑤。及其衰也，行安简易⑥，身安逸乐，顺于己者爱之，逆于己者恶之，故明所爱而邪僻繁，明所恶而贤良灭，离散百姓，危覆社稷。君上不度⑦圣王之兴，而下不观惰君之衰，臣惧君之逆政之行，有司⑧不敢争，以覆社稷，危宗庙。”

公曰：“寡人不知也，请从士师之策。”国内之禄，所收者三也。

【注释】

①君僻臣从谓之逆：君王邪僻不正而臣子不进谏忠言劝改，反而一一顺从，这样的臣子就是逆臣。僻：邪僻不正。

②谗谀之民：玩弄谗言诋毁他人和擅长巧言、阿谀奉承的小人。

③立恶（wù）：指设立惩治恶人的法令。

④三代之兴：指夏、商、周朝的兴起。

⑤百姓和集：平民百姓都能和睦相处。

⑥简易：怠慢，轻率。

⑦度：考虑，思索。

⑧有司：有关司法府衙。

【译文】

晏子说："我听说，君王行正道而臣子去服从，这叫作顺；君王邪僻不正而臣子不进谏忠言劝改，反而一一顺从，这样的臣子就是逆臣。如今君王赏赐专进谗言、阿谀奉承的人，却命令官吏必须顺从旨意去执行，这就是君王失去了为君之道，而臣子失去了为官的职责。古代的帝王施行赏赐制度，是为了勉励人们从善；施行惩罚的法令，是为了禁止暴戾的行为。过去的夏、商、周三代兴盛的原因，是因为有利于国家的就赏赐、颂扬它，有害于国家的就厌恶、摒弃它，所以昭示所爱，贤良的人就增多了；昭示所恶，奸邪的人就绝迹了。这样就能使天下政治清平，百姓都能和睦团结。之所以到了衰败之时，是因为他们行为惰怠轻率，生活安于纵欲享乐，顺从自己意愿的人就喜欢、宠信他，违背自己意愿的人就厌恶、惩治他。因此很明显地昭示出他们所喜好的，自然邪僻之人就会增多；昭示出他们所厌烦的，那么贤良之人就会灭迹，逐步使百姓离散，会危及国家存亡。君王向上不思索圣明之王兴盛的原因，向下不审视惰怠之君衰败的原因，我担心君王有违背治国之道的行为，而有关司法府衙的官吏不敢争谏，以至于使国家覆亡，危急宗庙。"

景公说："是我不够明智啊，请按照士师的想法办理此事。"后来，国内诏发的赏禄收回了很多。

景公信用谗佞赏罚失中晏子谏第八

【原文】

景公信用谗佞①，赏无功，罚不辜②。晏子谏曰："臣闻明君望圣人而信其教，不闻听谗佞以诛赏。今与左右相说颂③也，曰：'比死者勉④为乐乎！吾安能为仁而愈黥民⑤耳矣！'故内宠之妾，迫夺于国；外宠之臣，矫夺于鄙⑥；执法之吏，并荷百姓⑦。民愁苦约⑧病，而奸驱尤佚⑨，隐情奄恶，蔽谄其上。故虽有至圣大贤，岂能胜若谗哉！是以忠臣之常有灾伤也。臣闻古者之士，可与得之，不可与失之；可与进之，不可与退之，臣请逃之矣。"遂鞭马而出。

【注释】

①谗佞：搬弄是非说别人坏话的小人。佞：伪善。

②不辜：即无辜，没有过失。

③相说颂：相互取悦，大肆宽容。说：通“悦”，取悦。颂：通“容”，宽容。

④比死者：到了快要死的人，比：及，到。勉：尽力。

⑤黥（qíng）民：这里指犯罪的人。古代在犯人面额上刺字并涂上黑墨，后亦施于士兵头部一侧，以防逃跑。

⑥矫夺于鄙：在边邑用以武力巧取豪夺。矫：勇武的样子。鄙：边邑。

⑦并荷百姓：一起苛刻虐待百姓。“荷”通“苛”。

⑧约：贫困的意思。

⑨奸驱尤佚：隐藏内心的奸诈之人更加过分。奸驱：奸恶的人。尤佚：更加之意。

【译文】

齐景公宠信重用搬弄是非的奸佞小人，而且还赏赐没有功绩的人，惩罚无罪的人。晏子进谏景公说：“我听说圣明的君主仰慕圣人而听从他们的教诲，没有听过圣明的君主听信谗言顺从奸佞之人来进行诛杀与奖赏臣民的。现在君王与身边的人相互逢迎取悦，说：‘快要死的人还知道尽力寻欢作乐呢！我们怎么能为了行仁义而活得还不如犯人呢！’所以宫内受宠的嫔妃，强抢逼迫获取国库资财；宫外受宠的臣子，在边邑以武力巧取豪夺财物。执法的官吏，串通一气都去苛刻虐待百姓，致使平民百姓愁苦贫病。那些隐藏内心的奸诈之人更加过分，他们隐瞒真相，掩盖罪恶，蒙蔽迷惑他们的君主。所以即使有至圣大贤，又怎能胜过这些谗佞小人呢！正因为如此，忠臣便会常遭到灾祸和伤害。我听说古代的贤士，国君亲近信任他们，就能得到他们的辅佐；得不到国君的亲近信任，他们就选择隐遁。国君亲近信任他们就接近国君，国君不亲近信任他们就隐退，所以我请求离去了。”于是策马扬鞭，离开了朝廷。

【原文】

公使韩子休①追之，曰：“孤不仁，不能顺教，以至此极②，夫子休国焉而往③，寡人将从而后。”晏子遂鞭马④而返。其仆曰：“向之去何速？今之返又何速？”晏子曰：“非子之所知也，公之言至矣⑤。”

【注释】

①韩子休：齐景公的近臣。

②以至此极：因此到了这种极端昏庸的地步。

③休国焉而往：丢下国家要去哪里。焉而往：去往哪里的意思。

④鞭马：用鞭子抽打战马。鞭：鞭打，用作动词。

⑤言至矣：说的话太好了。

【译文】

景公派遣韩子休前去追赶晏子并代为转告说："我不仁德，没能听从先生的教诲，因此到了这种极端昏庸的地步。先生丢下国家要去哪里，我就跟随在你身后去哪里。"晏子听了这些话以后就又策马返回。他的仆人问道："先生为何刚才离开得那样快，而现在回来也是这样快呢？"晏子说："这你就不明白了，是因为景公的话说得太诚恳了。"

景公爱嬖妾随其所欲晏子谏第九

【原文】

翟王子羡①臣于景公，以重驾，公观之而不说②也。嬖人③婴子欲观之，公曰："及晏子寝病④也。"居囿中⑤台上以观之，婴子说之，因为之请曰："厚禄之！"公许诺。晏子起病而见公，公曰："翟王子羡之驾，寡人甚说之，请使之示⑥乎？"晏子曰："驾御之事，臣无职焉⑦。"

【注释】

①翟王子羡：翟王之子名羡。

②说：通"悦"，喜悦，喜欢的意思。

③嬖（bì）人：君王身边身份地位卑下但很受宠爱的人，多指姬妾、侍臣、左右等。

④寝病：因病很重而卧睡不起。

⑤居囿（yòu）中：在御林苑中。囿：圈养动物的园子，专供君王游玩的场所。

⑥使之示：让他陈列出来。示：展示、陈列的意思。

⑦无职焉：没有这个职责啊。

【译文】

翟王之子羡成为景公的侍臣以后，用超过礼制规定匹数的马来驾车，齐景公看到这样的情景很不高兴。景公的宠妾婴子很想见识一下翟王之子羡的车驾，景公说："等到晏子病卧不起的时候吧。"后来他们就在园林的台子上观看，婴子很喜欢这辆马车，所以就替翟王之子羡请求说："请君王多多给他赏禄。"景公答应了她的请求。

晏子病好了以后去拜见景公，景公说："翟王之子羡的车驾我非常喜欢，让他陈列出来给你演示一下吧？"晏子说："驾驭车马的事，不是我的职责范畴啊。"

【原文】

公曰："寡人一乐之，是欲禄之以万钟，其足乎？"对曰："昔卫士东野[1]之驾也，公说之，婴子不说，公曰不说，遂不观。今翟王子羡之驾也，公不说，婴子说，公因悦之；为请，公许之，则是妇人为制[2]也。且不乐治人，而乐治马；不厚禄贤人，而厚禄御夫[3]。昔者先君桓公之地狭于今，修法治，广政教，以霸诸侯。今君，一诸侯无能亲也，岁凶年饥，道途死者相望也。君不此忧耻[4]，而惟图耳目之乐，不修先君之功烈，而惟饰驾御之伎[5]，则公不顾民而忘国甚矣。且《诗》曰：'载骖载驷，君子所诫[6]。'夫驾八，固非制也，今又重此，其为非制也，不滋甚乎[7]！且君苟美乐之[8]，国必众为之，田猎则不便，道行致远则不可，然而用马数倍，此非御下之道也。淫于耳目，不当民务，此圣王之所禁也。君苟美乐之，诸侯必或效我，君无厚德善政以被诸侯，而易之以僻，此非所以子民、彰名、致远、亲邻国之道也。且贤良废灭，孤寡不振，而听嬖妾以禄御夫以蓄怨，与民为仇之道也。《诗》曰：'哲夫成城，哲妇倾城[9]。'今君不免成城之求，而惟倾城之务[10]，国之亡日至矣。君其图之！"

公曰："善。"遂不复观，乃罢归翟王子羡，而疏嬖人婴子。

【注释】

①东野：人名，一个善于驾驭车马的官吏。

②妇人为制：受制于妇人。

③御夫：驾驭车马的人。

④不此忧耻：不因为这些而感到忧虑和羞耻。

⑤伎：同"技"，技艺、技巧之意。

⑥载骖（cān）载驷，君子所诫：驾着四马三骖去迎接，说明君子已经到来。骖：古代驾在车前两侧的马。诫：《诗经》记载，"诫"同"届"。

⑦不滋甚乎：不是增加得太多了吗？滋：增加。

⑧苟美乐之：只贪图眼前而美美地享受它。苟：苟且，指只图眼前。

⑨哲夫成城，哲妇倾城：多谋的男子建立国家，多虑的妇人败坏国家。城：

这里指国家。

⑩惟倾城之务：意思是只取悦于妇人，做败坏国家的事。

【译文】

景公说：“我非常喜欢这种车驾，因此想赏赐给他万钟的俸禄，你说够不够？”晏子回答说：“从前东野的车驾，君王本来很喜欢，而婴子说不喜欢，君王您就跟着说不喜欢，于是就不去看。现在翟王之子羡的车驾，君王您并不喜欢，可婴子喜欢，君王您就随着她也喜欢；婴子为翟王之子羡请求赏禄，君王您也答应了这件事，这就是受制于妇人啊。况且不热衷于治理百姓，却热衷于观看车马之事；不对贤人多加赏赐，却对车夫多加赏赐。从前先王桓公的地域比现在还狭小，但注重修明法治，推广政治教化，因而称霸诸侯。现在君王您，没有一个诸侯能来亲附，而且年岁收成不好，连年饥荒，路途之上的死尸随处可见。君王您不为此感到忧虑和羞耻，反而只图声色观瞻的享乐；不研修学习先王的功业伟绩，却只追求车驾的豪华与驾驭的技艺，那么，君王您不顾念民众而又忘却国家的思想太严重了。况且《诗经》上说：‘车驾四马三骖，说明君子已经驾临。’而车驾用八匹马，固然是不符合古代制度呀，而今翟王之子羡的车驾的马又比八匹马还多，这种不符合古制的做法不是更严重了嘛！况且君王只贪图眼前而美美地享乐，国人必定纷纷效仿，那样的话，打猎不方便，行路到远方去也很难做到，因而像这样用超过数量的马匹，这不是治理民众的办法啊。沉湎于声色之乐，不去管理百姓的政务，这是作为圣王所禁忌的。君王只

图眼前享乐，诸侯中也必定会有人来效仿，君王没有深厚的美德和良好的政绩去胜过诸侯，而以邪僻之行替代仁德之举，这不是用来统领臣子百姓、彰显美名、令声名传播到远方、亲近邻国之法。何况是贤良被埋没，孤寡之人得不到赈济，而听信嬖妾的话去赏赐车夫俸禄，这只会积蓄怨恨的种子，这是在与百姓结怨的做法啊。《诗经》上说：'有谋略的男子兴盛国家，多思虑的妇人败坏国家。'现在君王您不致力于求索兴盛国家的大事，而只做取悦宠妾而不利于兴国的事，那么国家灭亡的日子就要到来了。君王您好好思考一下这些话吧！"

景公说："说得好，是这个道理。"于是不再观看，然后就罢免了翟王之子羡，并且疏远了爱妾婴子。

景公敕五子之傅而失言晏子谏第十

【原文】

景公有男子五人[①]，所使傅之者[②]，皆有车百乘[③]者也。晏子为一焉。公召其傅曰："勉之！将以而所傅为子[④]。"及晏子，晏子辞曰："君命其臣，据其肩以尽其力[⑤]，臣敢不勉乎！今有车百乘之家，此一国之权臣也，人人以君命命之曰：'将以而所傅为子。'此离树别党，倾国之道也。婴不敢受命，愿君图之！"

【注释】

①男子五人：景公有五个儿子（实际齐景公共有六个儿子，这一年小儿子荼尚未出生）。

②所使傅之者：被派遣前来做老师的人。

③百乘：古时候拥有百乘车丁的人，官职都属于大夫之列。

④将以而所傅为子：意思是将你所教之子立为太子。而：你，这里用作代词。子：太子。

⑤据其肩以尽其力：根据自己所能肩负的责任而尽自己最大的努力。

【译文】

齐景公有五个儿子，被派遣前去担任他们老师的人，官职都是拥有百乘兵车的大夫，晏子就是其中之一。景公把这些老师召集到一起，分别对他们说："尽心尽力地教导他们吧，我会立你所教之子为太子的。"走到晏子面前时，晏子辞谢说："君王命令他的臣子，根据自己所能肩负的责任而尽自己最大的努

力去做事，臣子怎敢不尽心尽力啊！现在拥有百乘车丁的大夫，他们都是朝中掌有实权的臣子，如果人人都把君王所发布的命令转告他人说：‘会将你教的儿子立为太子。’这样就会出现五个太子，从而引发兄弟离间，别树一党而混乱不堪，这是倾覆国家的做法啊。恕晏婴不敢听从诏命，恳请君王好好考虑这件事情！”

景公欲废嫡子①阳生而立荼晏子谏第十一

【原文】

淳于②人纳女于景公，生孺子荼③，景公爱之。诸臣谋欲废公子阳生而立荼。公以告晏子。

晏子曰：“不可，夫以贱匹贵④，国之害也；置大立少，乱之本也。夫阳生，生长而国人戴之，君其勿易！夫服位有等⑤，故贱不陵贵；立子有礼，故孽不乱宗⑥。愿君教荼以礼而勿陷于邪，导之以义而勿湛于利⑦。长少行其道，宗孽得其伦，夫阳生敢毋使荼餍粱肉之味⑧，玩金石之声，而有患乎？废长立少，不可以教下；尊孽卑宗，不可以利所爱。长少无等，宗孽无别，是设贼树奸之本也。君其图之！古之明君，非不知繁乐也，以为乐淫则哀；非不知立爱也，以为义失则忧，是故制乐以节，立子以道。若夫恃谗谀以事君者，不足以责信⑨。今君用谗人之谋，听乱夫之言也。废长立少，臣恐后人之有因君之过以资其邪，废少而立长以成其利者。君其图之。”公不听。

景公没，田氏⑩杀君荼，立阳生；杀阳生，立简公；杀简公而取齐国。

【注释】

①嫡子：古时候正室夫人所生之子，多称为嫡长子。

②淳于：古国名，在今山东省安丘县东北二十里。

③荼：景公之子，公元前489年，景公死后被立为齐国新君王，号“晏孺子”，当年即被田乞所杀。

④以贱匹贵：用卑微低贱的匹配高贵的。

⑤服位有等：指服制有等级。因为古时候是按照身份等级制定穿着服装制度。

⑥孽不乱宗：庶出的儿子不能扰乱嫡生的儿子。孽：古时候指妾生的儿子。

宗：即宗子，嫡生长子。

⑦湛于利：沉溺于权势利益。湛：同“耽”，沉溺的意思。

⑧餍（yàn）梁肉之味：满足于精食美味。餍：吃饱，引申为满足的意思，多指私欲。梁肉：泛指美味佳肴。

⑨不足以责信：不可以委以重任，信其所言。

⑩田氏：即田乞，齐国大夫。

【译文】

淳于国献女子给齐景公，生下了孺子荼，齐景公非常宠爱荼。有些大臣见此情景便提议让景公废掉嫡长子阳生而立荼为太子。景公把这件事告诉了晏子。

晏子说：“此事万万不可，用卑微的去匹配高贵的，那会成为国家的危害；废掉嫡长子而立幼子为太子，更是祸乱的本源。阳生比荼年长，而且国人都很拥戴他，所以君王不能轻易改变太子之位！自古服饰与地位的匹配都是有等级划分的，故而地位卑贱低微的不能凌驾于地位高贵之上；立太子要遵循礼法制度，所以庶子不能扰乱宗子的地位。希望君王能够教导荼恪守礼数，使他不要陷于邪恶；用义来引导荼，使他不要沉迷于私利。如果年长的、年少的都要各循其道，宗子、庶出都能遵守伦序位置，那么阳生敢不让荼饱食美味，尽情享受歌舞美乐，而让他遭受忧患吗？废长立幼，就不能够说服臣民；重视庶子而轻视嫡子，对您所宠爱的人并没有什么益处。长幼没有等级，嫡子和庶子没有高下区分，这都是导致灾祸、树立奸佞的根源啊。恳请君王谨慎斟酌这件事！古代圣明的君王，并不是不知道观赏歌舞尽情享乐，而是因为懂得过度奢靡就会滋生悲哀；并不是不知道册立自己喜欢的儿子为太子，因为知道失去道义就会有所忧患，所以，制定音乐要有节制，确立太子要遵从礼法。至于那些以谗言谄媚侍奉君王的人，不能委以重任，更不能听信他们的话。现在君王采纳谗谀之人的计谋，听信作乱之人的话。倘若废长立幼，我担心后人会有以君王如今的过失为借口而助长他们的邪僻之行，再废幼立长而达到他们的私利。君王一定要仔细考虑清楚啊。”然而，景公并没有听从晏子中肯的谏言。

景公死后，以田乞为首的田氏一族杀掉荼，立阳生为齐国君主；后来阳生又被杀掉，立简公为齐国君主；后来简公又被杀死而齐国被取代。

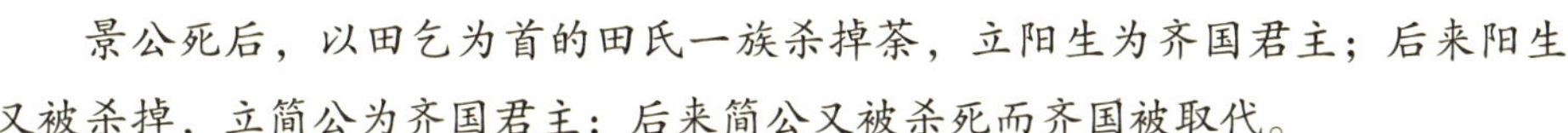

景公病久不愈欲诛祝史以谢晏子谏第十二

【原文】

景公疥且疟①，期年不已②，召会谴、梁丘据、晏子而问焉，曰：“寡人之病病矣③，使史固与祝佗巡山川宗庙，牺牲珪璧④莫不备具⑤，数其常多先君桓公，桓公一则寡人再。病不已，滋甚⑥。予欲杀二子者以说于上帝，其可乎？”会谴、梁丘据曰：“可。”晏子不对。

【注释】

①疥（jiè）且疟：“疥”通“痎”，意思是隔日发作的疟疾。

②期年不已：整整一年也没痊愈。期年：整年。

③寡人之病病矣：我的病痛苦极了。前一个病是疾病，作名词；后一个病字，是痛苦的意思，为形容词。

④牺牲珪（guī）璧：牺牲：祭祀时候用来做供品的猪牛羊一类的牲畜。珪璧：古代帝王、诸侯用作礼器和符信。

⑤莫不备具：无不准备齐全。

⑥滋甚：更加严重。

【译文】

景公患上了隔日发作的疟疾，整整一年也没痊愈，于是就诏见会谴、梁丘据、晏婴，继而对他们说：“我的病痛苦极了，我派遣史固和祝佗巡祀山川宗庙，祭祀时候所用的牲畜、符信美玉没有一样不供奉齐全的，每次数量也比先王桓公用得还多，桓公用一份供品，我就用两份。可是我的病没有好转，反而更加严重了。我想杀死他们二人以取悦上天，这样可以吗？”会遣、梁丘据恭谨地说：“可以”。晏子没有回答景公。

【原文】

公曰：“晏子何如？”晏子曰：“君以祝为有益乎？”公曰：“然”。晏子免冠曰：“若以为有益，则诅亦有损也。君疏辅而远拂①，忠臣拥塞，谏言不出。臣闻之，近臣嘿，远臣瘖②，众口铄金③。今自聊摄以东，姑尤以西者，此其人民众矣，百姓之咎怨诽谤④诅君于上帝者多矣。一国诅，两人祝，虽善祝者不能胜也。且夫祝直言情，则谤吾君也；隐匿过，则欺上帝也。上帝神，则不可欺；上帝不神，祝亦无益。愿君察之也。不然，刑无罪，夏商所以灭也。”

【注释】

①疏辅而远拂：疏离肱股辅佐之臣就会使他们疏远了辅弼之心。辅：即辅佐。拂：即右弼，意为肱股之臣。

②近臣嘿，远臣瘖（yīn）：身边的近臣沉默不语，远在宫外的臣子也不能谏言。瘖：哑，沉默不语。

③众口铄金：众口之毁，足以销熔金属。比喻舆论的强大力量。

④咎怨诽谤：憎恨厌恶，斥责过失。

【译文】

景公说：“晏子你认为怎么样？”晏子说：“君王认为向上天祝告是有益处的吗？”景公说：“有。”晏子说：“如果认为祝告能起到好的作用，那么诅咒就会有所损害了。君王疏离辅佐之臣就会使他们疏远了辅弼之心，臣子的忠心受到阻塞，君主就得不到忠言进谏。我听说，君主身边的近臣沉默不语，远在宫外的臣子也不谏言，要知道众口之言的力量足以销熔金属。如今从聊、摄以东，到姑水、尤水以西的齐国土地，那些地方人口众多，百姓当中责怪怨恨君王而向上天诅咒君王的人也有很多啊。面对一个国家大部分人的诅咒，他们两个人即使再善于祝祷也不能胜过啊。况且，祝祷的时候如果直接说出实际情况，那么就是在斥责我们的君王；倘若隐瞒君主的过失，就是在欺骗上天啊。如果上天灵验，就不能欺瞒过去；若上天不灵验，祝祷也就没什么用处了。希望君王细细审思这件事情啊。否则，惩罚没有罪过的人，滥杀无辜，那可是夏桀、商纣灭亡的原因啊。”

【原文】

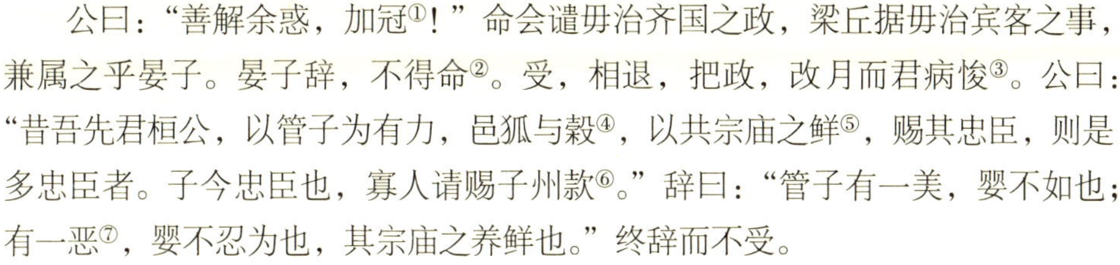

公曰："善解余惑，加冠①！"命会谴毋治齐国之政，梁丘据毋治宾客之事，兼属之乎晏子。晏子辞，不得命②。受，相退，把政，改月而君病悛③。公曰："昔吾先君桓公，以管子为有力，邑狐与穀④，以共宗庙之鲜⑤，赐其忠臣，则是多忠臣者。子今忠臣也，寡人请赐子州款⑥。"辞曰："管子有一美，婴不如也；有一恶⑦，婴不忍为也，其宗庙之养鲜也。"终辞而不受。

【注释】

①加冠：意思是提升官的级别。古时候官位的大小在头戴的冠上体现出来。

②不得命：不收回成命。

③改月：更月，一个月以后。病悛（quān）：病愈。

④邑狐与穀（gǔ）：齐桓公曾把狐与穀两座邑城赐给管仲。

⑤鲜：供祭祀用的新鲜野兽肉。

⑥州款：齐国领地内的一个地名。

⑦有一恶：这里指用野兽做祭品并非是宗庙之常礼，所以晏子认为那是一种恶行。

【译文】

景公说："先生很好地解除了我的惑乱思想，应该升官进爵！"于是，命令会谴不再掌管齐国的政务，梁丘据不再掌管迎送宾客的职务，这些都归属于晏子接管。晏子推辞谢绝，但景公不收回成命，直到晏子接受了宰相之职，才准许晏子退下。晏子执政一个月以后，景公的病就好了。景公说："从前先王桓公，因为管仲是有功之臣，就要赏赐他，管仲领受狐与穀两处邑城，以便用来供给宗庙祭祀所用的新鲜供品。赏赐效忠君王的臣子，就能有更多的忠臣相继而出。先生就是当今的忠臣，我要赐给您州款之地做封邑。"晏子辞谢说："管仲有一些美德，是我所不及的；有一些过失，是我不愿意去效法的，比如他为了宗庙畜养新鲜的供品而接受封地的事情。"晏子最终辞谢而没有接受景公的封赏。

景公怒封人祝之不逊晏子谏第十三

【原文】

景公游于麦丘①，问其封人②曰："年几何矣？"对曰："鄙人③之年八十五矣。"公曰："寿哉④！子其祝我。"封人曰："使君之年长于胡⑤，宜国家。"公曰："善哉！子其复之。"曰："使君之嗣⑥，寿皆若鄙臣之年。"公曰："善哉！子其复之。"封人曰："使君无得罪于民。"公曰："诚有鄙民得罪于君则可，安有君得罪于民者乎？"

晏子谏曰："君过矣！彼疏者⑦有罪，戚者⑧治之；贱者有罪，贵者治之；君得罪于民，谁将治之？敢问：桀纣，君诛乎，民诛乎？"公曰："寡人固⑨也。"于是赐封人麦丘以为邑⑩。

【注释】

①麦丘：古代地名，是齐国的一个小邑，在今山东省商河县西北。

②封人：古代的一种官职名称。刘师培《补释》云：此文之"封"即"邦"字之假，邦人即邑人，非官名之封人也。

③鄙人：古代用于谦称，即"我"的意思。

④寿哉：属于赞美之词，此为"长寿啊"的意思。

⑤使君之年长于胡：祝愿君王的年岁比先人胡公静还长寿。

⑥嗣：子孙后代，指传宗接代的人。

⑦疏者：指远臣，即远离朝廷的地方官员。

⑧戚者：指近臣，即皇亲国戚或是君王所宠信的臣子。

⑨固：这里是指孤陋寡闻，见识不广的人。

⑩麦丘以为邑：把麦丘赐封给邑人作为他的食邑。

【译文】

齐景公到麦丘去巡游，看见当地的一位老邑人便询问："你今年多大年岁了？"邑人回答："我今年八十五岁了。"景公说："那你可是长寿之人啊！请你为我祝福吧。"邑人说："祝愿君王比先人胡公静还长寿，这有利于国家安定。"景公说："好啊！请你再为我祝福。"邑人说："祝愿君王的子孙后代，都能像我

一样长寿。”景公说：“好啊！请你再为我祝福。”邑人说：“愿君王不要得罪百姓。”景公说：“事实上只有百姓得罪君王，哪里会有君王得罪百姓的呢？”

晏子上前进谏说：“君王这样说就错了！那些远离朝廷的地方官员犯了罪，会有朝廷上的官员替君王去惩治他；地位低下的人犯了罪，就会有地位高的人去惩治他；君王得罪了百姓，将会有谁能惩治他呢？臣斗胆请问：前朝的夏桀与商纣，是被哪个君王诛杀的，还是被平民百姓诛杀的呢？”景公说：“看来我简直是太孤陋寡闻了。”于是便把麦丘之地赐封给邑人作为他的食邑。

景公欲使楚巫致五帝以明德晏子谏第十四

【原文】

楚巫微①导裔款②以见景公，侍坐三日，景公说之。楚巫曰：“公，明神之主③帝王之君也。公即位有七年矣，事未大济者④，明神未至也。请致五帝⑤，以明君德。”景公再拜稽首。楚巫曰：“请巡国郊以观帝位。”至于牛山⑥而不敢登，曰：“五帝之位，在于国南，请斋而后登之。”公命百官供斋具⑦于楚巫之所，裔款视事⑧。

【注释】

①楚巫微：楚国的女巫名微。巫：古代以求神、占卜为职业的人。

②裔款：齐国大夫，他的封邑在艾陵，就是在今山东省济南市莱芜区东北，其后人以邑为氏，有“艾”姓。

③明神之主：圣明的君主。明神，原本作“神明”。

④大济者：明显的大成就。

⑤五帝：指上古时代中国传说中的五位部落首领，主要有三种说法，一说指黄帝、颛顼（zhuān xū）、帝喾（kù）、尧、舜。第二种说法指大皞（伏羲）、炎帝、黄帝、少皞（少昊）、颛顼。第三种说法指少昊（皞）、颛顼、高辛（帝喾）、尧、舜。

⑥牛山：齐国境内的一座山的名字，在山东省淄博市临淄区南十里的地方。

⑦斋：斋祭，用作动词。具：器具，用品。

⑧视事：主持这件事。

【译文】

楚国一个名字叫微的女巫师，通过大夫裔款的引荐得以见到景公，随同交谈了三天，景公很赏识这位女巫师。楚巫微对景公说：“您是神勇圣明的君主，是成就帝王大业的国君啊。您即位有七年了，王室霸业上并没有获得明显的大成就，那是因为您的神勇与圣明还没有发挥到极致啊。请求您向五帝献纳，以昭明君王的神明与圣德。”景公拜了两拜，叩头至地。楚巫微说：“请求让我巡视齐国国都的郊野，以便确定五帝的位置。”但走到牛山的时候她却不敢攀登，楚巫微说：“五帝的位置，在齐国国都的南面，请求斋祭后再登上它。”景公命令百官将供俸斋祭的用品都送到楚巫微居住的地方，让裔款负责斋祭的一切事务。

【原文】

晏子闻之而见于公曰：“公令楚巫斋牛山乎？”公曰：“然。致五帝以明寡人之德，神将降福于寡人，其有所济乎①？”晏子曰：“君之言过矣！古之王者，德厚足以安世②，行广足以容众③，诸侯戴之④，以为君长；百姓归之⑤，以为父母。是故天地四时和而不失⑥，星辰日月顺而不乱。德厚行广，配天象时⑦，然后为帝王之君，神明之主。古者不慢行而繁祭⑧，不轻身而恃巫⑨。今政乱而行僻，而求五帝之明德也？弃贤而用巫，而求帝王之在身也？夫民不苟德，福不苟降⑩，君之帝王，不亦难乎！惜乎！君位之高，所论之卑也。”

【注释】

①其有所济乎：这样做不就能获得增益吗？济：增益，好处。

②德厚足以安世：德行宽厚足够用来安定国家。安世：使国家安定。

③行广足以容众：胸怀广阔就足够包容众生万物。

④诸侯戴之：各路诸侯都能拥戴他。戴：拥护，爱戴。用作动词。

⑤百姓归之：百姓都归附他。之：他，这里指有道明君。

⑥是故天地四时和而不失：所以天地间的四季轮回和谐而不失调。

⑦配天象时：顺应天意，合乎时宜。配：顺应，匹配。

⑧慢行：懈怠懒散的行为。慢：懈怠，缓慢。繁祭：频繁的祭祀。

⑨不轻身而恃巫：不轻视自身的行为而去依靠神灵与巫师。

⑩福不苟降：福禄不会随意降临。苟：草率，这里是随意、随便的意思。

【译文】

晏子听说这件事以后便去拜见景公说道：“是君王让楚巫微在牛山进行斋祭

吗？”景公说：“是的。通过向五帝献纳以昭明我的德行，神灵将会降福给我，这样做不就能获得增益吗？”晏子说：“君王的话说错了！古代的帝王，德行宽厚足以安定天下，胸襟广阔足以容纳众生万物，因此各路诸侯都能拥戴他，把他作为君王首领；百姓归附他，把他视为父母。所以天地间的四季轮回和谐而不失调，日月星辰都能顺次运转而不凌乱。德行宽厚，心胸广阔，顺乎天意，合于时宜，这样才能成为称雄天下的帝王，成为神勇圣明的君主。古代的明君没有懈怠懒散的行为而且也不去举行那些频繁的祭祀，不轻视自身的行为而去依靠神灵与巫师。现如今政治昏乱而且行为邪僻，却要向五帝昭明德行吗？放弃贤人而重用巫师，却想让成就帝王霸业的福佑降临到自己的身上吗？百姓不会随便感恩，福佑也不会随意降临，这样下去，君主想成就帝王之业，也就太难了啊！可惜啊！君王地位那么高，所说的话却这样低下呀。”

【原文】

公曰：“裔款以楚巫命寡人曰：‘试尝见而观焉。’寡人见而说之，信其道，行其言。今夫子讥之①，请逐楚巫而拘裔款。”晏子曰：“楚巫不可出②。”公曰：“何故？”对曰：“楚巫出，诸侯必或受之。公信之，以过于内，不知③；出以易诸侯于外④，不仁。请东楚巫⑤而拘裔款。”公曰：“诺。”故曰：送楚巫于东，而拘裔款于国也。

【注释】

①今夫子讥之：现在先生苦苦规劝我。讥：讥讽，挖苦嘲笑，这里指用善意的讥讽达到规劝向善的目的。

②楚巫不可出：不能把楚巫逐出齐国。出：赶出去，逐出的意思。

③不知：不明智。知：通“智”，明智的意思。

④出以易诸侯于外：把楚巫微逐出去使她继续危害其他诸侯于国外。易：转移，改变。这里是危害他人的意思。

⑤请东楚巫：请求把楚巫微流放到东边荒远的地方去。

【译文】

齐景公说："裔款因为楚巫微所言而告诉我说：'先去见见楚巫微再去考察她能为我祈福的言辞。'我见到以后就很欣赏她，相信了她讲的道理，按照她说的话去做了。现在先生规劝我，那就逐出楚巫微并且拘捕裔款。"晏子说："不能把楚巫微逐出齐国。"景公说："为什么？"晏子说："将楚巫微逐出齐国，诸侯中一定还会有人接纳她。君王您相信她，已经在内筵铸成过错，属于不明智；把她逐出去使她继续危害其他诸侯于国外，属于不仁德。请您将楚巫微放逐到东边荒远之地而把裔款拘捕起来。"景公说："好的。"所以下令：逐楚巫微到东部边远土地，将裔款拘留在国内。

景公欲祠灵山河伯以祷雨晏子谏第十五

【原文】

齐大旱逾时①，景公召群臣问曰："天不雨久矣，民且有饥色。吾使人卜，云：'祟在高山广水②。'寡人欲少赋敛以祠灵山③，可乎？"群臣莫对。

晏子进曰："不可！祠此无益也。夫灵山固④以石为身，以草木为发，天久不雨，发将焦，身将热，彼独不欲雨乎？祠之无益。"公曰："不然⑤，吾欲祠河伯⑥，可乎？"晏子曰："不可！河伯以水为国，以鱼鳖为民，天久不雨，水泉将下，百川将竭⑦，国将亡，民将灭矣，彼独不欲雨乎？祠之何益！"景公曰："今为之奈何⑧？"晏子曰："君诚避宫殿暴露，与灵山河伯共忧，其幸而雨乎！"于是景公出野暴露⑨，三日，天果大雨，民尽得种时。景公曰："善哉！晏子之言，可无用乎！其维有德⑩。"

【注释】

①逾时：超过了时令。

②祟在高山广水：作祟的鬼神在高山大河之中。

③以祠灵山：用来在祠庙里祭祀灵山。灵山：山名，在山东临朐县。

④固：本来，原本。

⑤不然：不这样。

⑥河伯：古代神话中的黄河水神。

⑦百川将竭：所有的河流都将枯竭。

⑧今为之奈何：现在将如何处理这件事情。

⑨出野暴露：在野外露宿。暴露：露宿。

⑩其维有德：他是一个有德行的人。其：代词，指晏子。

【译文】

齐国遭遇大旱之灾，超过了种植庄稼的时节，齐景公召见群臣问道："老天已经很久不下雨了，百姓焦急而且面带饥色。我让卦师占卜了，他说：'作祟的鬼神在高山大河之中。'我想少征收一些赋税来祭祀有灵验的山，可以吗？"群臣谁也没有回答。

晏子上前说："不可以！祭祀灵山有什么益处呢？灵山原本就是以岩石作为身体，以草木作为头发，老天长久时间不下雨，它的头发就会枯焦，身体也会燥热，难道它不希望下雨吗？祭祀它也没有什么用处。"景公说："如果不这样，那么我打算祭祀河伯，可以吗？"晏子说："不可以！河伯以水域作为自己的国土，以鱼鳖作为自己的臣民，老天很久不下雨，致使泉水的水位下降，所有的河流都面临枯竭，河伯的国家将要失去，百姓将要灭亡，难道他不希望下雨吗？所以祭祀他也没有什么益处。"景公说："那么现在该如何处理这件事情呢？"晏子说："君王诚心诚意地离开宫殿，在野外露宿，跟灵山与河伯共忧患，那样或许侥幸能得到雨的降临呢！"于是，景公离开宫殿，在野外露宿。三天过后，天空果然下起了大雨，百姓都得以及时栽种。景公说："太好了！晏子所说的话，没有不应验的啊！他真称得上是一个有德行的人。"

景公贪长有国之乐晏子谏第十六

【原文】

景公将①观于淄②上，与晏子闲立。公喟然③叹曰："呜呼！使国可长保而传于子孙，岂不乐哉？"

晏子对曰："婴闻明王不徒立，百姓不虚④至。今君以政乱国，以行弃民久矣，而欲保之，不亦难乎！婴闻之，能长保国者，能终⑤善者也。诸侯并立，能终善者为长；列士并学，能终善者为师。

昔先君桓公，其方任贤而赞德之时，亡国恃以存，危国仰以安，是以民乐其政，而世高⑥其德，行远征暴，劳者不疾⑦，驱海内使朝天子，而诸侯不怨。当是时，盛君之行不能进焉。及其卒而衰，怠⑧于德而并于乐，身溺于妇侍而谋因竖刁，是以民苦其政，而世非其行，故身死乎胡宫而不举，虫出而不收。当是时也，桀纣之卒不能恶焉。《诗》曰：'靡不有初，鲜克有终'。不能终善者，不遂⑨其君。

今君临民⑩若寇仇，见善若避热，乱政而危贤，必逆于众，肆欲于民，而诛虐于下，恐及于身。婴之年老，不能待于君使矣，行不能革⑪，则持节以没世耳。"

【注释】

①将（jiāng）：这里是带领之意。

②淄（zī）：水名。今山东省淄河。

③喟（kuì）然：形容长声叹气的样子。

④虚：本意为空、空隙，这里引申为薄弱、凭空之意。

⑤终：穷尽之意。这里指达到事物最大限度的完美。

⑥高：高尚。这里指推崇之意。

⑦疾：疾恶。这里是怨恨、憎恶之意。

⑧怠：怠惰。

⑨遂：这里用作举荐、推举的意思。

⑩临民：治理，统治民众。

⑪革：变革、更改的意思。

【译文】

齐景公带领百官来到淄水岸观光赏景，景公同晏子悠闲地站在观景台上。忽然，景公不无感慨地长叹一声道："唉！假使可以长期拥有国家，并且能够完整地传给子孙后代，那岂不是一件很快乐的事吗？"

晏子回答："我听说自古以来，圣明之君并不是无所作为就能确立自己的地位，百姓也不是没有原因就凭空来归顺的。如今，君王的政令使国家秩序混乱，而且以邪僻的行为背弃百姓很久了，却口口声声说要长久拥有它，这岂不是太难了吗？我听说过这样一个道理：能长久拥有国家的人，都是能够穷尽善行而为仁政的人。虽然普天之下诸侯众多，各自独立，但是，只有能够穷尽善行，自始至终都能施行仁政的人，才能成为首领；众多学子一同学习，唯有能穷尽

善行，始终如一专心学习的人才能成为师长。

从前，我们的先君桓公，当他刚刚登基便任用贤良，而且大力称誉美德，使面临衰亡的国家依靠他的仁政而得以存在，使陷于危难的国家仰仗他的善行而得以安定。所以，百姓都喜欢他而去拥护他，而且得到了世人高声赞颂并去推崇他的德行仁政。那些被派到远方征伐强暴、奔波辛苦的人并不疾恶他；驱使天下诸侯去朝拜天子，诸侯们也不会心生怨恨。那时候，像他这样盛名的君王，再也找不到能比他更好的人了。然而，桓公到了晚年的时候却一步步走向衰亡，他整日里怠惰于德行、放纵享乐，身陷于宫人、嫔妃、近侍的包围之中不理朝政，至于谋略国家大事只去听信奸佞的宦官竖刁。因此，百姓深受其苦，便开始痛恨他的政令，而世人也开始对他的行为产生非议，所以，后来他死在胡宫之中也没有人以君王之礼为他举丧，甚至身体腐烂、尸虫都爬出来了，也无人为他收尸。在那个时候，就连万恶的桀王、纣王的死也不能比他更凄惨了。《诗经》上曾说：'凡事无不有开始，然而行事能有所克制，能够做到善终的人却很少。'不能穷尽善行而做到善始善终的人，就不能将他们举荐给君王，使其协助君王完成帝王之业。

如今的君王治理民众就像对待贼寇仇人似的，看到善行好像躲避热病一样，无所顾忌地混乱国政而危害贤良，久而久之，一定会失去民心，如此肆无忌惮地对平民放纵私欲，无节制地搜刮，甚至残暴地杀戮臣下，长此以往，恐怕灾祸就要降于自身。晏婴我年纪已经老了，不能随时听命等待君王的差使了，如果君王的行为依旧不改变，那么我只能坚守自己的节操老死而去了。"

景公登牛山悲去国而死晏子谏第十七

【原文】

景公游于牛山[①]，北临其国城而流涕曰："若何滂滂[②]去此而死乎！"

艾孔、梁丘据[③]皆从而泣。晏子独笑于旁，公刷[④]涕而顾晏子曰："寡人今日游，悲，孔与据皆从寡人而涕泣，子之独笑，何也？"

晏子对曰："使贤者常守之，则太公、桓公将常守之矣；使勇者常守之，则庄公、灵公将常守之矣。数君者将守之，则吾君安得此位而立焉？以其迭[⑤]处之，迭去之，至于君也，而独为之流涕，是不仁也。不仁之君见一，谄谀[⑥]之臣见二，此臣之所以独窃笑也。”

【注释】

①游：游览。牛山：山名，在今山东省淄博市。因齐景公登上牛山想到终有一死而悲哀下泪。后以“牛山叹”“牛山泪”“牛山悲”“牛山下涕”，比喻为人生短暂而悲叹。

②滂滂：这里指波澜壮阔、气势庞大的意思。

③艾孔：春秋时齐国大夫，齐景公的宠臣，因封邑在艾（今山东省沂源县西南），一说艾陵（今山东省泰安东南），而得氏，他的后代称为艾氏，成为艾氏始祖。故《通志·氏族略》说：艾氏为“春秋大夫艾孔之后”。梁丘据：齐侯姜尚后裔，精通《易学》，崇尚自然科学，春秋时期齐国的大夫，深受齐景公的赏识，后受封地于山东梁丘，便以封地为姓，成为梁丘姓始祖。按文献记载，梁丘据为人热情开朗，虚心好学，且善于揣摩齐景公的心思，所以齐景公对其关爱有加。

④刷：用刷子一类的工具清除某些东西。这里是擦拭眼泪之意。

⑤迭：交替，轮流。

⑥谄谀（chǎn yú）：谄媚阿谀。指擅长阿谀奉承的人。

【译文】

齐景公到牛山游玩，站在山顶上临风向北眺望，当目光落到他自己的国都，却忽然流着眼泪说：“为什么拥有如此波澜壮阔、宏大的国家，历代君王都要永久地离开这里，而终有一天我也要死去呢！”

侍立身旁的艾孔和梁丘据两位大夫看到齐王哀伤地哭泣，也都

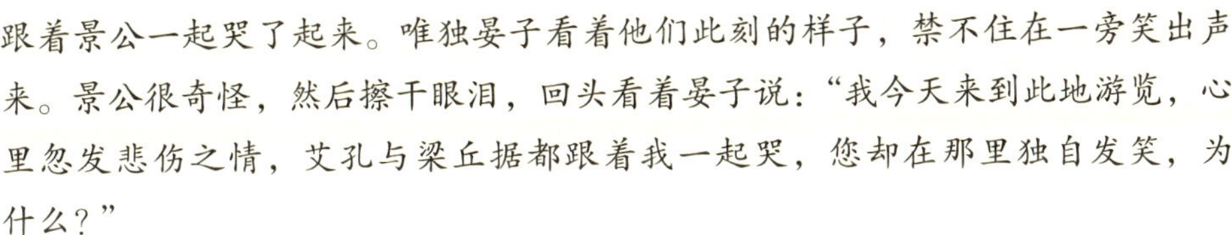

跟着景公一起哭了起来。唯独晏子看着他们此刻的样子，禁不住在一旁笑出声来。景公很奇怪，然后擦干眼泪，回头看着晏子说："我今天来到此地游览，心里忽发悲伤之情，艾孔与梁丘据都跟着我一起哭，您却在那里独自发笑，为什么？"

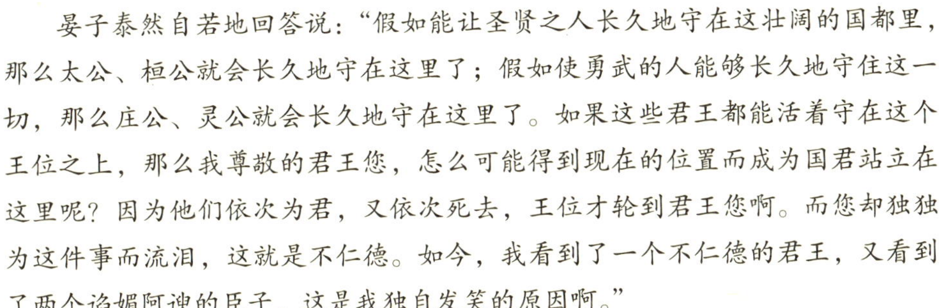

晏子泰然自若地回答说："假如能让圣贤之人长久地守在这壮阔的国都里，那么太公、桓公就会长久地守在这里了；假如使勇武的人能够长久地守住这一切，那么庄公、灵公就会长久地守在这里了。如果这些君王都能活着守在这个王位之上，那么我尊敬的君王您，怎么可能得到现在的位置而成为国君站立在这里呢？因为他们依次为君，又依次死去，王位才轮到君王您啊。而您却独独为这件事而流泪，这就是不仁德。如今，我看到了一个不仁德的君王，又看到了两个谄媚阿谀的臣子，这是我独自发笑的原因啊。"

景公游公阜一日有三过言晏子谏第十八

【原文】

景公出游于公阜①，北面望睹齐国曰："呜呼！使古而无死，何如？"

晏子曰："昔者上帝以人之殁②为善，仁者息焉，不仁者伏③焉。若使古而无死，太公、丁公将有齐国，桓、襄、文、武将皆相之，君将戴笠衣褐，执铫耨以蹲行畎亩之中④，孰暇患⑤死！"公忿然作色，不说⑥。

无几何而梁丘据御六马而来，公曰："是谁也？"晏子曰："据也。"公曰："何如？"曰："大暑而疾驰，甚者马死，薄者马伤，非据孰敢为之！"公曰："据与我和者夫！"晏子曰："此所谓同也。所谓和者，君甘则臣酸，君淡则臣咸。今据也君甘亦甘，所谓同也，安得为和！"公忿然作色，不说。

无几何，日暮，公西面望睹彗星，召伯常骞，使禳⑦去之。晏子曰："不可！此天教也。日月之气，风雨不时，彗星之出，天为民之乱见⑧之，故诏之妖祥，以戒不敬。今君若设文而受谏，谒圣贤人，虽不去彗，星将自亡。今君嗜酒而并于乐，政不饰而宽于小人，近谗好优⑨，恶文而疏圣贤人，何暇在彗！茀⑩又将见矣。"公忿然作色，不说。

及晏子卒，公出屏而泣曰："呜呼！昔者从夫子而游公阜，夫子一日而三责我，今孰责寡人哉！"

【注释】

①公阜：高大的土山，齐国的地名。阜：没有岩石的地方为阜。

②歿：亦称“没”，终了，死去的意思。

③伏：这里是被降服、屈服、治服的意思。

④执铫耨（tiáo nòu）：手里拿着锄草的大锄。铫：大锄。耨：一种种田的用具。畎亩（quǎn mǔ）：田间，田地。

⑤患：忧患。这里是担忧，害怕之意。

⑥说：同“悦”，喜悦，高兴的样子。

⑦禳（ráng）：祭祀名。消除灾殃，祛邪除恶之祭。

⑧见：同“现”，出现，显露、显示之意。

⑨优：古代指表演乐舞、杂戏的艺人。

⑩茀（fú）：茀：通“孛”，即彗星。以为不祥之兆，预示有兵灾悖乱发生。

【译文】

齐景公出宫到公阜去游玩，站在这座高大的土山之上向北远望，看见齐国的都城，感叹道：“唉！假使自古以来就没有死亡，那将会是怎样呢？”

晏子说：“回忆往昔的论述，天帝认为人死是好事，因为好人因此而得到安息了，坏人也如同被降服一样停止作恶了。如果自古就没有死亡，丁公、太公将永久是齐国的国君，桓公、襄公、文公、武公都会躬身辅佐国家，而君王您将会头戴斗笠，身穿短衣，拿着种田的大锄头，蹲行在田野之中辛苦劳作，哪里还有闲暇时间去忧虑死亡啊！”景公听后非常生气地变了脸色，显出很不高兴的样子。

没过多久，梁丘据驾着六匹马拉的车飞驰而来，一路尘土飞扬。景公问：“远处那是谁来了？”晏子说：“是梁丘据。”景公问：“你怎么知道？”晏子说：“在如此大热天却驾车飞速奔驰，重者马会累死，轻者马会累伤，如果不是梁丘据，还有谁敢这样做！”景公说：“梁丘据和我算是相和的人吧？”晏子说：“这不过是所说的苟同罢了。真正所谓的相和，应该是君王说甜，则臣下说酸；君王说淡，则臣下说咸。而现在梁丘据说甜，君王也说甜，这只能算是所说的苟同罢了，又怎能说是相和呢？”景公再一次生气地变了脸色，心里很不高兴。

没多一会儿，夜幕降临，齐景公向西遥望天空，刚好看见了彗星，便下诏伯常骞，让他准备消除灾殃，施祛邪除恶之祭去除彗星带来的邪气。晏子说：“不可以！这是上天带来的警示、教诲啊！日月所穿行的云气薄厚，风雨不定时而来以及彗星的出现，这些都是上天因为人世的混乱而显现出来的，所以上天诏

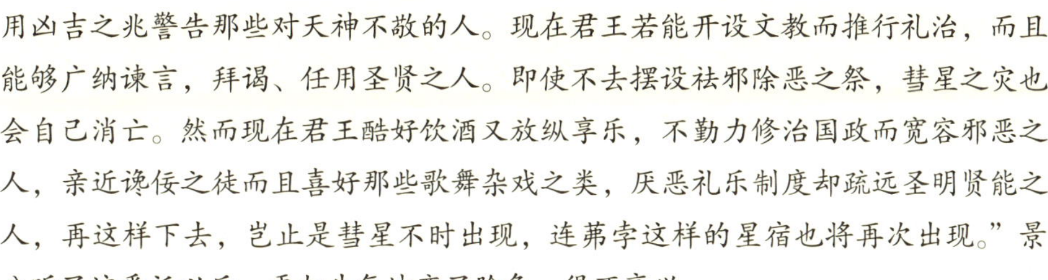

用凶吉之兆警告那些对天神不敬的人。现在君王若能开设文教而推行礼治，而且能够广纳谏言，拜谒、任用圣贤之人。即使不去摆设祛邪除恶之祭，彗星之灾也会自己消亡。然而现在君王酷好饮酒又放纵享乐，不勤力修治国政而宽容邪恶之人，亲近谗佞之徒而且喜好那些歌舞杂戏之类，厌恶礼乐制度却疏远圣明贤能之人，再这样下去，岂止是彗星不时出现，连茀孛这样的星宿也将再次出现。”景公听了这番话以后，更加生气地变了脸色，很不高兴。

直到晏子死后，景公上朝或是出游之时，每当想起晏子，就会背转身子悲泣道：“唉！从前我和先生一起游览公阜，先生曾在一天里三次谏责于我，如今还有谁能来谏责我呢！”

景公游寒涂不恤死胔晏子谏第十九

【原文】

景公出游于寒涂，睹死胔①，默然不问。晏子谏曰：“昔吾先君桓公出游，睹饥者与之食，睹疾者与之财，使令不劳力，籍敛②不费民。先君将游，百姓皆说曰：‘君当幸③游吾乡乎！’今君游于寒涂④，据⑤四十里之氓，殚⑥财不足以奉敛，尽力不能周役，民氓饥寒冻馁，死胔相望，而君不问，失君道矣。财屈力竭，下无以亲上；骄泰奢侈，上无以亲下。上下交离，君臣无亲，此三代之所以衰也。今君行之，婴惧公族之危，以为异姓之福也。”公曰：“然！为上而忘下，厚藉敛而忘民，吾罪大矣。”于是敛死胔，发粟于民，据四十里之氓不服政其⑦年，公三月不出游。

【注释】

①胔（zì）：尚存残肉的骨殖，尸骨。

②籍：本意薄书。此指登记。敛：征敛。

③幸：驾幸。这里是希望之意。

④寒涂：齐国地名。

⑤据：同“居”，居住。氓：平民。古代称外来的平民为氓，这里指平民百姓。

⑥殚（dān）：尽。用尽、倾尽、竭尽的意思。

⑦其（jī）：通“期（jī）”，一整年。

【译文】

齐景公出宫到寒途游玩，看见暴露在路边的腐烂尸体，他沉默而过却没有过问。晏子见此情景上前进谏说："以前我们的先君桓公出游的时候，看见饥饿的人就给他们吃的，看见生病的人就给他们钱物，让他们去医治。即使派遣徭役也不劳损民力，登记征敛赋税从不苛刻百姓耗费民财。所以先君桓公每次将要出宫巡游时，百姓都高兴地说：'国君该驾幸到我们这里巡游了吧？'如今君王您到寒涂巡游，居住在这里方圆四十里的平民百姓，倾尽家里所有钱财也不够交纳官府赋敛，竭尽全力也不能完全地完成徭役，致使百姓饥寒交迫，死尸一个接着一个，可谓遍布山野，而国君您竟视而不见，不去过问，这样的行为就是有失为君之道了。如果钱财不足，体力竭尽，百姓就没有什么可以敬爱君王的理由；如果您只知道骄恣放纵，奢华享乐，那么您就不能前去亲近百姓。如此上下没有交合，只有离心，以致君臣不能相互亲近，这也正是夏、商、周三个朝代衰亡的原因啊。今天君王的行为，我担心会是王族的倾危之患，将会变成异族姓氏的福音啊。"景公幡然醒悟，说："你说得对！身为君上而忘了臣下，只注重过多地征敛赋税而忘了百姓的生活疾苦，我的罪过真是太大了。"

于是，景公派人收殓了死尸给予安葬，并给当地的百姓发放粮食，而且居住在此方圆四十里的百姓，一整年不服徭役，为了节省开销，景公三个月不出游。

景公衣狐白裘不知天寒晏子谏第二十

【原文】

景公之时，雨雪三日而不霁[①]。公被[②]狐白之裘，坐堂侧陛[③]。晏子入见，立有间，公曰："怪哉！雨雪三日而天不寒。"

晏子对曰："天不寒乎？"公笑。

晏子曰："婴闻古之贤君饱而知人之饥，温而知人之寒，逸而知人之劳。今君不知也。"公曰："善！寡人闻命矣。"

乃令出裘发粟，以与饥寒者。令所睹于涂者无问其乡；所睹于里者，无问其家；循[④]国计数，无言其名。士既事者兼[⑤]月，疾者兼岁。

孔子闻之曰："晏子能明其所欲[⑥]，景公能行其所善[⑦]也！"

【注释】

①霁（jì）：雨雪停止，天已放晴。有雨后云气之意。

②被：通“披”，指肩上披着。

③陛：“陛”疑为“階”之误。

④循：通“巡”，这里指巡视的意思。

⑤兼：这里指代重叠，或者是两个的意思。

⑥欲：想要，指自身的愿望。

⑦善：这里指善行，德政。

【译文】

景公在位之时，有一年冬天，连下三天大雪还不放晴。景公身上披着用狐狸腋下白毛做的皮衣，坐在正堂前的一侧台阶上，看屋外雪景。这时，晏子进宫谒见，站了一会儿，景公说：“真是奇怪啊！连续下了三天雪，可是天气并不寒冷。”

晏子回答说：“天气不冷吗？”景公笑了。

晏子说：“我听说古代贤德的国君自己吃饱的时候，却知道还有一些人正在忍受饥饿，自己穿暖却能懂得别人的寒冷，而自己安逸之时，却能深知别人的劳苦。可是现在君王您声称屋外不冷，可见是不知道别人的寒冷了。”景公说：“说得好！我听从您的教诲了。”

于是，景公便命人发放皮衣和粮食给那些正处于饥饿寒冷之中的人。景公还命令官吏，凡是在路途之上见到的饥寒之人，不必问他们来自哪个乡里；如果是在里巷之中见到的，不必问他们是哪一家的；派遣官员巡视全国，只需统计饥寒人口的数字，不必记录他们的姓名。读书且已任职的人就先发给他们两个月的粮食，如果是病困的人就发给他们两年的粮食。

孔子知道这件事以后说：“晏子能阐明他自己所要达成的愿望，景公能施行他所认识到的德政，这都是难能可贵的善行啊！”

景公异荧惑守虚而不去晏子谏第二十一

【原文】

景公之时，荧惑守于虚①，期年不去。公异之，召晏子而问曰：“吾闻之，人行善者天赏之，行不善者天殃之。荧惑，天罚也，今留虚，其孰当之？”晏

子曰："齐当之。"

公不说，曰："天下大国十二，皆曰诸侯，齐独何以当之？"晏子曰："虚，齐野[2]也。且天之下殃[3]，固于富强，为善不用，出政不行，贤人使远，谗人反昌，百姓疾[4]怨，自为祈祥，录录强食[5]，进死何伤！是以列舍[6]无次，变星有芒，荧惑回逆，孽星在旁，有贤不用，安得不亡！"

公曰："可去乎？"对曰："可致[7]者可去，不可致者不可去。"公曰："寡人为之若何[8]？"对曰："盍[9]去冤聚之狱，使反田矣；散百官之财，施之民矣；振[10]孤寡而敬老人矣。夫若是者，百恶可去，何独是孽乎！"公曰："善。"行之三月，而荧惑迁。

【注释】

①荧惑：火星的别名，因为它在星空中时隐时现，令人迷惑，故而得此名。虚：二十八星宿中北方玄武七宿的第四宿，实有两颗。齐国所对应的是天区是虚、危二宿天区，所以称为"于虚"。

②野：视野、分野。指界限、范围之意。

③殃：灾殃。

④疾：疾恶。这里指憎恶的意思。

⑤录录：这里指次第、次序、陆续之意。食：古代把"吐而复吞"称为"食"。这里为食言、背弃之意。

⑥舍：居住的房舍。此处是星宿居留的位置之意。

⑦致：这里为控制之意。引自《管子·君臣下》中"民用，则天下可致也"。

⑧若何：即如何。这里是怎么办的意思。

⑨盍（hé）：表示反问或疑问。这里是指"何不"的意思。

⑩振：古同"赈"，这里是赈济、救济的意思。

【译文】

齐景公时期，天空中的荧惑之星在北方玄武七宿的虚宿天区之中停留，有一整年的时间都没有离去。齐景公认为这件事很怪异，于是就召来晏子，并且问道："我听过这样的说法，如果人去做善事，上天就会奖赏他，如果人不做善事，上天就会降下灾殃使他遭到祸害。荧惑星，是上天的惩罚之星，现在停留在虚宿久久不去，那么该由谁来承担这场灾殃呢？"晏子不假思索地说："齐国承担它。"

齐景公很不高兴，说："目前天下较大的国家就有十二个，都号称诸侯国，

凭什么要我齐国独自承担灾殃？”晏子说：“因为这虚宿所在的天区，正好对应齐国的分野范围啊。况且，普天之下的灾殃，本来就源于富庶强盛的国家，即便是大国，倘若国君对于做善事的人不任用，颁布的政令不认真施行，圣贤之人被冷落疏远，奸佞谄媚的小人反倒是得到宠溺而日渐昌盛，这样一来，平民百姓自然就会心生憎恶，甚至无比怨恨，却无能为力，所以只能自己默默地祈求吉祥，恐怕接下来陆续就会出现背弃远离之事，如此使国家进入死地是何等悲伤！也正因为这样，天空的星宿排列位置没有了次序，变化莫测的星星展现光芒，荧惑之星去而复返，灾孽之星在一旁闪烁，而拥有贤能之人却不被任用，这样的国家怎么能不灭亡！”

齐景公问道：“可以去除这些吗？”晏子回答说：“招来荧惑的人自然可以使它离开，因为能够控制的就可以消除，不可以控制的就不能消除。”

景公说：“那么我该怎样做才好呢？”晏子回答道：“何不打开牢狱，释放那些受冤枉而被监禁的人，使他们能够返回田间务农；分散百官手中的钱财，布施给贫苦的百姓；赈济孤寡之人而且还要敬爱那些年老体衰的人。君王如果能成为这样的人，那么诸多恶事都能去除，又何况这等灾孽之星呢！”景公说：“好。”按照晏子所说的谏言，景公施行了三个月，荧惑之星果然消失了。

景公将伐宋梦二丈夫立而怒晏子谏第二十二

【原文】

景公举兵将伐宋，师过泰山，公梦见二丈夫立而怒，其怒甚盛。公恐，觉，辟门召占梦者[①]，至。公曰："今夕吾梦二丈夫立而怒，不知其所言，其怒甚盛，吾犹识其状，识其声。"占梦者曰："师过泰山而不用事[②]，故泰山之神怒也。请趣召祝史祠乎泰山则可[③]。"公曰："诺。"

明日，晏子朝见，公告如占梦者之言也。公曰："占梦者之言曰：'师过泰山而不用事，故泰山之神怒也。'今使人召祝史祠之。"晏子俯[④]有间，对曰："占梦者不识[⑤]也，此非泰山之神，是宋之先汤与伊尹也。"公疑，以为泰山神。

晏子曰："公疑之，则婴请言汤、伊尹之状也。汤质皙而长[⑥]，颜以髯，兑上丰下，倨[⑦]身而扬声。"公曰："然，是已。""伊尹黑而短，蓬而髯，丰上兑下，偻身而下声。"公曰："然，是已。今若何？"

晏子曰："夫汤、太甲、武丁、祖乙，天下之盛君也，不宜无后。今惟宋耳，而公伐之，故汤、伊尹怒，请散师以平宋。"景公不用，终伐宋。晏子曰："伐无罪之国，以怒明神，不易行以续蓄，进师以近过，非婴所知也。师若果进，军必有殃。"

军进再舍，鼓毁将殪[⑧]。公乃辞[⑨]乎晏子，散师，不果[⑩]伐宋。

【注释】

①辟门：打开门。占梦者：善于占卜梦境之人。

②不用事：没有进行祭祀典礼。

③趣：同"促"，这里是催促、督促之意。祝史：男巫，即庙祝，是祭祀的时候主持祝告的人。祠：祭祀。

④俯：这里是低头沉思的意思。

⑤识：识别，知道之意。

⑥皙：白皙。多指皮肤白。长：修长。这里是指身材高大的意思。

⑦倨（jù）：微曲之意。

⑧舍：这里指行军住宿之意。殪（yì）：死亡。

⑨辞：这里是言说之意。

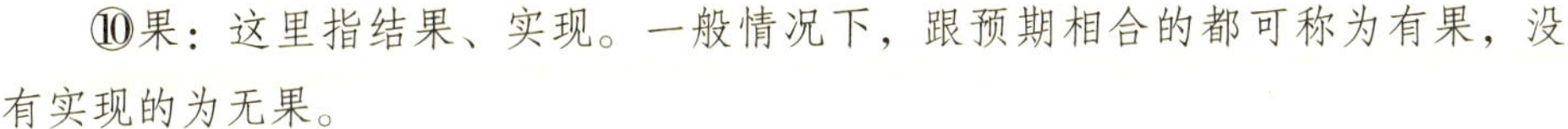
⑩果：这里指结果、实现。一般情况下，跟预期相合的都可称为有果，没有实现的为无果。

【译文】

齐景公发兵要去攻打宋国，军队路过泰山，在夜晚睡觉时，景公梦见两个男子愤怒地站在自己的面前，而且，他们是怒气极其旺盛的样子。景公十分害怕，一下子被惊醒，连忙开门传召占卜解梦之人，占梦之人火速赶到。景公对他说：“今天晚上我梦见两个男子站在我的面前，而且十分愤怒的样子，我不知道他们说了些什么话，只觉得他们的怒气极其旺盛。不过，我还记得他们的长相体态，也能识别他们的声音。”占梦之人说：“君主不必惊慌，那是因为齐国军队路过泰山却没有进行祭祀，所以泰山之神就发怒了。请君主催促下臣召来庙祝祭祀泰山就可以了。”景公说：“好的”。

第二天清晨，晏子朝见景公，于是，景公便将梦中之事如同告诉占梦之人一样全都告诉了晏子。随后景公说：“占梦之人对我说：‘那是因为齐国军队路过泰山却不进行祭祀，所以泰山之神发怒了。’现在我已经派人传召祝史准备祭祀泰山了。”晏子低头沉思了一会儿，回答说：“占梦之人并没有识别真相啊，其实，这二人并不是泰山之神，而是宋国的祖先商汤和伊尹罢了。”

景公不相信，依旧认为是泰山之神。晏子说：“如果君主怀疑我说的话，那么我只好描述一下商汤和伊尹的相貌体态了。商汤的肤质白皙，而且个子修长，面庞两侧长有胡须，面庞上部狭窄下部丰满，身子稍有弯曲，但说话声音高扬。”景公说：“是的，是这样。”“伊尹皮肤黝黑而且个子矮小，头发蓬松而且两颊长有胡须，面庞是上部丰满而下部狭窄，身体稍有佝偻而声音低沉。”景公说：“是的，是这样。那么现在应该怎么办呢？”

晏子说：“那商汤、太甲、武丁、祖乙，都是天下间使国家兴盛的圣德之君啊，不应该没有后代。当今只剩下宋国是他们的后人了，而现在君主您要讨伐宋国，所以商汤、伊尹生气了，去梦中见您，是想请您撤回军队，以保宋国子民平安。”然而，景公并没有采纳晏子的谏言，最终还是决定去攻打宋国。晏子说：“去讨伐无罪之国，定会因此而触怒神明，如果不改变攻伐行事来延续两国友好，霸道的攻伐就是在接近灾祸，那么后果就不是我晏婴所能知道的了。攻伐的军队如果还要继续前进，那么将士一定会有灾殃。”

齐国军队继续向前行进，当再一次宿营的时候，果真战鼓毁坏，一名将领死亡。景公于是连忙向晏子言说撤回军队之意，因此，齐国没能实现攻伐宋国的计划，便中途折返而归。

景公从畋十八日不返国晏子谏第二十三

【原文】

景公畋于署梁[①]，十有八日而不返。晏子自国往见公。比[②]至，衣冠不正，不革[③]衣冠，望游[④]而驰。公望见晏子，下车逆劳[⑤]曰："夫子何为遽[⑥]？国家无有故乎？"晏子对曰："不亦急也！虽然，婴愿有复也。国人皆以为君安野而不安国，好兽而恶民，毋乃不可乎？"

公曰："何哉？吾为夫妇狱讼之不正乎？则泰士[⑦]子牛存矣；为社稷宗庙之不享乎？则泰祝[⑧]子游存矣；为诸侯宾客莫之应乎？则行人[⑨]子羽存矣；为田野之不僻、仓库之不实？则申田存焉；为国家之有余不足聘[⑩]乎？则吾子存矣。寡人之有五子，犹心之有四支[⑪]，心有四支，故心得佚[⑫]焉。今寡人有五子，故寡人得佚焉，岂不可哉！"

晏子对曰："婴闻之，与君言异。若乃心之有四支，而心得佚焉则可；令四支无心，十有八日，不亦久乎？"公于是罢畋而归。

【注释】

①畋（tián）：这里是打猎的意思。署梁：齐国地名。

②比：及，等到之意。

③革：变革。这里是更改、更换的意思。

④游：同"旒（liú）"，古代旌旗下方的垂饰物。

⑤逆劳：犹"迎劳"，迎接自远处来的人。

⑥遽（jù）：本意为立刻、马上之意。这里是急速的意思。

⑦泰：泰，通"太"，大的意思。泰士：即大士，齐国的官名。

⑧享：古时烹饪、享献、亨通都作"享"。这里是贡献、祭祀的意思。泰祝：即为大祝史。祝史，就是男巫，在古代朝廷里是指主管祭祀仪式的官员。

⑨行人：这里指专门负责国家外交的使臣。

⑩聘：这里是探问、访问的意思。

⑪支：通"肢"，肢体。四支，即为"四肢"。

⑫佚（yì）：通"逸"，这里是安逸的意思。

【译文】

景公悠闲地到署梁一带去狩猎，连续十八天都没有回宫治理朝政。于是，晏子从国都前往署梁去拜见景公。等到了那里的时候，晏子早已衣冠不整，但他全然不顾，也不重新更换衣帽，远远地望见景公仪仗队上空飘扬的旌旗就疾驰而去了。

景公看见晏子匆匆赶来，便急忙走下马车迎接晏子，然后问道：“先生为什么这样急速奔来，国家不会是有什么变故了吧？”晏子回答说：“其实也不算太紧急。虽然如此，但我还是想要向君王有所禀告，希望您能就此返回宫中。现在，齐国人民都以为君王安心于郊野狩猎而不安于治理国事，甚至是喜好野兽而厌恶人民，这样下去恐怕不可以吧？”

景公说：“这是为什么呢？难道是我审理夫妇间的诉讼案件不公正吗？那么，还有大士子牛在呀；是国家社稷宗庙没有贡献祭祀的物品吗？有大祝子游在呀；是各国诸侯宾客来往没有接待之人吗？有专门负责外交的官员子羽在呀；是因为齐国的田野没有人去开辟，粮仓国库不充实吗？有申田在呀；是因为国家的余亏无人管理、不足以访问他国吗？有晏子先生你在呀。我有你们五个忠诚的大臣，就像心拥有了四肢一样，因为心有了四肢的辅助，所以心就能够安逸了。现在我有你们五个人的辅佐，所以我就能够安逸了啊，难道这有什么不可以的吗？”

晏子回答：“我听说的，和君王您说的有所不同。如果说心拥有了四肢，心就能得到安逸，可以；假如让四肢没有了心的支配，一连十八天，这不是太长久了吗？”于是景公停止了郊野狩猎，带领随从回到了国都。

景公欲诛骇鸟野人晏子谏第二十四

【原文】

景公射鸟，野人①骇②之。公怒，令吏诛③之。

晏子曰：“野人不知也。臣闻赏无功谓之乱，罪不知谓之虐④。两者，先王之禁也。以飞鸟犯先王之禁，不可！今君不明先王之制，而无仁义之心，是以从⑤欲而轻诛。夫鸟兽，固人之养也，野人骇之，不亦宜⑥乎！”

公曰：“善！自今已⑦后，弛⑧鸟兽之禁，无以苛民也。”

【注释】

①野人：这里指在野之人，即不在朝廷为官、无爵无禄的平民百姓。

②骇：害怕，惊吓。

③诛：诛杀，杀死。

④虐：这里指侵害、残害之意。

⑤从：同“纵”，指随自己心意行事，这里有放纵之意。

⑥宜：合适；应当之意。

⑦已：同“以”。

⑧驰：这里是解除之意。

【译文】

景公到野外游猎，看见一只大鸟，便开弓射向大鸟，这时，乡野里有人惊飞了鸟，景公顿时大怒，命令官吏前去杀掉此人。

晏子见状，连忙过来躬身说道：“君王，这乡野之人定是不知道您在这里射鸟。我听说奖赏无功之人叫作乱政，降罪于不知情之人叫作残害。这两件事，都是先王的禁令啊。因为飞鸟的缘故而触犯先王的禁令，这样做万万不可！如今君王您不明白先王法令的含义，而且没有仁爱之心，因此放纵自己，随心所欲而轻易杀人。那些野外的鸟兽，本来就不是经人喂养的啊，乡野之人无意间惊走它，不也是应当的吗！”

景公听了以后，说：“好！从今以后，解除对捕猎时的禁令，不用它来苛责百姓了。”

景公所爱马死欲诛圉人晏子谏第二十五

【原文】

景公使圉人[1]养所爱马，暴病死。公怒，令人操刀解[2]养马者。是时晏子侍前，左右执刀而进，晏子之元，而问于公曰："尧舜支解[3]人，从何躯始？"

公矍然[4]曰："从寡人始。"遂不支解。

公曰："以属狱。"晏子曰："此不知其罪而死，臣请为君数之，使知其罪，然后致之狱。"公曰："可。"

晏子数之曰："尔罪有三，公使汝养马而杀之，当死罪一也；又杀公之所最善马，当死罪二也；使公以一马之故而杀人，百姓闻之必怨吾君，诸侯闻之必轻吾国。汝杀公马，使怨积于百姓，兵弱于邻国，汝当死罪三也。今以属狱。"

公喟然[5]叹曰："夫子释之！夫子释之！勿伤吾仁也。"

【注释】

①圉（yǔ）人：养马的人。古时专门掌管皇宫养马放牧的官员。

②解：肢解，是古代使用的一种酷刑。

③支解：肢解之意。支：通"肢"。

④矍（jué）然：惊惧的样子。

⑤喟（kuì）然：这里指长声叹息之意。

【译文】

景公派养马人专门饲养他所心爱的骏马，有一天，一匹骏马突然死了，景公知道后勃然大怒，命令掌管刑罚的官吏拿刀前去肢解这个养马的人。当时晏子正陪侍在景公身边，景公的侍从拿着刀进来领命准备执行的时候，晏子制止了他们并向景公问道："尧、舜规定肢解人，是从哪里开始的？"

景公显露出很惊惧的样子说道："是从寡人自身开始的。"于是就不再执行肢解了。

景公又说："可以把他送到死囚牢狱去了。"晏子说："这个人不知道自己犯了什么罪就死了，我替君王一一列举他的罪状，让他知道自己都犯下了什么罪责，然后再送往死囚牢狱，也好让他伏罪。"景公说："行。"

晏子列数他的罪名："罪名有三条：主公派你精心饲养骏马，你却让马死了，这当是处死你的第一条罪状；况且死掉的又是景公最喜欢的上等好马，这是你当死的第二条罪状；你使主公因为一匹马的原因而去杀人，百姓听说这件事以后必定会怨恨我们的国君，各路诸侯听说这件事以后一定会轻视我们齐国。你害死了主公的马，使怨恨积聚于百姓之中，使军队士气弱于邻国，这是你当死的第三条罪状了。现在让他进监牢去吧。"

景公听了这番话，长声叹息道："先生放了他！先生放了他！不要因为此事败坏了我的仁德之名了。"

《晏子春秋》·卷二·内篇谏（下）

景公藉重而狱多欲托晏子晏子谏第一

【原文】

景公藉①进贡重而狱多，拘者满圄②，怨者满朝。晏子谏，公不听。公谓晏子曰："夫狱，国之重官③也，愿托之夫子。"

晏子对曰："君将使婴敕其功乎④？则婴有壹妄⑤能书，足以治之矣。君将使婴敕其意乎？夫民无欲残其家室之生，以奉暴上之僻者，则君使吏比而焚之而已矣。"景公不说，曰："敕其功则使壹妄，敕其意则比而焚，如是，夫子无所谓能治国乎？"

晏子曰："婴闻与君异。今夫胡貉戎狄之蓄狗也⑥，多者十有余，寡者五六，然不相害伤。今束鸡豚⑦妄投之，其折骨决皮，可立得也。且夫上正其治，下审其论，则贵贱不相逾越。今君举千钟爵禄，而妄投之于左右，左右争之，甚于胡狗，而公不知也。寸之管无当⑧，天下不能足之以粟。今齐国丈夫耕，女子织，夜以接日，不足以奉上，而君侧皆雕文刻镂之观。此无当之管也，而君终不知。五尺童子，操寸之烟，天下不能足以薪。今君之左右，皆操烟之徒，而君终不知。钟鼓成肆⑨，干戚⑩成舞，虽禹不能禁民之观。且夫饰⑪民之欲，而严其听，禁其心，圣人所难也，而况夺其财而饥之，劳其力而疲之，常致其苦而严听其狱，痛诛其罪，非婴所知也。"

【注释】

①藉（jí）：通"籍"。这里指人员登记并征收赋税。

②圄（yǔ）：引自《韩非子·三守》中"至于守司囹圄，禁制刑罚，人臣擅之，此谓刑劫。"这里为监狱之意。

③官：通"管"。《书·皋陶谟》："知人则哲，能官人。"《书·吕刑》："惟官、惟反、惟内、惟货、惟来。"《说文》："官，吏事君也。"本意则有治众的意思。这里用为管制、管理之意。

④敕（chì）：同"饬"，这里是整顿的意思。陆德明《经典释文》："郑云：'敕，犹理也。'一云'整'也。"《汉书·礼乐志》："敕身齐戒。"这里用为"正"之意。功：这里用为"事情"之意。

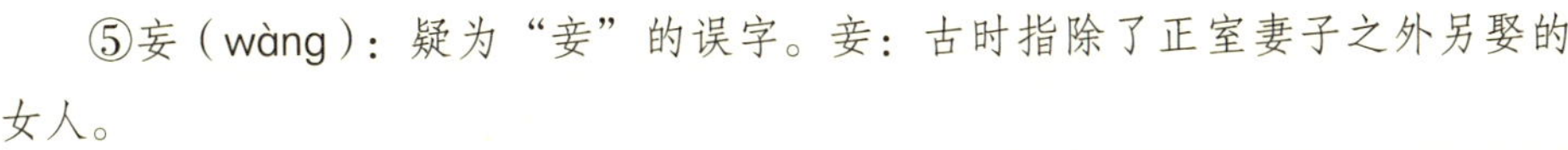

⑤妄（wàng）：疑为“妾”的误字。妾：古时指除了正室妻子之外另娶的女人。

⑥胡貉戎狄：古时泛指北方的一些少数民族。蓄狗：蓄养的狗。

⑦豚：引自《说文》：“豚，小豕也。”《方言八》：“猪其子谓之豚。”这里是指小猪的意思。

⑧当：同“挡”。引据《庄子·人间世》：“汝不知夫螳螂乎，怒其臂以当车辙，不知其不胜任也。”这里用为阻挡之意。

⑨肆（yì）：同“肂”。古代编悬乐器的单位，悬钟十六为肂。《周礼春官小胥》：“凡县钟磬，半为堵，全为肂。”《左传·襄公十一年》：“歌钟二肂，及其镈磬。”《玉篇·长部》：“肂，列也。”

⑩干戚：指盾牌与长斧。这里为舞蹈用的道具之意。《荀子·乐论》：“执其干戚，习其俯仰屈伸。”

⑪饰：通“饬”。这里用为整饬、整治之意。引据《管子·权修》：“欲民之有耻，则小耻不可不饰也。”《谷梁传·襄公二十五年》：“古者大国过小邑，小邑必饰城而请罪。”《韩非子·说难》：“则明割利害以致其功，直指是非以饰其身。”贾谊《过秦论》：“以饰法设刑，而天下治。”

【译文】

景公时期施行的户籍登记赋税十分沉重，因而被抓进牢狱的人很多，被拘禁的人几乎塞满了整个监狱，满腹怨恨的人充满了全国各地。面对这种情景，晏子进谏劝说，景公却不听从。景公对晏子说：“刑狱，是治理国家安定的重要之地，希望委托给先生管理。”

晏子说：“君王想派遣我前去整顿监狱的事情吗？那么，我有一个妾会写字，她完全可以把监狱治理得好。君王您是想让我去扭转他们的思想吗？其实，那些百姓没有谁愿意毁坏自己的家庭生活，以此来供残暴的君王施行邪僻之举，那么，君王不如派官吏把他们逐一杀死，或者焚烧算了。”景公听了以后很不高兴，说：“我让你整顿监狱之事，你就派一个小妾；让你改变百姓思想，你就让我一个一个地焚杀他们。如果像这样去做，先生您不就谈不上是能够治理国家了吗？”

晏子说：“我所听说的和君王不一样。如今，那些胡、貉、戎、狄各民族的人们都开始在家里蓄养狗了，多的有十多只，少的也有五六只，然而狗之间不会无故互相伤害。但如果现在把捆绑好的鸡和小猪之类的小动物随便投掷给它们，那么它们会相互撕咬以致出现骨断皮破的凶残情形，也都想立刻得到食物。

如果君王能够端正其治国之策，臣下都能明白君王的宗旨，那么尊贵与贫贱之人都不会乱了礼法，逾越禁忌。如果现在君王拿着千钟的爵禄随便扔给左右近臣，那么左右之人相互争斗，恐怕要比胡狗还厉害，可君王却丝毫也不知道啊。即便是一寸长的管子，若是没有底部来阻挡，就算是拿来全天下的粮食也填不满它。现在齐国男子耕田，女子纺织，家家户户夜以继日地辛苦劳作，还不够供奉国家的赋税，而君王的旁侧都是雕镂刻画的精美观赏之物。这些都是无底的管子呀，而君王却始终没有察觉。假如一个五尺高的小孩子，每人拿走寸长的火把，那么全天下的柴草也不够他们瓜分。现在君王的左右，都是手执火把之人，而君王却始终没有察觉。当编钟成列，鼓乐齐鸣，舞者拿起盾牌与长斧起舞之时，即使是英明的大禹也不能禁止百姓去观看。何况是去整治人民的欲望，而且要严厉地压制他们的视听，禁锢他们的心智思想，就算是圣人也难以办到啊。更何况是去掠夺他们的财物而致使他们挨饿受冻，甚至是劳累他们的身体而使他们疲惫不堪，如此长期让他们受苦又逼迫他们听从役使，还要严酷地抓捕他们入狱进行残忍的惩罚，无情地治他们的罪，这些残酷做法的后果就不是我晏婴所知道的了。”

景公欲杀犯所爱之槐者晏子谏第二

【原文】

景公有所爱槐，令吏谨守之，植木县[①]之。下令曰：“犯槐者刑，伤槐者死。”

有不闻令，醉而犯之者，公闻之曰：“是先犯我令。”使吏拘之，且加罪焉。其女子往辞[②]晏子之家，托[③]曰：“负郭之民贱妾[④]，请有道于相国，不胜其欲，愿得充数乎下陈。”晏子闻之，笑曰：“婴其淫于色乎？何为老而见奔？虽然，是必有故。”

令内之。女子入门，晏子望见之，曰：“怪哉！有深忧。”进而问焉，曰：“所忧何也？”对曰：“君树槐县令，犯之者刑，伤之者死。妾父不仁，不闻令，醉而犯之，吏将加罪焉。妾闻之，明君莅国立政，不损禄，不益刑，又不以私恚[⑤]害公法，不为禽兽伤人民，不为草木伤禽兽，不为野草伤禾苗。吾君欲以树木之故杀妾父，孤妾身，此令行于民而法于国矣。虽然，妾闻之，勇士不以众

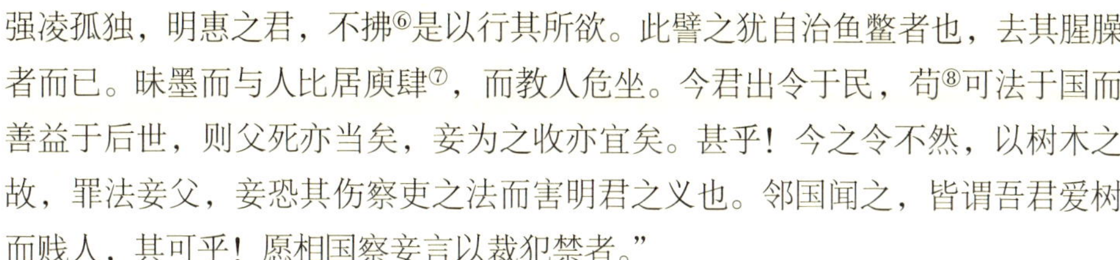

强凌孤独，明惠之君，不拂[6]是以行其所欲。此譬之犹自治鱼鳖者也，去其腥臊者而已。昧墨而与人比居庾肆[7]，而教人危坐。今君出令于民，苟[8]可法于国而善益于后世，则父死亦当矣，妾为之收亦宜矣。甚乎！今之令不然，以树木之故，罪法妾父，妾恐其伤察吏之法而害明君之义也。邻国闻之，皆谓吾君爱树而贱人，其可乎！愿相国察妾言以裁犯禁者。”

晏子曰：“甚矣！吾将为子言之于君。”使人送之归。

明日早朝，而复于公曰：“婴闻之，穷民财力以供嗜欲，谓之暴；崇玩好，威严拟乎君，谓之逆；刑杀不辜，谓之贼。此三者，守国之大殃也。今君穷民财力，以羡馁食之具，繁钟鼓之乐，极宫室之观，行暴之大者；崇玩好，县爱槐之令，载过者驰，步过者趋，威严拟乎君，逆民之明者；犯槐者刑，伤槐者死，刑杀不称，贼民之深者。君享国，德行未见于众，而三辟著于国，婴恐其不可以莅国子民也。”

公曰：“微[9]大夫教寡人，几有大罪以累社稷，今子大夫教之，社稷之福，寡人受命矣。”

晏子出，公令趣[10]罢守槐之役，拔置县之木，废伤槐之法，出犯槐之囚。

【注释】

①县：古通“悬”，这里是悬挂木板的意思。

②辞：说辞，言说。这里指女子向晏子求情。

③托：假托、托辞之意。

④负：通“背”，此指背靠之意。郭：在城的外围加筑的一道城墙，内城叫城，外城叫郭。贱妾：这里指贱民的女儿。

⑤私恚（huì）：私人的怨恨。恚：怨恨、发怒之意。

⑥拂：这里是违背的意思。

⑦昧：文中取“昏暗”之意。墨：引据《集韵·对韵》中“谗言败善曰墨。”这里有毁谤之意。比：此处是排列的意思。居：是“踞”的本字。这里用为蹲坐着的意思。庾（yǔ）：指露天的谷堆。肆：颜师古曰：“肆，纵也。”这里是放纵、放肆之意。

⑧苟：假使、如果之意。危坐：古人以两膝着地，耸起上身为“危坐”，即正身而跪，表示严肃恭敬。后泛指正身而坐。危：通“跪”。

⑨微：这里为“不是”之意。

⑩趣：通“促”。此处为催促、督促之意。

【译文】

齐景公有一棵心爱的槐树，命令小吏谨慎地守护它，并且在旁边埋了一个木桩，在一块木板上写下警示语悬挂在这个木桩上。同时下一道命令说：“触碰槐树的人判刑，伤害槐树的人处死。”

偏巧有一个人没有听到这道命令，喝醉了酒以后撞到了槐树，景公听说了这件事，生气地说：“他是第一个触犯了我的命令的人。”于是，派官吏拘捕了他，而且要加重处罚。这个人的女儿急忙到晏子家言说原委，为父亲求情，为了尽快见到晏子，便假托借口说：“我是背靠城墙居住的贫穷百姓人家的女儿，今日请求拜见，因我有话要禀告相国，我无法克制自己的欲望，希望能得以进府充当相爷的婢妾。”晏子听到仆从传达的这些话，大笑道：“我是那种沉迷于淫欲的好色之徒吗？为什么我都这么老了，还能见到有年轻女子来投奔我？即然是这样，这里必定是有原因的。”

于是就下令放她进来。女子刚一走进门，晏子看了看她，说：“奇怪，你看上去脸上有很深的忧伤。”接着又问：“你所忧心的是什么事呢？”女子回答：“国君在槐树旁的木桩上悬挂了一句警示语，下令碰撞到槐树的人判刑，伤害到槐树的人处死。是我的父亲不好，没有听到这道命令，他喝醉酒路过那里的时候不小心撞到了那棵槐树，官吏将我父亲带走而且还要加重罪于他。我听过这样的说法，圣明的君王临朝治理国家、制定政律，从不减少百姓的收入，也不增加刑罚，更不以私怨妨害国家法制，不因为保护禽兽而去伤害人民，不因为保护草木而去伤害禽兽，不因为保护野草而去伤害禾苗。我们的君王却要因为他所喜爱的树木，就去杀害我的父亲，使我成为孤儿，这种不公平的命令却要施行于百姓之中而成为国法了。即使是这样，但我还听说过这样的事，真正勇武的人从不仗着人多势众而去欺凌孤身独往之人，贤明仁惠的国君从不违背正义而去随便做他想做的事。这就像我在家烹饪鱼鳖的道理一样啊，只要除去它们的腥臊部分也就罢了，何必连同好肉都去掉呢？昏暗毁谤他人的人与别人并肩坐在谷堆上，自己放纵肆意，却教别人正襟危坐。现在君王发令于民间的这道命令，如果能成为国法，而有益于后世，那么我的父亲因此而死去也算是应当的了，我为他收尸也是合乎情理的。然而事实上是太过分了！如今的命令却不是这样，仅仅因为触碰树木，就降罪并以法令来惩治我的父亲，我担心这样做会有损于官吏明察的律法，而且害了圣明之君的德义啊。邻国人听到这件事以后，一定都会说我们的国君怜惜树木而轻视人的生命，您说这样能行吗？小女子希望相国能够详察我的话，来给我父亲定罪。”

晏子说：“是太过分了，我将把你的话转告给国君。”然后晏子派人把她送了回去。

第二天早朝，晏子又上奏景公说：“我听说，搜尽民众的钱财物力用以满足自己的骄奢淫欲，可以称之为暴政；宠爱玩物，使宠物的威严如同国君一般高大，可以称之为逆反常态；而刑杀无罪的人，可以称为残害。这三条，是治理和守护国家的最大灾殃。如今君王您穷尽民众的财力，用来增加自己的膳食，使饮食用具更加精美；用来增设钟鼓乐器，以使乐舞更加繁华；用来修建宫殿，使宫殿极尽奢华壮观，这都是在施行最大的暴政；无节制地宠爱玩物，悬挂宠爱槐树的法令，致使坐车经过的人都飞驰而过，步行的人统统快步走过，使槐树的威严如同君王一样，这是明显违反臣民认知的事啊；而碰撞到槐树的人就要被判刑，伤害到槐树的人就得处死，如此残暴的刑律与诛杀不相称，轻罪和无罪都要被处死，这是对百姓最大的残害。君王享有整个王土，圣明的德行却没有展示给民众，而暴、逆、贼这三种邪僻之行却在王土之内盛行，我担心这样下去您不能治理好国家，临朝卫国而为民父母了。”

景公听了晏子的一番话后如梦初醒，说：“如果不是先生教导我，我差点犯了大错而危及江山社稷，今天有先生您谆谆教导我，是齐国社稷的福气，我接受您的教诲。”晏子退朝出去后，景公下令督促马上取消守护槐树的差事，拔掉悬挂令牌的木桩，废除伤槐的法令，并释放因撞到槐树而被拘役的囚犯。

景公逐得斩竹者囚之晏子谏第三

【原文】

景公树①竹，令吏谨守之。公出，过之，有斩竹②者焉，公以车逐，得而拘之，将加罪焉。

晏子入见，曰："君亦闻吾先君丁公乎？"公曰："何如？"晏子曰："丁公伐曲沃③，胜之，止其财，出其民。公日自莅④之，有舆⑤死人以出者，公怪之，令吏视之，则其中金与玉焉。吏请杀其人，收其金玉。公曰：'以兵降城，以众图财，不仁。且吾闻之，人君者，宽惠慈众，不身传诛。'令舍⑥之。"公曰："善！"晏子退，公令出斩竹之囚。

【注释】

①树：竖起。这里指栽种之意。

②斩竹：用刀斧砍伐竹子。

③曲沃：地名。春秋时期曲沃在今山西省运城市闻喜县，距齐国二千余里，丁公未必能如此远征，故而此曲沃有可能是莱国曲城之误。

④莅：临之意。这里指监管、治理的意思。

⑤舆（yú）：古代马车中能装载东西的那部分，后泛指马车。这里指较大的马车。

⑥舍：舍弃。这里指释放砍伐竹子的人。

【译文】

齐景公在郊外种植了一些竹子，命令小吏好好守护这片竹林。有一次景公出宫游玩，路过这片竹林，看到有一个砍竹子的人正要离开那里，景公赶紧驾车追赶，抓到那个砍竹的人并把他关押了起来，准备对他治重罪。

晏子得知这个消息以后，进来拜见，说："君王您听说过我们的先王丁公的事迹吗？"景公说："怎样？"晏子说："丁公攻伐曲城的时候，很快把它攻克下来，然后扣留了那里的财物，禁止城中的民众带走财物，并下令迁出了城里的百姓。丁公每日亲临城中巡视治理，偶然发现有人用很大的马车拉着死人出城，丁公对此事感到很奇怪，便命令小吏前去察看，竟然发现车厢里装载着金子和美玉。小吏请求杀死那个人，收回他的金子和美玉。丁公说：‘我们用武力攻下城邑降服他们，又凭借人多夺取了他们的钱财，已属不仁义。况且我听说这样的道理，作为人民的国君，要宽厚仁慧、慈爱民众，不亲自传下杀人的命令。’所以下令放了那个人。”景公说：“丁公做得好。”

于是，晏子退下，景公随后命令释放那个砍竹子的犯人。

景公以抟治之兵未成功将杀之晏子谏第四

【原文】

景公令兵抟①治②，当腊冰月之间而寒，民多冻馁③，而功不成。公怒曰：“为我杀兵二人！”晏子曰：“诺。”

少间，晏子曰：“昔者先君庄公之伐于晋也，其役杀兵四人，今令而杀兵二人，是师杀之半也。”公曰：“诺！是寡人之过④也。”令止之。

【注释】

①抟（tuán）：本意是把东西揉弄成球形。这里延伸为掌握之意。

②治：引据《资治通鉴》中“今治水军八十万众，方与将军会猎于吴。”这里用作整顿、训练之意。

③馁（něi）.《说文》中“馁，饥也。”这里指饥饿的意思。

④过：过失，过错。

【译文】

景公命令士兵掌握搏击敌寇的本领，当时正是腊月时节，冰天雪地，天气十分寒冷。民众大多不仅挨冻，还要忍着饥饿，因而很难完成训练目标。景公看后十分生气，怒气冲冲地说：“给我杀掉两个士兵！”晏子说：“好的。”

过了一会儿，晏子说：“从前先王庄公攻打晋国的时候，那一仗才杀死了四个临阵脱逃的士兵而已，现在主公您命令杀死两个士兵，可是那次军队里杀死人数的一半啊。”景公说：“是！这是我的过错啊。”于是下令停止杀死那两个士兵。

景公冬起大台之役晏子谏第五

【原文】

晏子使①于鲁，比②其返也，景公使国人以大台之役，岁寒不已，冻馁③之者乡有焉。国人望晏子。

晏子至，已复事，公延④坐，饮酒乐。晏子曰："君若赐臣，臣请歌之。"歌曰："庶民之言曰：'冻水洗我，若之何！太上靡⑤散我，若之何！'"歌终，喟然⑥叹而流涕。公就⑦止之曰："夫子曷为至此？殆⑧为大台之役夫！寡人将速罢之。"晏子再拜，出而不言，遂如大台，执朴鞭其不务者，曰："吾细人⑨也，皆有盖庐，以避燥湿，今君为一台而不速成，何为？"国人皆曰："晏子助天为虐。"

晏子归，未至，而君出令趣罢役，车驰而人趋。仲尼闻之，喟然叹曰："古之善为人臣者，声名归之君，祸灾归之身，入则切磋其君之不善，出则高誉其君之德义，是以虽事惰君，能使垂衣裳，朝诸侯，不敢伐⑩其功。当此道者，其晏子是耶！"

【注释】

①使：到，出使的意思。

②比：及，等到的意思。

③馁（něi）：《说文》"馁，饥也。"这里指饥饿的意思。

④延：此为通假字，假借为"引"。这里为引入、引见、迎接的意思。

⑤靡：古同"糜"，糜烂、散乱之意。

⑥喟（kuì）然：这里指长声叹息之意。

⑦就：引据《广韵》中"就，即也。"这里为靠近、走近的意思。

⑧曷（hé）：何，为什么。殆：这里表示推测，相当于大概、几乎之意。

⑨朴：这里指没有经过加工的木材、木棍之类的东西。鞭：用作动词。鞭打，抽打之意。细人：古时指地位低微之人。

⑩伐：这里是夸耀之意。

【译文】

晏子出使鲁国，还没等他回来，景公就差使都城的人开始修建一个大高台，临近年末，天气寒冷，但修建之事还没有完工，受冻挨饿的人每乡都有，齐国的人民都寄希望于晏子，盼望他早点回来。

晏子终于回来了，他到朝中向景公汇报完出使鲁国的事情之后，景公迎接他入座，二人边饮酒边观看乐舞。晏子说："君王如果恩赐微臣，我请求为君王唱一支歌。"景公应允，于是晏子唱道："百姓们的话中说：'冰凉的雨水浇洗我，如此该如何！上天糜烂散乱残害我，如此该如何！'"唱完这支歌，晏子禁不住长声叹息而流下了眼泪。景公见此情景连忙走到晏子身边，劝止他说："先生因为什么伤心到这种地步呢？大概是为了修筑高台的徭役之事吧！如果是这样，我将会立刻停止这件事的。"晏子听后，恭敬地拜了两拜，转身退下。出去后也没有说话，随后来到高台，拿起木棍鞭打那些不干活的人，并厉声喝道："我只是一个卑微的小吏而已，都有伞盖和草庐来遮避太阳和风雨，堂堂一国之君想要建一个台子却不能马上建好，这是为什么？"国都的人都气愤地说："晏子是在助国君行暴虐。"

晏子头也不回地转身而去，还未到家，景公就发出命令，催促赶快停止筑台的徭役，传令的马车疾驰而来，人们高兴地快速散去。孔子听说这件事以后，感慨地叹息："自古以来善于为贤臣的人，都是把好名声归功于君王，把灾祸罪过归于自身。入朝能磋商指正君王不妥善之处，出朝就大加称颂君王的仁德礼义。因此，即使侍奉的是一个懒惰懈怠的君王，也能使君王垂衣而治国，使各路诸侯前来朝拜，虽是功绩卓著，却从不敢自夸其功。能承担这种道义的人，只有晏子啊！"

景公为长庲欲美之晏子谏第六

【原文】

景公为长庲①，将欲美之，有风雨作，公与晏子入坐饮酒，致堂上之乐。酒酣，晏子作歌曰："穗乎不得获，秋风至兮殚②零落。风雨之拂③杀也，太上之靡弊④也。"歌终，顾而流涕，张躬而舞。

公就⑤晏子而止之曰："今日夫子为赐而诫于寡人，是寡人之罪。"遂废酒，罢役，不果成长庲。

【注释】

①庲（lái）：房舍。

②殚（dān）：引据《广雅》"殚，尽也。"这里是全部、竭尽之意。

③拂（bì）：此处通"弼"。这里用为辅佐、帮助之意。

④靡：古同"糜"，糜烂、散乱之意。弊：这里是枯竭、衰败的意思。

⑤就：这里用作靠近、走近的意思。

【译文】

景公修筑了一个长长的台榭，还想要进一步美化它，偏巧风雨大作，景公便和晏子一起进入宫殿内坐下饮酒，并招来宫内的乐舞歌妓到堂上为他们娱乐助兴。酒意正浓时，晏子唱起歌来："禾苗结穗了啊却不能收获，秋风吹来了啊全都飘零凋落，风雨飘摇啊帮助杀戮，上天的糜烂散乱啊让我衰落枯竭。"唱完这支歌，晏子回过头去不住地流眼泪，伸展手臂舞动着。

景公见此情景起身走近晏子身边，劝道："今天先生借着赐酒的机会戒谏我，是我的罪过。"于是停止了饮酒，解散了修建台榭的徭役，不再装饰长长的台榭。

景公为邹之长途晏子谏第七

【原文】

景公筑路寝①之台，三年未息；又为长庲②之役，二年未息；又为邹之长途③。晏子谏曰："百姓之力勤④矣！公不息乎？"

公曰："途将成矣，请成而息之。"对曰："君屈⑤民财者，不得其利；不穷民力者，不得其乐。昔者楚灵王作顷宫，三年未息也；又为章华之台，五年又不息也；乾溪⑥之役，八年，百姓之力不足而自息也。灵王死于乾溪，而民不与归。今君不遵明君之义，而循灵王之迹，婴惧君有暴民之行，而不睹长庲之乐也。不若息之。"

公曰："善！非夫子者，寡人不知得罪于百姓深也。"于是令勿委壤，余财勿收，斩板⑦而去之。

【注释】

①路寝：古代君王、诸侯居住的寝宫正厅。路：君王居住的地方。

②长庲（lái）：景公时期建造的台榭名称。

③途：指道路。引据《广韵》“途，道也。”

④勤：这里为劳累、劳苦之意。引据《说文》“勤，劳也。”

⑤屈：穷困、枯竭之意。

⑥乾溪：楚国的地名。位于今安徽省境内。

⑦斩板：砍断捆扎筑墙木板的绳索。斩：砍断之意。

【译文】

齐景公修筑寝宫正厅的高台，三年还没有停止；又去征徭役建造长长的台榭，经历了两年也没有停止；然后还在修筑到达邹国的长路。面对眼前的情况，晏子进谏说：“百姓的劳役过多，他们太劳累了，君王还不停下来吗？”

景公说：“通往邹国的大路快要修完了，等修完了再停止劳役吧。”晏子回答：“圣明的君主是不会枯竭民众财力的，因为民财枯竭了国家得不到好处；圣明之君是不会穷尽民力的，因为穷尽民力的国君得不到安乐。从前楚灵王大兴土木修建顷宫，三年都没有停止；又修建章华台，五年也不停止啊。至于乾溪的劳役，也是耗时整整八年，百姓的力量不够用而只好停下来了。最后灵王死在乾溪，百姓也不把他们的君王运回本国。如今君王您不遵循圣明之君的仁德道义，却要沿着灵王的足迹走下去，我害怕这会激起百姓的愤怒而有反抗的行为，到那时就不能拥有看到长台的快乐了。不如就此停下来吧。”

景公说：“好吧！如果不是先生的提醒，我还不知自己竟然得罪百姓这么厉害啊。”于是，下令不要毁坏已经修

好的道路，不再挖土修筑，剩余的钱财也不再继续收缴，砍断筑板的绳索，去除筑板而离开了。

景公春夏游猎兴役晏子谏第八

【原文】

景公春夏游猎，又起大台之役。晏子谏曰："春夏起役，且游猎，夺民农时，国家空虚，不可。"景公曰："吾闻相贤者国治，臣忠者主逸。吾年无几矣，欲遂①吾所乐，卒②吾所好，子其息矣。"

晏子曰："昔文王不敢盘③于游田④，故国昌而民安；楚灵王不废乾溪之役，起章华之台，而民叛之。今君不革⑤，将危社稷，而为诸侯笑。臣闻忠不避死，谏不违罪。君不听臣，臣将逝矣。"景公曰："唯唯，将弛罢之。"未几，朝韦冏⑥解役而归。

【注释】

①遂：顺从、顺应。此处指使称心如意、使得到满足的意思。

②卒：这里为终了、完成之意。

③盘：这里指徘徊、逗留的意思。

④游田：指游猎的地方。

⑤革：变革、改变的意思。

⑥朝：朝见、召见之意。韦冏（jiǒng）：人名，齐国大臣。

【译文】

齐景公准备于春夏之际出去游猎，而且发起了兴建大台的劳役。晏子进谏说："春夏之际兴起劳役本就不妥，而且君王还要出去游猎，这样会夺去百姓耕种田地的大好时机，造成国库空虚，这样万万不可。"景公说："我听说辅相贤能的国家都能太平，臣子忠诚的国家君王就能得到安逸。我的年岁已高，没有几年可活了，只想顺应我自己感到快乐的心意去做，完成我所想的愿望，你的那些观点还是算了吧。"

晏子不慌不忙地说："从前周文王不敢徘徊于山野田间游猎而纵情玩乐，所以国家昌盛而且百姓安居乐业。楚灵王不去终止乾溪的劳役，而且还大肆兴建章华台，因而百姓全都叛离了他。如今君王您倘若不改变自己的做法，将会危

及江山社稷，而且还会被各路诸侯耻笑。我听说，忠臣从不回避死亡，进谏也不怕被治罪。君王若不听从我的劝谏，我就会离开你了。”景公忙说：“是，是，我将马上停止下来。”没有多久，景公下令召见韦冏，派他前去解散劳役后便返回都城。

景公猎休坐地晏子席而谏第九

【原文】

景公猎休，坐地而食，晏子后至，左右灭葭①而席②。公不说，曰：“寡人不席而坐地，二三子莫席，而子独搴③草而坐之，何也？”

晏子对曰：“臣闻介胄④坐阵不席，狱讼不席，尸⑤坐堂上不席，三者皆忧也。故不敢以忧侍坐。”公曰：“诺。”令人下席曰：“大夫皆席，寡人亦席矣。

【注释】

①灭：这里指抹平，割取的意思。葭：指初生的芦苇。

②席：这里是指铺席就坐的意思。

③搴（qiān）：拔取、采撷之意。

④介胄（zhòu）：即甲胄。指武士身上穿的盔甲和头盔。

⑤尸：此指神主、神像。

【译文】

景公到野外去打猎，期间休息的时候，大家都坐在地上吃东西。晏子后到，吩咐左右侍从割取了一些芦苇铺成席子坐下。景公看到以后很不高兴，说：“我都没用铺席子就直接坐在了地上，身边的这几个人也都没有铺席子，而唯独你自己让人割取芦苇坐在上面，这是为什么？”

晏子回答：“我听说，身穿甲胄之士坐下陈述之时不坐席，有讼案在身的囚犯不坐席，坐在堂上的神主不坐席。这三种人，都是怀有忧伤的人啊。所以，微臣不敢以忧伤之人的礼节陪坐在君王身边。”景公说：“所言极是。”然后命令随从铺下席子，说：“大夫都坐着席子，我当然也要坐在席子上了。”

景公猎逢蛇虎以为不祥晏子谏第十

【原文】

景公出猎，上山见虎，下泽见蛇。归，召晏子而问之曰："今日寡人出猎，上山则见虎，下泽则见蛇，殆①所谓不祥也？"

晏子对曰："国有三不祥，是不与焉。夫有贤而不知，一不祥；知而不用，二不祥；用而不任②，三不祥也。所谓不祥，乃若此者。今上山见虎，虎之室③也；下泽见蛇，蛇之穴也。如虎之室，如蛇之穴，而见之，曷④为不祥也？"

【注释】

①殆：表示推测，相当于几乎、大概之意。

②任：引据《说文》中"任，保也。"这里为保护、信任的意思。

③室：房舍。这里指老虎居住的地方。

④曷（hé）：何，什么。这里作表疑问的代词。

【译文】

齐景公外出狩猎，上山时见到了老虎，而下到沼泽时又遇见了大蛇。此番受惊不小，于是很快就返回宫中，马上召见晏子问他："今天我外出打猎，上山就遇见了老虎，下到沼泽时又遇见了大蛇，这大概就是所说的不吉祥吧？"

晏子回答："国家只有三件不吉祥的事，您所说的这件事不在其中。那种本来国家存在贤能之人而国君不知，这是第一件不详的事；知道贤人却不任用，这是第二件不详的事；任用而不予以信任，这是第三件不详的事。人们所说的不祥，就是像以上所说的这些情况。而如今君王打猎上山遇见老虎，殊不知，那山是老虎的栖身之地啊；下到沼泽遇见大蛇，因为沼泽是大蛇的藏身之所啊。到了老虎栖身之地，到了大蛇的藏身之所，而在那里见到它们，这有什么不吉祥的呢？"

景公为台成又欲为钟晏子谏第十一

【原文】

景公为[①]台，台成，又欲为钟[②]。晏子谏曰："君国者不乐民之哀。君不胜欲，既筑台矣，今复为钟，是重敛[③]于民，民必哀矣。夫敛民之哀，而以为乐，不祥，非所以君国者。"

公乃[④]止。

【注释】

①为：做。这里指修建之意。

②钟：金属制成的响器，中空，敲时发声，是一种古代乐器。也可以把一系列铜制的钟挂在木架上组成，用小木槌击奏。

③敛：征敛赋税之类的行为。

④乃：于是，就。

【译文】

景公建造了一个大大的高台，高台建成以后，又想铸造奏乐的钟。晏子进谏说："统治国家的君王不去关心百姓的痛苦与哀愁，是一件让人感到悲伤的事情。君王的欲望无穷无尽，却不知克制，既然已经筑造高台也就算了，如今又要铸造奏乐的钟，这样就会加重征敛赋税于人民，人民必然会很痛苦了。加重百姓的赋税而使他们悲苦哀愁，却以此换来自己的快乐，这样做不吉利，不是作为国君之人应该做的。"

景公于是下令停止。

景公为泰吕成将以燕飨晏子谏第十二

【原文】

景公为泰①吕②成，谓晏子曰："吾欲与夫子燕③。"对曰："未祀先君而以燕，非礼也。"

公曰："何以礼为？"对曰："夫礼者，民之纪④，纪乱则民失，乱纪失民，危道⑤也。"公曰："善。"乃以祀焉。

【注释】

①泰：古同"太"，极大的意思。

②吕：我国古代音乐，十二律中的阴律，有六种，总称六吕。如：律吕。我国古代以管的长短来确定音的不同高度，从低音管算起，成奇数的六个管称"律"，成偶数的六个管称"吕"，总称"六吕""六律"，简称"律吕"。

③燕：通"宴"，这里用为宴饮之意。

④纪：这里是纲纪、要领、纲要的意思。

⑤危道：危险的治国之道。

【译文】

景公用来奏乐的大吕钟终于造成了，于是对晏子说："我想与先生共同宴饮，庆祝一番。"晏子回答："还没有祭祀先君就宴饮，这样不合礼法。"

景公说："为什么要以礼行事呢？"晏子回答："所谓的礼，就是万民需要遵守的行为纲纪，若行为纲纪乱了，那么就会失去民心，而混乱纲纪失去民心，这是危险的治国之道啊。"景公说："先生说得对。"于是，下令摆好大吕钟，以礼祭祀齐国先君。

景公为履而饰以金玉晏子谏第十三

【原文】

景公为履①，黄金之綦②，饰以银，连以珠，良玉之绚③，其长尺，冰月服之，以听朝。晏子朝，公迎之，履重，仅能举足，问曰："天寒乎？"

晏子曰："君奚问天之寒也？古圣人制衣服也，冬轻而暖，夏轻而清④，今君之履，冰月服之，是重寒也，履重不节⑤，是过任⑥也，失生之情矣。故鲁工不知寒温之节，轻重之量，以害正生，其罪一也；作服不常，以笑诸侯，其罪二也；用财无功，以怨百姓，其罪三也。请拘而使吏度之。"

公曰："鲁工苦，请释之。"晏子曰："不可。婴闻之，苦身为善者，其赏厚；苦身为非者，其罪重。"公不对。晏子出，令吏拘鲁工，令人送之⑦境，使不得入。公撤履，不复服也。

【注释】

①履：鞋子。《说文》"履，足所依也。"

②綦（qí）：指古人系鞋的带子，而用在祭祀等重典上则表示庄重。

③绚（qú）：古代鞋头上的装饰，有孔，可以穿系鞋带。

④清（qìng）：凉，清凉的意思。

⑤节：节制。这里是适度、合适之意。

⑥任：负担，此处指脚上所能承受的能力。

⑦之：这里用作到……去的意思。

【译文】

齐景公叫人新做了一双鞋子，用黄金做成鞋带，用白银加以装饰，还连缀一些珍珠，并用美玉镶嵌几对小孔用来穿系鞋带，这双鞋足有一尺长，景公在冬天穿着它来聆听朝政。这一天，晏子上朝，景公迎向他，但这双鞋子太重，仅仅能抬起脚，无法迈步，景公便关切地问道："天冷吗？"

晏子说："君王为何问天冷不冷呢？古代圣人制作衣服穿上以后，冬季轻而温暖，夏季轻而凉爽，现在君王您穿的这双鞋，冬天穿着它，是在加重寒冷啊，鞋子太重穿着不合适，超出了脚所能承受的能力了，有损人体的生理常情啊。

所以说，鲁工不知如何掌握冷热的适度，轻重的分量，以至于伤害了人体的正常生理承受能力，这是他的第一条罪状；制作的鞋子不符合常情，以致于招到诸侯们的嘲笑，这是他的第二条罪状；耗费大量钱财而对国家没有好处，反而使百姓心生怨恨，这是他的第三条罪状。请把他拘押起来，并且让官吏审度轻重治他的罪。”

景公说：“鲁工做鞋很辛劳，请放过他。”晏子坚定地说：“不行。我听说自身劳苦做好事的人，那么他得到的赏赐应当丰厚；自身劳苦但做了坏事的人，他的罪过就严重，那么对他的惩罚也应当加重。”景公无话可说了。于是晏子走出来，让官吏拘捕鲁工，派人把他送到偏远的边境，命令他再不许进入齐国。景公也脱去了这双金玉做的鞋，不再穿它了。

景公欲以圣王之居服而致诸侯晏子谏第十四

【原文】

景公问晏子曰：“吾欲服圣王之服，居圣王之室，如此，则诸侯其至乎？”

晏子对曰：“法[①]其节俭则可，法其服，居其室，无益也。三王不同服而王，非以服致[②]诸侯也，诚于爱民，果于行善，天下怀其德而归其义，若其衣服节俭而众说也。夫冠足以修敬，不务其饰；衣足以掩形，不务其美。衣无于隅眦[③]之削，冠无觚羸[④]之理，身服不杂彩，首服不镂刻。且古者尝有紩衣挛领[⑤]而王天下者，其义好生而恶杀，节上而羡下，天下不朝其服，而共归其义。古者尝有处橧巢[⑥]窟穴而王天下者，其政而不恶，予而不取，天下不朝其室，而共归其仁。及三代作服，为益敬也，首服足以修敬而不重也，身服足以行洁而不害于动作。服之轻重便于身，用财之费顺于民。其不为橧巢者，以避风也；其不为窟穴者，以避湿也。是故明堂之制，下之润湿，不能及也；上之寒暑，不能入也。土事不文，木事不镂，示民知节也。及其衰也，衣服之侈过足以敬，宫室之美过避润湿，用力甚多，用财甚费，与民为雠[⑦]。今君欲法圣王之服室，不法其制，法其节俭也，则虽未成治，庶[⑧]其有益也。今君穷台榭之高，极污[⑨]池之深而不止，务于刻镂之巧，文章[⑩]之观而不厌，则亦与民而雠矣。若臣之虑，恐国之危，而公不平也。公乃愿致诸侯，不亦难乎！公之言过矣。”

【注释】

①法：此处为效法之意。

②致：这里是招致、招徕的意思。

③隅眦（yú zì）：同“隅差”，指衣服的斜角。《淮南子·本经训》：“衣无隅差之削，冠无觚羸之理。”隅：角落。眦：眼角。

④觚羸：这里指形似酒器而略有残损的帽子。觚（gū）：古代酒器，青铜制，盛行于中国商代和西周初期，喇叭形口，细腰，高圈足。羸（léi）：这里为残缺折损之意。

⑤紩（zhì）衣：缝补的衣服。挛领：卷曲的衣领。

⑥橧（zēng）巢：用柴薪架造的巢形住处。

⑦雠（chóu）：同“仇”。这里指仇怨之意。

⑧庶：这里有希翼之意。

⑨污：这里指停止不流的水。

⑩文章：刺绣精美的花纹彰显出来。文：通“纹”，花纹。这里为刺绣精美的丝织品或衣物。章：通“彰”，彰显、彰明的意思。

【译文】

齐景公问晏子：“我想穿上古代圣王那样的衣服，居住古代圣王那样的宫殿，如果像这样，那么各路诸侯就会都来归顺我了吧？”

晏子回答：“效法他们的节俭就行了。效法他们的服装，以及居住他们那样的宫室，没有什么益处。古代的三个圣王服装不相同，他们都能称王于天下，却不是因为服饰豪华而招致各国诸侯前去归顺的啊。真诚地去爱护人民，果断地施行仁义慈善，普天下的人都感怀他们的德行而归顺于他们的仁义，如果他们的衣裳穿着朴素节俭，反而会得到人民的喜爱。帽冠足够用来表示恭敬就可以了，不必刻意追求装饰；衣服足以遮掩身体就可以了，不必刻意追求它的美丽。衣服不必追求斜角的剪裁方法，头冠不必追求那种形似酒器而略有残损的高狭样式。衣服不需要装饰彩色杂陈，帽冠不如镂刻花纹。况且，古代常有穿着缝补、卷领的衣服却称王天下的，他们的道义是爱护生灵而厌恶杀戮，对上节制而对下宽松。百姓不是朝拜归顺于他们的衣服，而是归顺于他们的道义。古代的人常有住在用柴薪架造的木巢、居住穴窟中而称王于天下的，他们施政不会引起人民的反感，他们给百姓谋利而不是向他们索取，百姓不是归顺于他们的房子，而是归顺于他们的仁义。到了三代圣王时，开始制作服装，那是为了更庄重而增加敬肃之意。帽冠足以表达敬意而不追求贵重，衣服足以显示整洁而不妨碍行动。衣服的轻重适合身体，耗费的钱财是百姓的承受范围。后来他们不搭建木巢居住，是为了遮蔽风雨，他们不挖洞住穴窟，是为了躲避潮湿。正是因为这样，所以才有了明堂的设计，使地下的潮气不能到达；上面的寒冷酷热，不能轻易侵入。以土建造不装饰，用木搭建不雕刻，以此示范百姓要懂得节俭。到了他们衰亡时，衣服的奢侈超过了足以表示敬肃的程度，宫室的华美也超过了足以躲避潮湿的需要，而且使用民力过多，浪费钱财日益加重，与百姓结下仇怨。如今君王您想要效法三位圣王的服装穿着以及居所宫室，而不去效法他们的治国制度，如果能够效法他们的节俭，那么即使没能实现大治，也能够大有益处。然而如今君王穷尽台榭之高、竭尽追求池塘蓄水之深而没有止境，追求雕镂的精巧、刺绣精美的花纹彰显出来的华美却还是无法满足，那么这也是在和百姓缔结仇怨啊。如果说我的这些话都只是忧虑，恐怕国家真的危险了，而主公您也不得安宁了。您竟然还想让诸侯来归服，这不是太难了吗！主公您的言语太过了。”

景公自矜冠裳游处之贵晏子谏第十五

【原文】

景公为西曲潢[①]，其深以轨，高三仞[②]，横木龙蛇，立木鸟兽。公衣黼黻[③]之衣，素绣之裳，一衣而五彩具焉；带球玉而冠且，被[④]发乱首，南面而立，傲然。

晏子见，公曰：“昔仲父[⑤]之霸何如？”晏子抑首而不对。公又曰：“昔仲父之霸何如？”晏子对曰：“臣闻之，维翟人[⑥]与龙蛇比，今君横木龙蛇，立木鸟兽，亦室一就矣，何暇在霸哉！且公伐宫室之美，矜[⑦]衣服之丽，一衣而五彩具焉，带球玉而冠且，乱首被发，亦室一容矣。万乘之君，而壹心于邪，君之魂魄亡矣，以谁与图霸哉？”

公下堂就晏子曰：“梁丘据，裔款以室之成告寡人，是以窃袭此服，与据、款为笑，又使夫子及，寡人请改室易服而敬听命，其可乎？”

晏子曰：“夫二子营[⑧]君以邪，公安得知道哉？且伐木不自其根，则蘖[⑨]又生也，公何不去二子者，毋使耳目淫[⑩]焉？”

【注释】

①潢：积水池。《说文》“潢，积水池也”。

②轨：这里为轨距，两个车轮之间的距离之意。《说文》“轨，车辙也。”仞：古代的表示长度的单位，周制一仞八尺，汉制为七尺。

③黼黻（fǔ fú）：这里指绣有华美花纹的礼服。《说文》：“黼，白与黑相次文。”

④被：通“披”。这里指头发披散之意。

⑤仲父：指管仲。古时候称父亲的大弟弟为仲父，即现在的“二叔”。齐桓公封管仲为仲父，是对他的尊重。

⑥维：同“惟”，只有的意思。翟人：古同“狄人”，是指古代少数民族的人，分为赤狄、白狄、长狄，因为大部分居住在北方，亦称“北狄”。

⑦伐：此处用为夸耀之意。矜：这里是自夸、自恃之意。

⑧营：此处用为迷惑之意。

⑨蘖（niè）：指被砍去或倒下的树木再生的枝芽。

⑩淫：这里指淫邪、奸邪的意思。

【译文】

景公在宫殿的西侧挖了一个曲折蜿蜒的积水池，水池的深度可以淹没两个车轮之间的距离。并且还在积水池边建造了一个庞大的宫室，高有三仞，横梁木上雕刻着龙蛇图案，立柱上刻着鸟兽的图形。景公上身穿着绣有华美花纹的礼服，下身穿着白色绣花的衣服，这一身衣服就呈现出各种颜色，可以说是五色齐全；佩戴着缀有很多美玉琉璃球的王冠，披散着的头发被风吹动，面向南方站着，神态十分骄傲。

晏子前来拜见，景公说：“从前先君的仲父管仲辅助霸业怎样？”晏子低着头不回答。景公又说：“从前先君的仲父管仲辅助霸业怎样？”晏子回答说：“我听说，只有北方的狄人才去同龙蛇相比，如今君王在宫室的梁木上雕刻着龙蛇图案，又在立柱上刻画着鸟兽图形，这也就只是在房屋中亲近一下它们罢了，哪有闲暇时间去图谋霸业呢！而且我们的国君不住地夸耀宫室的壮美，自恃所穿衣服的华丽，一身衣服就能做到五彩齐备，佩戴着缀有很多美玉琉璃球的王冠而披头散发，也只是在房间中的一种打扮而已。身为一个拥有万乘车马的大国的君王，却专心于追捧邪行，君王的魂魄早已经没有了，又拿什么来和别人图取霸业呢？”

景公走下殿堂来到晏子跟前，说：“梁丘据和裔款因为宫室建好之事而要来告诉寡人，所以寡人私下里偷偷穿上这身衣服，本想和梁丘据等人相调笑，可又没想到因此使先生来到这里教诲寡人，我请求改变宫室，换掉这身衣服而恭敬地听从先生的吩咐，这样可以吗？”晏子说：“梁丘据和裔款这两个人以邪僻之行迷惑君王，您怎么会知道呢？况且如果砍树不彻底砍掉树根，那么被砍去或倒下的树木又会重新再生枝芽的，您为何不离开这两个散布妖言的人，而使自己的耳目不被淫邪迷惑呢？”

景公为巨冠长衣以听朝晏子谏第十六

【原文】

景公为巨冠长衣以听朝，疾视矜立①，日晏②不罢。晏子进曰：“圣人之服，中倪③而不驵④，可以导众；其动作，倪顺而不逆，可以奉⑤生，是以下皆法⑥其服，而民争学其容⑦。今君之服驵华，不可以导众，疾视矜立，不可以奉生，日晏矣，君不若脱服就燕⑧。

公曰：“寡人受命。”退朝，遂去衣冠不复服。

【注释】

①疾视：目光快速地扫视。矜立：傲然坐立。衿：这里用为自尊、自大之意。

②日晏：这里指天色已经很晚的意思。

③倪（tuì）：《说文》曰：“倪，好也。”这里为相宜之意。

④驵（zǎng）：本为好马、壮马、骏马之意，这里用作“阻”的通假字，是阻止、阻碍的意思。

⑤奉：这里是辅助、帮助的意思。

⑥法：效法。

⑦容：这里是仪容之意。

⑧燕：通“宴”。此处为宴饮、宴请之意。

【译文】

景公让人为自己做了一顶巨大的帽冠和一件长长的衣袍，并且穿戴整齐来到朝堂临听朝政，目光快速地扫视群臣，然后傲然地坐于龙椅之上，天色已经很晚了也不退朝。这时，晏子上前进谏说：“圣人所穿戴的衣服，相宜而不阻碍

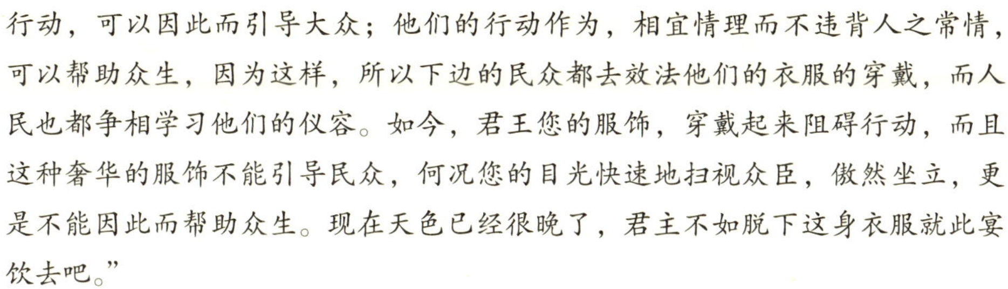
行动，可以因此而引导大众；他们的行动作为，相宜情理而不违背人之常情，可以帮助众生，因为这样，所以下边的民众都去效法他们的衣服的穿戴，而人民也都争相学习他们的仪容。如今，君王您的服饰，穿戴起来阻碍行动，而且这种奢华的服饰不能引导民众，何况您的目光快速地扫视众臣，傲然坐立，更是不能因此而帮助众生。现在天色已经很晚了，君主不如脱下这身衣服就此宴饮去吧。”

景公说：“我听从先生的教诲。”于是下令退朝，摘下巨大的帽冠，脱下长长的朝服，此后不再穿戴它们。

景公朝居严下不言晏子谏第十七

【原文】

晏子朝，复[①]于景公曰：“朝居严乎？”公曰：“朝居严，则曷[②]害于治国家哉？”

晏子对曰：“朝居严则下无言，下无言则上无闻矣。下无言则吾谓之瘖[③]，上无闻则吾谓之聋。聋瘖，非害国家而如何也？且合升斗之微以满仓廪[④]，合疏缕之绨[⑤]以成帏幕[⑥]，太山之高，非一石也，累卑[⑦]然后高，夫治天下者，非用一士之言也，固有受而不用，恶[⑧]有拒而不受者哉！”

【注释】

①复：回答，复命，禀告之意。

②曷（hé）：这里用为表疑问的代词，相当于“何”“什么”。

③瘖（yīn）：沉默不语、哑口无言。

④廪（lǐn）：指米仓，也可指米仓中的米。

⑤绨（tì）：比绸子厚实而粗糙的纺织品，用蚕丝或人造丝做经，用棉线做纬。

⑥帏幕：此指帷幔。

⑦累（lěi）：累积、重叠之意。卑：卑微的。

⑧恶（wù）：《广韵》中有“恶，安也”。这里用为表示疑问的代词，相当于“何”“怎么”之意。

【译文】

这一天，晏子上朝，然后向景公禀告：“主公您处在朝堂之上辩议国事的时候，是不是太过于傲慢严厉了呢？”景公回答：“在朝堂之上威严一些，对治理国家有什么不好吗？”

晏子回答道：“如果君王在朝廷上听政的时候傲慢严厉，那么臣下就不敢说话；而臣下不敢说话，那么君王就什么谏言也听不到了。臣下不向君王进谏言，那么我就会称之为哑；而君王无所闻，那么我就会称之为聋。像这样又聋又哑，不是有害于国家又是什么呢？况且，只有汇合一升一斗的粮食才能装满粮仓，只有汇合一丝一缕的纬线才能织就比绸子厚实的纺织品，以致成为阔大的帏幔。泰山的高耸，不仅有一块山石啊，只有垒积众多卑微的石块然后才变成高大的泰山。治理天下的秘诀，并不是只听一个人所说的话，固然有听过而不采用的现象，但哪里有一味拒绝而不接受谏言的呢？”

景公登路寝台不终不悦晏子谏第十八

【原文】

景公登路寝[①]之台，不能终，而息乎陛[②]，忿以而作色，不说[③]，曰：“孰为高台？病[④]人之甚也！”

晏子曰：“君欲节于身而勿高，使人高之而勿罪也。今高，从之以罪，卑亦从之以罪，敢问使人如此可乎？古者之为宫室也，足以便生，不以为奢侈也，故节于身，谓于民。及夏之衰也，其王桀[⑤]背弃德行，为璇室[⑥]玉门，殷之衰也，其王纣作为顷宫[⑦]灵台，卑狭者有罪，高大者有赏，是以身及焉。今君高亦有罪，卑亦有罪，甚于夏殷之王，民力殚[⑧]乏矣，而不免于罪，婴恐国之流失，而公不得享也！”

公曰：“善！寡人自知诚费财劳民，以为无功，又从而怨之，是寡人之罪也！非夫子之教，岂得守社稷哉！”遂下，再拜，不果登台。

【注释】

①路寝：古代君王、诸侯居住之地的正厅。路：指君王居住的地方。

②陛：帝王宫殿的高大台阶。

③说：通“悦”，高兴、喜悦的意思。

④病：这里是困难、不利之意。

⑤桀（jié）：中国夏朝末代君主。

⑥璇（xuán）室：美玉装饰的宫室。璇：美玉。

⑦顷宫：这里形容极大的宫殿。顷：表示土地面积的数量单位，等于一百亩。

⑧殚（dān）：《广雅》：“殚，尽也。”这里为竭尽、用尽之意。

【译文】

齐景公登上去往寝宫正厅的台阶，攀登了很久也没有到达顶端，因而中途在宫殿的大台阶上休息，他因十分愤怒而变了脸色，很不高兴地说：“是谁修建这么高的台子，让人攀登起来如此困难啊？”

晏子说：“君王希望节省体力就不要下令修建这么高的台阶，既然已经命人修建了这样高的台阶就不要怪罪别人。如今，台阶修得高招来君王的怪罪，台阶修得低也能招来君王的责怪。请问身为一国之君能像这样役使人吗？古时帝王建造宫室，能够方便生活就足够了，从不追求奢华享受，所以能够节省自身体力，同时也教化了百姓。到了夏朝衰落之时，君王桀违背离弃道德而肆意行事，建造美玉装饰的宫室和门楣。再到殷朝衰落时，纣王大兴土木建造百亩大的宫殿和灵台，建得低矮狭小的都判定罪责，建得高大豪华的人就有赏赐，所以也因此而使自身遭到灾祸了。如今，君王您言称台阶建高了也去怪罪，建低了也去怪罪，甚至比夏、殷两朝的两个君王还厉害；齐国百姓早已穷尽气力了，但还不能被免于治罪，我担心长此以往国家将会灭亡，而主公您不能再享有它了。”

景公听了以后说：“先生说得好！我自知确实耗费了大量钱财而且使人民劳累，也做了无益于国家之事，还因此抱怨那些出力的人，这是我的罪过啊！如果不是先生的教诲，我怎能守得住国家呢！”于是，景公走下高台，向晏子拜了两拜，登上高台之事便无果而止。

景公登路寝台望国而叹晏子谏第十九

【原文】

景公与晏子登路寝之台而望国，公愀然①而叹曰："使后嗣②世世有此，岂不可哉！"

晏子曰："臣闻明君必务正其治，以事利民，然后子孙享之。《诗》云：'武王岂不事，贻厥③孙谋，以燕翼子。'今君处佚怠④，逆政害民有日矣，而犹出若言，不亦甚乎？"

公曰："然则后世孰将把齐国？"对曰："服牛死，夫妇哭，非骨以之亲也，为其利之大也。欲知把⑤齐国者，则其利之者耶。"公曰："然，何以易？"对曰："移之以善政。今公之牛马老于栏牢，不胜服也；车蠹⑥于巨户，不胜乘也；衣裘襦袴⑦，朽弊于藏，不胜衣也；醯、醢⑧腐，不胜沽也；酒醴酸，不胜饮也；府粟郁而不胜食；又厚藉敛于百姓，而不以分馁⑨民。夫藏财而不用，凶也。财苟失守，下其报环至。其次昧财之失守，委⑩而不以分人者，百姓必进自分也。故君人者与其请于人，不如请于己也。"

【注释】

①愀（qiǎo）然：形容神色变得严肃、不愉快的样子。

②嗣：这里指后代，或者是王位等继承人之意。

③贻厥（yí jué）：指留传、遗留之意。此处特指传王位。

④佚：此处指放纵的意思。怠：懒惰、怠惰之意。

⑤把：这里为掌管、把持之意。

⑥蠹（dù）：蛀虫。

⑦襦（rú）：即短衣、短袄。袴（kù）：同"绔"。指适宜跨马骑背的腿衣。

⑧醯、醢（xī hǎi）：香醋肉酱。醯：指用来保存蔬菜鱼蛋等食品的净醋或加了香料的香醋。

⑨馁：这里用作饥饿之意。

⑩委：堆积、存放的意思。

【译文】

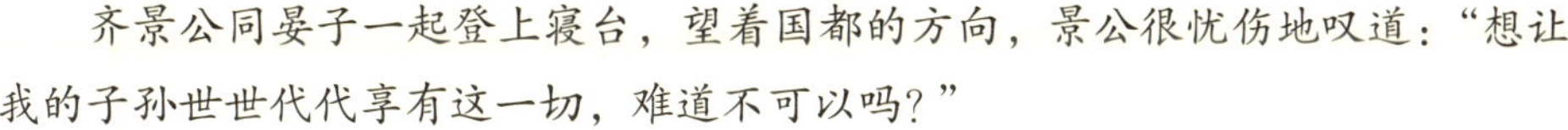

齐景公同晏子一起登上寝台，望着国都的方向，景公很忧伤地叹道："想让我的子孙世世代代享有这一切，难道不可以吗？"

晏子回答："我听闻，圣明的君王一定会致力于端正他的治国之道，凡事以为百姓谋取利益为主，这样做以后子孙才能享有国家。《诗经》上说：'武王难道没有做出伟大功业吗？他分明是遗留了他的深谋远虑，来使他的后代享有国家。'如今君王您行事放纵惰怠，违背政事规则、损害百姓的利益已经很长时间了，却还说出这样的话，不也太过分了吗？"

景公说："既然这样，那么以后谁能来掌管齐国呢？"晏子回答："驾车的牛死了，夫妻就会一同哭泣，但这不是因为骨肉亲情，而是因为牛曾经带给他们的利益很多罢了。如果想知道将来掌管齐国的人是谁，那么，应该是能给它带来利益的人吧。"景公说："是这样啊，那么应该用什么方式去改变这种情况呢？"晏子回答："要想改变它，就要施行仁政。如今，君王的牛马之多，纷纷衰老在圈栏之中，君王都驾乘不过来；车子在大房舍之中闲置到被虫蛀，君王都乘坐不过来；裘皮衣袍、短衣、短袄、适宜跨马骑背的衣物，都已朽烂在衣柜之中，君王都穿戴不过来；香醋、肉酱都已经腐臭，不能食用了；美酒佳酿都已经酿制酸腐了，君王都饮用不过来；府库之中的粮食都放到霉烂的地步了，君王都食用不过来；却三番五次地按照户籍名册向百姓征收税赋，而不把它们分发给饥饿的人民。那种储藏财物而不使用，是十分不祥的。倘若死守着财物不放，民众就会环绕而伺机报复。最可怕的是昧着良心贪恋钱财而死守的情况，像这样只顾积存却不分发给百姓，百姓一定会自己前来分配它啊。所以说做国君的人，与其让别人来分配财物，不如主动去分配它们。"

景公路寝台成逢于何愿合葬晏子谏而许第二十

【原文】

景公成路寝之台，逢于何遭丧，遇晏子于途，再拜乎马前。晏子下车挹[1]之，曰："子何以命婴也？"对曰："于何之母死，兆在路寝之台牖[2]下，愿请命合骨。"

晏子曰："嘻！难哉！虽然，婴将为子复之，适为不得，子将若何？"对曰：

“夫君子则有以，如我者侪[3]小人，吾将左手拥格，右手捆[4]心，立饿枯槁而死，以告四方之士曰：‘于何不能葬其母者也。’”晏子曰：“诺。”

遂入见公，曰：“有逢于何者，母死，兆在路寝，当如之何？愿请合骨。”公作色不说；曰：“自古及今，子亦尝闻请葬人主之宫者乎？”

晏子对曰：“古之人君，其宫室节，不侵生民之居，台榭俭，不残死人之墓，故未尝闻诸请葬人主之宫者也。今君侈为宫室，夺人之居，广为台榭，残人之墓，是生者愁忧不得安处，死者离易不得合骨。丰乐侈游，兼傲生死，非仁君之行也。遂欲满求，不顾细民，非存之道。且婴闻之，生者不得安，命之曰蓄忧；死者不得葬，命之曰蓄哀。蓄忧者怨，蓄哀者危，君不如许之。”公曰：“诺。”

晏子出，梁丘据曰：“自昔及今，未尝闻求葬公宫者也，若何许之？”公曰：“削人之居，残人之墓，凌人之丧，而禁其葬，是于生者无施，于死者无礼也。《诗》云：‘榖[5]则异室，死则同穴。’吾敢不许乎？”

逢于何遂葬其母路寝之牖下，解衰去绖[6]，布衣縢履[7]，元冠茈武[8]，踊[9]而不哭，躃[10]而不拜，已乃涕洟[11]而去。

【注释】

①挹（yì）：古同“揖”，作揖。

②牖（yōng）：同“墉”。城墙，高墙之意。

③侪（chái）：同辈；同类的人们。

④捆：用手叩击、拍打的意思。

⑤榖（gǔ）：这里为活着；生之意。

⑥衰（cuī）：古代用粗麻布制成的毛边丧服。绖（dié）：指古时候用麻做的丧带，系在腰间或者是头上。

⑦縢履（téng lǚ）：是指用藤草绳编的鞋。

⑧茈（zǐ）：茈草，草本植物，即紫草，叶椭圆形，花白色，根皮紫色。根可入药，又可用作紫色染料。武：古通“忯”。古时帽冠上的结带。

⑨踊：登上。

⑩躃（bì）：跛子、瘸脚的意思。

⑪洟（yí）：鼻涕。

【译文】

景公建造路寝的台基即将完工，正赶上逢于何家里遭遇丧事，他在路上遇到了晏子，便躬身在马前拜了两拜。晏子连忙下车向他作揖还礼，说：“您对我

有什么吩咐吗？”逢于何回答说：“我的母亲过世了，我家的墓地在路寝之台的墙基下，希望请求国君能让我的母亲与父亲合葬。”

晏子说：“嘻！这件事挺难办啊！但即使这样，我也会为您向君上禀复，假如得不到君王的同意，那您会怎么办呢？”逢于何回答：“那些君子大人物会有所行动，像我辈这样的小人物没有什么办法，我只能左手握着丧车的辕木，右手拍打胸口痛哭，直到站在那里饥饿枯槁而死，以此来告诉四面八方的人说：‘于何我是一个不能让母亲得到安葬的人啊。’”晏子说：“好的，我去试试。”

于是，晏子入宫拜见景公，说：“有一个叫逢于何的人，母亲死了，他父亲的墓地恰好在路寝之台的墙基下，应当怎么办呢？他请求君王让他将父母合葬。”景公顿时变了脸色，很不高兴，说：“从古至今，你可曾听说过有人要求葬在君王的宫室之下吗？”

晏子回答：“古代人民的君王，他们修建宫室很有节制，不侵占活人的居住用地，楼台亭榭也很俭省，更不会去破坏死人的墓穴，所以未曾听说过诸如要求安葬在君王宫室之下的事情。现在君王大肆修建宫殿，夺取了活人的居所，广建楼台亭榭，毁坏了死人的墓地，所以，活着的人愁怨忧伤，不能安逸地栖居，死去的亲人尸骨离散，不能得以合葬。像这样肆意享乐、奢侈游晏，还傲视活着的人和死去的百姓，不是君王应该有的行为啊。就为了满足自己的私欲和要求，不顾念百姓，这不是国家的生存之道。况且我听说，活着的人不能得以安居，叫作蓄积忧怨；死了的人不能得以安葬，叫作蓄积哀伤。蓄积的忧怨多了就会产生怨恨，蓄积的哀伤多了就会产生危险，君王不如准许他的要求吧。”景公想了想说：“好吧。”

晏子出去后，梁丘据说：“自往昔到现今，未曾听说过有要求安葬在君王宫室地基之下的，为什么要准许他呢？”景公说：“削占活人的居室用地，毁坏死人的墓穴，欺凌平民人家的丧事而阻止人家合葬，这是对活人没有施恩，对死者无礼。《诗》上说：‘就算是活着不能同室，死了也要同穴。’我怎敢不答应呢？”

于是，逢于何便将他的母亲葬在路寝墙基下，脱去丧服解下丧带，穿上布衣藤草鞋，头戴玄冠飘着紫色结带，登上路寝之台基而没有痛哭，瘸脚躬身而没有叩拜，葬礼仪式完毕之后，才痛哭流涕地转身离开。

景公嬖妾死守之三日不敛晏子谏第二十一

【原文】

景公之嬖妾[1]婴子死，公守之，三日不食，肤着于席不去。左右以复，而君无听焉。

晏子入，复曰："有术客与医俱言曰：'闻婴子病死，愿请治之。'"公喜，遽[2]起，曰："病犹可为乎？"

晏子曰："客之道也，以为良医也，请尝试之。君请屏[3]洁，沐浴饮食，间[4]病者之宫，彼亦将有鬼神之事焉。"公曰："诺。"屏而沐浴。晏子令棺人入敛，已敛，而复曰："医不能治病，已殓矣，不敢不以闻。"公作色不说，曰："夫子以医命寡人，而不使视，将敛而不以闻，吾之为君，名而已矣。"

晏子曰："君独不知死者之不可以生耶？婴闻之，君正臣从谓之顺，君僻臣从谓之逆。今君不道顺而行僻，从邪者迩[5]，导害者远，谗谀萌通，而贤良废灭。是以谄谀繁于间，邪行交于国也。昔吾先君桓公用管仲而霸，嬖乎竖刁而灭。今君薄于贤人之礼，而厚嬖妾之哀。且古圣王畜私不伤行，殓死不失爱，送死不失哀。行伤则溺己，爱失则伤生，哀失则害性，是故圣王节之也。即毕敛，不留生事，棺椁衣衾，不以害生养；哭泣处哀，不以害生道。今朽尸以留生，广爱以伤行，修哀以害性，君之失矣。故诸侯之宾客惭入吾国，本朝之臣惭守其职。崇君之行，不可以导民；从君之欲，不可以持国。且婴闻之，朽而不殓，谓之僇[6]尸，臭而不收，谓之陈胔[7]。反明王之性，行百姓之诽，而内嬖妾于僇胔，此之为不可。"公曰："寡人不识，请因夫子而为之。"晏子复曰："国之士大夫，诸侯四邻宾客，皆在外，君其哭而节之。"

仲尼闻之曰："星之昭昭[8]，不若月之曀曀[9]；小事之成，不若大事之废；君子之非，贤于小人之是也。其晏子之谓欤！"

【注释】

①嬖（bì）妾：爱妾。

②遽（jù）：快速、急速之意。

③屏：这里是退避、回避的意思。

④间：间隔，隔离之意。

⑤迩：这里为亲近的意思。

⑥僇（lù）：侮辱，羞辱。

⑦胔（zì）：尚存残肉的骨殖，尸骨。

⑧昭昭：明亮。

⑨曀曀（yì yì）：天气阴沉的样子。

【译文】

齐景公的爱妾婴子死了，景公守着她的尸体，三天都没有吃饭，身体紧挨着坐席不肯离去，也不让人将婴子的尸体送出。左右的人多次劝说，但景公不听从他们的话。

晏子入宫对景公说："有一个术士和巫医都说：'听说婴子生病死了，希望能被邀请前来救活她。'"景公听完大喜，赶快站起来，说："她的病还能治好并且活过来吗？"

晏子说："术士的道法，他们自认为是良医啊，请主公试试他们的方法。那么请君王回避，先去洗浴身体，再去吃一些干净的食物，然后与病人的宫室隔离，他们将要在那里做驱鬼招魂的法事。"景公说："好的。"于是便回避而去沐浴了。随后，晏子命令棺殓之人立即将尸体入殓，等到装殓完毕，晏子才回复景公说："巫医也治不好婴子的病，尸体已经装殓完毕，不敢不把这件事告诉主公您。"景公马上变了脸色，极不高兴地说："先生以治病之名强令我离开，而不让我看，装殓却不让我知道，我身为君王，看来只是徒有虚名罢了。"

晏子说："君王难道不知道人死就不能复生吗？我听说，君王行为端正，臣子顺从，叫作顺；君王行为邪僻，臣子顺从，叫作逆。如今君王不施行顺之正道而大行邪僻，顺从您的邪僻之人得到亲近，引导君王行正路的人被疏远，致使谗谀小人滋生泛滥、蒙蔽视听，而贤良之人被废弃。因此，谗媚阿谀之人繁衍于世间，邪僻之行遍布于国家各地。从前我们的先君桓公任用管仲而称霸天下，却因宠爱竖刁而使国家走向衰亡。如今君王轻视菲薄贤人之礼，却重视宠妾的死亡之哀。况且自古以来圣王畜养私爱而不损伤德行，装殓死人而不放纵宠爱，送别死者而不过度放纵悲哀。因为损伤德行则会使自己过于沉溺，过度放纵宠爱则会伤害身体，过度放纵悲哀会伤害本性。这也是圣王节制哀伤的缘故。立即装殓完毕，不残留死者侥幸能活过来的幻想，所用的棺椁衣服，不因它妨害活人的生活为度；哭泣举哀，不以此妨害生者的道路。现在，已经腐烂的尸体还留着复活，如此过分的爱恋有损于德行，无休止的哀伤妨害了人的本性，这就是君王的过错了。所以各个诸侯国的使臣羞于进入我齐国，我朝的群臣羞于处在自己的职位上。推崇顺从君王的邪行，不能用来引导民众；顺遂君王的欲望，不能够用来治理国家。而且我还听说，尸体朽烂了却不装殓，是在羞辱尸体；腐臭了却不埋葬，称之为陈设腐烂的尸骨。违反圣明之王的本性，施行百姓非议之事，而将爱妾置于陈尸受辱的境地，这是不可以的。”景公说：“我不明智，请遵循夫子的想法去处理这件事吧。”晏子又对景公说：“我齐国的士大夫，诸侯以及四方邻国的使者都在宫外，君王哭泣婴子之时，一定要有节制。”

孔仲尼听说了这件事，说：“群星的明亮，也不如阴沉昏暗的月亮；小事的成功，不如劝解大事的废止；君子的过错，比小人做的好事还具有贤德啊。这说的就是晏子吧！”

景公欲厚葬梁丘据晏子谏第二十二

【原文】

梁丘据死，景公召晏子而告之，曰：“据忠且爱我，我欲丰厚其葬，高大其垄[①]。”晏子曰：“敢问据之忠与爱于君者，可得闻乎？”

公曰：“吾有喜于玩好，有司未能我具也，则据以其所有共[②]我，吾是以知其忠也；每有风雨，暮夜求[③]之必存，吾是以知其爱也。”

晏子曰：“婴对则为罪，不对则无以事君，敢不对乎？婴闻之，臣专[④]其君，谓之不忠；子专其父，谓之不孝；妻专其夫，谓之嫉妬。事君之道，导君以亲于父兄，有礼于群臣，有惠于百姓，有信于诸侯，谓之忠。为子之道，导父以钟爱其兄弟，施行于诸父，慈惠于众子，诚信于朋友，谓之孝；为妻之道，使其众妾皆得欢忻[⑤]于其夫，谓之不嫉。今四封[⑥]之民，皆君之臣也，而维据尽力以爱君，何爱者之少邪？四封之货，皆君之有也，而维[⑦]据也以其私财忠于君，何忠者之寡邪？据之防塞群臣，拥蔽君，无乃甚乎？”

公曰：“善哉！微[⑧]子，寡人不知据之至于是也。”遂罢为垄之役，废厚葬之令，令有司据法而责，群臣陈过而谏。故官无废法，臣无隐忠，而百姓大说[⑨]。

【注释】

①垄：本意为田地分界高起的埂子，这里为坟墓之意。

②共：通“供”。这里是提供、供给的意思。

③求：这里用为请求、要求之意。

④专：专擅、独自、独揽的意思。

⑤忻：同“欣”。高兴、欢欣。

⑥封：册封之地。指疆界、田界之意。

⑦维：同“惟”。只有、唯有之意。

⑧微：这里用作“不是”的意思。

⑨说：通“悦”。高兴、喜悦。

【译文】

梁丘据死了，景公召见晏子并告诉他：“梁丘据生前对我忠心而且爱戴，我想丰厚地安葬他，把他的坟墓修得高大一些。”晏子说：“敢问梁丘据对君王的忠心与爱戴之事，能说出来让我听一听吗？”

景公说：“我喜欢的以及爱好的玩物，有关官吏没能都提供给我，而梁丘据把他所拥有的玩物都拿来供我玩乐，所以通过这件事就知道他的忠心啊；每逢有疾风骤雨之时，即便是日暮夜半时分，只要召寻，他必会及时赶到，我从这件事知道他对我的爱戴之心了。”

晏子说：“我回答您，就一定会得罪您，不回答您，那我没有什么可以称之为侍奉君王了，又怎敢不回答呢？我听说，臣子专擅侍奉君王，称为不忠；儿子专擅孝顺父亲，叫作不孝；妻子专擅服侍丈夫，叫作妒嫉。侍奉君王之道，在于引导君王亲近仁爱父兄，对群臣要有礼数，对百姓施以恩惠，对诸侯讲究信誉，这样才可以称为忠。为人子之道，在于引导父亲钟爱他的每个兄弟，把仁爱传布给他的叔伯，对他的众多孩子慈爱，还要对朋友讲信义，这样才可以称之为孝；为妻之道，在于让那些妾都能得到她丈夫的欢欣，这才叫作不妒嫉。如今，四方疆界之民，都是君王的臣子，却只有梁丘据竭力爱戴君王，为什么爱戴国君的人这样少呢？四方疆界的财物，都归君王所有，却只有梁丘据能用私人财物向君王尽忠，尽忠的人为什么这样少呢？其实是梁丘据处处防备堵塞群臣，表面拥戴而实际上是在蒙蔽君王，难道不是太过分了吗？”

景公说：“好啊！若不是先生告诉我，我还不知道梁丘据竟然蒙蔽我到这种地步了。”于是停止了为梁丘据修筑高大坟墓的役力，废弃了厚葬他的诏命，命令有关司府依法责处违法之人，群臣相互陈述过失而后进谏景公。因此，官府中没有了徒有虚名的法令，臣子的忠心都不被埋没，而百姓十分高兴。

景公欲以人礼葬走狗晏子谏第二十三

【原文】

景公走狗死，公令外①共之棺，内给之祭。晏子闻之，谏。

公曰："亦细物也，特以与左右为笑耳。"

晏子曰："君过矣！夫厚藉敛不以反②民，弃货财而笑左右，傲细民之忧，而崇左右之笑，则国亦无望已。且夫孤老冻馁③而死狗有祭，鳏④寡不恤而死狗有棺。行辟⑤若此，百姓闻之，必怨吾君；诸侯闻之，必轻吾国。怨聚于百姓，而权轻于诸侯，而乃以为细物，君其图之。"

公曰："善。"趣⑥庖⑦治狗，以会朝属。

【注释】

①外：这里指外部大臣。古时朝廷大臣分为外臣和内侍两种，外臣是指管理国家政务的文武百官；内侍是指管理君王身边事物的大臣。

②反：通"返"。此处为返回、回馈之意。

③馁（něi）：这里是饥饿的意思。

④鳏（guān）：指无妻或丧妻的男人。

⑤辟：通"僻"。是邪僻之意。

⑥趣：通"促"。这里为催促、督促之意。

⑦庖（páo）：厨房。

【译文】

齐景公的猎狗死了，景公命令主管外务的臣子提供装殓狗的棺椁，内侍准备祭品对猎狗进行祭奠。晏子听说了这件事觉得不妥，便入宫进谏。

景公说："这不过是一件小事而已，只是同身边的人取乐罢了。"

晏子说："君王您错了！您从民间收取重税而不把它们回馈给百姓，浪费财物却与左右之人取笑，忽视平民百姓的忧苦，而推崇助长左右取乐，那么国家就没有威望了。况且目前国家尚还有孤老之人挨饿受冻，而一条死狗却能得到盛大的祭奠；无妻的男人和无夫的妇人都得不到怜恤，而一条死狗却有棺椁装殓。行为邪僻如此过分，如果百姓听说这种事，一定会怨恨主公您；各路诸侯

听说了这件事，一定会轻视我们齐国。在百姓中积聚怨恨，在诸侯中的权威因此而减少，却还认为这是一件小事，君王您对这件事好好斟酌一下吧。”

景公说：“先生说得对。”于是，督促厨师把狗烹煮了，然后用它宴请了朝臣。

景公养勇士三人无君臣之义晏子谏第二十四

【原文】

公孙接、田开疆、古冶子事景公，以勇力搏虎闻。晏子过而趋①，三子者不起。晏子入见公曰：“臣闻明君之蓄勇力之士也，上有君臣之义，下有长率之伦，内可以禁暴，外可以威敌，上利其功，下服其勇，故尊其位，重其禄。今君之蓄勇士之力也，上无君臣之义，下无长率之伦，内不以禁暴，外不可威敌。此危国之器也，不若去之。”

公曰：“三子者，搏之恐不得，刺之恐不中也。”晏子曰：“此皆力攻勍②敌之人也，无长幼之礼。”因请公使人少馈之二桃，曰：“三子何不计功而食桃？”

公孙接仰天而叹曰：“晏子，智人也！夫使公之计吾功者，不受桃，是无勇也，士众而桃寡，何不计功而食桃矣。接一搏猏③而再搏乳虎，若接之功，可以食桃而无与人同矣。”援④桃而起。

田开疆曰：“吾仗兵而却三军者再，若开疆之功，亦可以食桃，而无与人同矣。”援桃而起。

古冶子曰：“吾尝从君济于河，鼋⑤衔左骖⑥以入砥柱之流。当是时也，冶少不能游，潜行，逆流百步，顺流九里，得鼋而杀之，左操骖尾，右挈鼋头，鹤跃而出。津人皆曰：‘河伯也！’视之则大鼋之首也。若冶之功，亦可以食桃而无与人同矣。二子何不反桃！”抽剑而起。

公孙接、田开疆曰：“吾勇不子若，功不子逮⑦，取桃不让，是贪也；然而不死，无勇也。”皆反其桃，挈领而死。

古冶子曰：“二子死之，冶独生之，不仁；耻人以言，而夸其声，不义；恨乎所行，不死，无勇。虽然，二子同桃而节，冶专其桃而宜。”亦反其桃，挈领而死。

使者复曰：“已死矣。”公殓之以服，葬之以士礼焉。

【注释】

①趋：《说文》："趋，走也。"这里为快步向前急走的意思。

②劤（qíng）：同"劲"。强劲有力的意思。

③猏（jiān）：古同"豜"。指三岁的兽。

④援：这里为拿起之意。

⑤鼋（yuán）：是龟鳖科动物中最大的一种，爬行纲。亦称"绿团鱼"，俗称"癞头鼋"。

⑥骖（cān）：指古代驾在车两侧的马。

⑦逮：这里是赶上、及、到之意。

【译文】

公孙接、田开疆、古冶子共同侍奉于齐景公麾下，三个人凭借勇武有力的打虎气魄而闻名。晏子在他们面前急步经过的时候，三个人却都傲慢地没有站起身以礼相见。晏子入宫，觐见景公时便说："我听说圣明的君王蓄养勇力之人，要求他们对君王要有君与臣之间必须遵循的仪礼，对下属要有长官和下属的伦常次序，对内可以用来禁止暴力行为，对外可以威慑敌人。这样，君王才能够得利于他们的功绩，百姓也会佩服他们的勇武之力，所以才会尊崇他们的地位，给予他们厚重的俸禄。如今，国君蓄养的勇力之人，对君上没有君臣之间必需遵循的仪礼，对下没有长官和下属的伦常次序，对内不能禁止暴力行为，对外不能威慑敌人。这都是一些对国家有危害的人啊，不如除掉他们。"

景公说："这三个人，捉拿恐怕不能捉住，刺杀又怕刺不中啊。"晏子说："这些人都是靠力气攻打强敌的人，不讲长幼伦常之礼。”于是，晏子请景公派人送去两个桃子作为小小的赐赠，并对他们说：“你们三个人为何不按功劳大小来吃桃子呢？”

公孙接仰天叹道：“晏子真是聪明人啊，他这是让主公以此计量我们功劳的人。不能受用桃子的，就不是勇武的人。人多而桃少，怎么能不按照功劳大小来吃吃桃子呢？我公孙接曾经打死过一只大野猪，还捕杀过哺乳幼子的老虎，像我公孙接这样的有功之人，可以吃桃子而不用与他人同享了。”说完，拿起一个桃子站了起来。

田开疆说：“我率领兵马作战从不退却，曾经多次击败敌人的军队，像我田开疆这样大的功劳，也可以吃桃子而不与他人同享。”说完也拿起桃子站了起来。

古冶子说：“我曾经侍从君王横渡黄河，遇到一只巨大的鳖衔着左边拉车的马腿潜入黄河的激流之中。那时候的我正年少而且还不会游泳，但我勇敢地潜入水底逆流游走了一百步，然后又顺流游走了九里之遥，捉到大鳖并且杀死了它，我的左手拽着骖马的尾巴，右手提着大鳖的头，像白鹤一样跃出水面。渡口边上的人看见了都惊叹说：‘这是河伯转世吧！’而在我看来，那不过是大鳖的头而已。像我古冶子这样大的功绩，也可以吃桃子而不与他人同享。你们二人为何不将桃子送还回来呢！”说完便拔出宝剑站起身来。

公孙接、田开疆说：“我们的勇武之气不如你，功劳也赶不上你，直接拿取桃子而不知谦让，这是贪婪啊；然而因此苟活，就是不勇敢啊。”话音刚落，二人全都送还桃子，刎颈而死。

古冶子说：“他们两个都因为吃桃而死，留下我独自活下来，这是不仁；用话语耻笑他人，而去夸耀自己的声望，这是不义啊；怨恨自己的行为而不去死，就是不勇敢。既然他二人同为一只桃子而死，很有节操，而如今我独为一只桃子去死，也是很适宜的。”于是，他也送还桃子，刎颈而死。

使者回去向景公复命说：“三个人已经死了。”景公听完传令后用官服装殓了他们，并按士礼将他们三个人安葬。

景公登射思得勇力士与之图国晏子谏第二十五

【原文】

景公登①射，晏子修礼②而侍。公曰："选射之礼，寡人厌之矣！吾欲得天下勇士，与之图国。"

晏子对曰："君子无礼，是庶人也；庶人无礼，是禽兽也。夫臣勇多则弑③其君，子力多则杀其长，然而不敢者，维礼之谓也。礼者，所以御④民也，辔⑤者，所以御马也。无礼而能治国家者，婴未之闻也。"

景公曰："善。"乃饰⑥射更席，以为上客，终日问礼。

【注释】

①登：成，引申为定、决定之意。

②修礼：这里是遵循、按照的意思。

③弑（shì）：杀害。古代统治阶级称子杀父、臣杀君为"弑"。

④御：这里为治理、统治之意。

⑤辔（pèi）：此处指驾驭牲口的嚼子和缰绳。

⑥饰：通"饬"。此处指捯饬、整治、整饬之意。

【译文】

齐景公要举行射礼，晏子按照社会礼仪的规范侍奉在一旁。景公说："以往选射的礼仪，我已经厌烦了！我想得到天下的勇力之士，与他共同谋划国事。"

晏子回答："倘若君王无礼，就无异于平民百姓了；平民百姓无礼，则与禽兽没有什么不同了。那么，那种依仗勇猛的臣子就会去弑杀他的国君，依仗力量的晚辈就会去杀害他的前辈。然而他们不敢那样做，就是因为有礼节的约束啊。所谓礼，就是用来统治百姓的，就像嚼子和缰绳，就是用来驾驭马匹的。没有礼节而能够治理好国家的，晏婴我从来都没听说过。"

景公说："好吧。"于是开始整饬对待射礼的态度，更换座席，将晏子奉为上宾，整日向他请教关于社会礼仪的规则。

《晏子春秋》·卷三·内篇问（上）

庄公问威当世服天下时耶晏子对以行也第一

【原文】

庄公问晏子曰："威当世而服天下，时[①]耶？"晏子对曰："行也。"

公曰："何行？"对曰："能爱邦内之民者，能服境外之不善；重士民之死力者，能禁暴国之邪逆；听任贤者，能威诸侯；安仁义而乐利世者，能服天下。不能爱邦内之民者，不能服境外之不善；轻士民之死力者，不能禁暴国之邪逆；愎[②]谏傲贤者，不能威诸侯；倍[③]仁义而贪名实者，不能服天下。威当世而服天下者，此其道也已。"而公不用，晏子退而穷处。

公任勇力之士，而轻臣仆之死，用兵无休，国罢[④]民害，期年，百姓大乱，而身及崔氏祸。

君子曰："尽忠不豫[⑤]交，不用不怀禄，其晏子可谓廉矣！"

【注释】

①时：时机。

②愎（bì）：刚愎、执拗，不听从之意。

③倍（bèi）：通"背"。这里为背弃、背叛之意。

④罢：《广韵·支韵》："罢，倦也。"这里为疲惫之意。

⑤豫（yù）：通"预"。预备、预防之意。

【译文】

齐庄公问晏子："威震当世而使天下归服自己，是因为时机吗？"晏子回答："是行为。"

庄公问："是什么样的行为？"晏子回答："能够爱护国内民众的国君，便能使疆界以外心怀叵测的人服从；能够重视贤士臣子，重视平民百姓竭尽全力付出劳苦的国君，便能消除国家的邪恶逆乱；能够听取中正之言任用贤人的国君，便能威慑各路诸侯；能够安于施行仁义而乐于为百姓谋取利益的国君，便能使天下人纷纷服从自己。而不能爱护国内人民的国君，就不能使疆界之外心怀叵测的人服从；轻慢贤臣、不重视百姓劳苦的国君，就不能消除国家的邪恶逆乱；

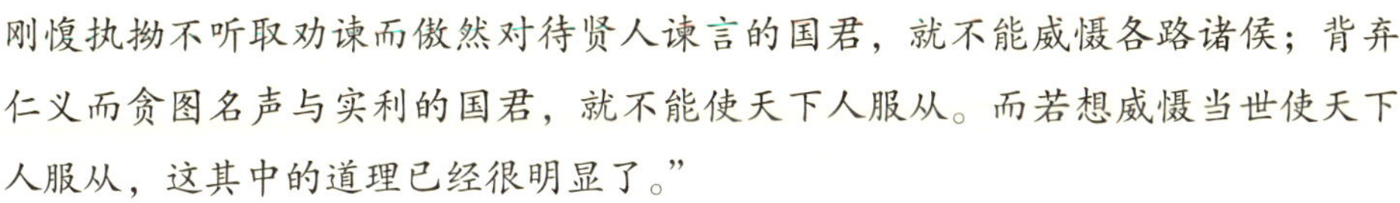
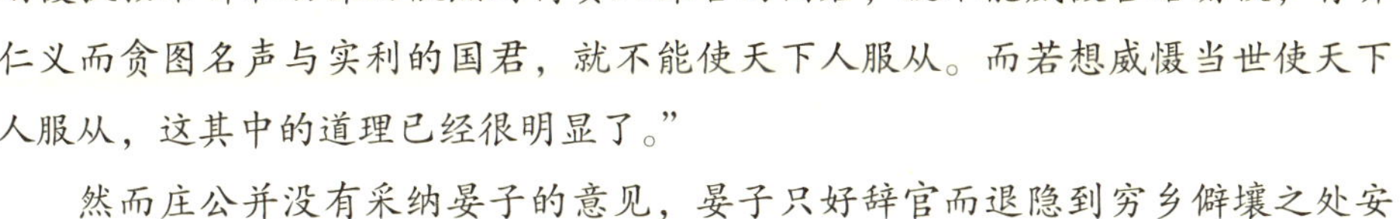

刚愎执拗不听取劝谏而傲然对待贤人谏言的国君，就不能威慑各路诸侯；背弃仁义而贪图名声与实利的国君，就不能使天下人服从。而若想威慑当世使天下人服从，这其中的道理已经很明显了。”

然而庄公并没有采纳晏子的意见，晏子只好辞官而退隐到穷乡僻壤之处安居下来。之后，庄公任用勇武猛力的壮士，而轻视群臣以及仆从的生死，还无休止地发兵征讨、扩充疆域，使国家兵马疲惫、百姓遭殃。一年后，天下百姓纷纷叛乱，而庄公自身也遭到崔杼杀害。

后来君子说：“竭尽忠心而不以虚言蒙蔽君王，并能预先交代强国之道，不被任用就不怀念宫廷俸禄，那晏子可以称得上是清廉正直了！”

庄公问伐晋晏子对以不可若不济国之福第二

【原文】

庄公将伐晋，问于晏子，晏子对曰：“不可。君得合而欲多，养欲而意骄①。得合而欲多者危，养欲而意骄者困。今君任勇力之士，以伐明主，若不济，国之福也，不德而有功，忧必及君。”公作色不说②。

晏子辞，不为臣，退而穷处，堂下生蓼藿③，门外生荆棘。庄公终任勇力之士，西伐晋，取朝歌，及太行、孟门，兹④于兑⑤。期而民散，身灭于崔氏。崔氏之乱，逐群公子，及庆氏亡。

【注释】

①骄：骄横、骄纵之意。

②说：通”悦“。喜悦、高兴。

③蓼藿（liǎo huò）：泛指野草。蓼：一年生或多年生草本植物，花小，白色或浅红色，生长在水边或水中，叶味辛，可调味。藿：藿香，一种多年生草本植物，茎叶香气很浓，可入药。

④兹：这时，此时，现在。

⑤兑：古通“锐”。尖锐之意。

【译文】

齐庄公想要去攻伐晋国，向晏子询问，晏子回答：“不可以。君王已经取得了与晋国的联合结盟，却还想索取更多，要知道，欲望越多，意气就会变得恣纵骄横。得到了联合结盟却还想索取更多的人是很危险的，培养了欲望而意气变得恣纵骄横的人就会陷入困境。现在君王任用勇猛强力的武士，去攻伐主盟的君王，如果不成功，反倒是国家的福分了，不顾德义去讨伐而取得战功，忧患必定会降临到君主身上。”庄公听了以后立即变了脸色，很不高兴。

于是，晏子请辞不再在朝为臣，退隐到穷乡僻壤之处隐居，他住所的堂前生长着蓼藿之类可以食用的野草，门外生长着大片荆棘，虽然清苦，倒也安乐。庄公最终还是任用勇力之士，向西开始攻伐晋国，攻取了朝歌，顺利到达太行、孟门，此时的兵力更加尖锐强盛。然而仅仅一年的时间里，百姓就离散而去了，庄公自身也被崔杼所杀。崔杼专权期间，驱逐了齐国众位公子，直到庆封逃亡。

景公问伐鲁晏子对以不若修政待其乱第三

【原文】

景公举兵欲伐鲁，问于晏子，晏子对曰：“不可，鲁公好义而民戴之，好义者安，见戴者和，伯禽[①]之治存焉，故不可攻。攻义者不祥，危安者必困。且婴闻之，伐人者德足以安其国，政足以和其民，国安、民和，然后可以举兵而征暴。今君好酒而辟[②]，德无以安国，厚藉敛[③]而急使令，无以和民。德无以安之则危，政无以和之则乱。未免乎危乱之理，而欲伐安和之国，不可，不若修政而待其君之乱也。民离其君，上怨其下，然后伐之，则义厚而利多，义厚则敌寡，利多则民欢。”

公曰：“善。”遂[④]不果伐鲁。

【注释】

①伯禽：生卒年不详，姬姓，名禽，伯是其排行，尊称禽父，周文王姬昌之孙，周公旦长子，周武王姬发之侄，周朝诸侯国鲁国第一任国君。

②辟：古通“僻”。邪僻之意。

③敛：征敛。

④遂：于是。

【译文】

齐景公准备发兵攻伐鲁国，向晏子询问是否可行，晏子回答：“不可以。鲁国君王以仁义道德治理国家，因而鲁国百姓都很爱戴他，好仁义道德的国家就会安定；出现爱戴君王的国家，百姓的生活就会和睦安乐，可见伯禽仁义治国的教化还存在呢，所以不能去攻伐鲁国。攻打仁义之国不吉利，去危害安定和睦的国家一定会招来困厄。而且我听说，攻伐他国的人德义要足能安定他的国家，政事治理得当而足以使百姓和睦安乐，只有自己的国家安定、百姓和睦安乐了，然后才可以发兵征伐其他暴虐的国家。如今君王嗜好饮酒，而且行为邪僻，德义不能安定国家，况且还施行横征暴敛以增加国库收入，肆意行使政令，无法使百姓和睦安乐。德义无法使国家安定，那么国家就危险了；政事治理无法使百姓和睦安乐，那么国家就会发生动乱。不能免于国家发生危险和祸乱，却想去攻伐其他国安民和的国家，万万不可以，倒不如专心治理政事而等待他们国家发生动乱啊。到那时，鲁国的百姓就会背离他们的君王，君上怨恨下民，这样我们再去攻伐鲁国，就会显得德义厚重，而且获得的利益也大大增多，而德义厚重敌人就少，利益增多百姓就会高兴。”

景公听后高兴地说：“好。”于是，果然没有实行征伐鲁国的计划。

景公伐斄胜之问所当赏晏子对以谋胜禄臣第四

【原文】

景公伐斄[①]，胜之，问晏子曰：“吾欲赏于斄，何如？”

对曰：“臣闻之，以臣谋胜国者，益臣之禄[②]；以民力胜国者，益民之利。故上有羡获，下有加利，君上享其名，臣下利其实。故用智者不偷业，用力者不伤苦，此古之善伐者也。”

公曰：“善。”于是破斄之臣，东邑之卒，皆有加利。是上独擅名[③]，利下流[④]也。

【注释】

①斄（tái）：古同“邰”，古邑名，在今中国陕西省武功县西南。

②禄：俸禄。

③擅名：享有名声。这里指享有美名。

④流：流传，传播之意。这里指实惠的利益像流水一样流向下面的人。

【译文】

齐景公攻伐蘗国，取得了胜利，问晏子："我想赏赐攻打蘗国有功的人，先生您看怎么样？"

晏子回答："我听说以谋略使国家取胜的，可以增加臣子的俸禄；以民众的力量使国家取胜的，可以增加民众的利益。所以，君王才能拥有令人羡慕的丰裕收获，臣下的利益也随着有所增加，从而使国君享有它所带来的威名，臣下从中获得实惠。故而运用才智的人不会懈怠于本职，运用体力的人不会抱怨辛苦，这就是古代善于征伐之人的智慧啊。"

景公说："好。"于是，对在这次征战中攻破蘗国的臣下、所有东邑的士卒都增加了封赏。这样，使齐国君王独享美名，实惠的利益像流水一样流向下面的人。

景公问圣王其行若何晏子对以衰世而讽第五

【原文】

景公外傲诸侯，内轻百姓，好勇力，崇乐以从嗜欲，诸侯不说[①]，百姓不亲。公患[②]之，问于晏子曰："古之圣王，其行若何？"

晏子对曰："其行公正而无邪，故谗人不得入；不阿党[③]，不私色，故群徒之卒不得容；薄身厚民，故聚敛之人不得行。不侵大国之地，不秏[④]小国之民，故诸侯皆欲其尊；不劫人以甲兵，不威人以众彊，故天下皆欲其彊。德行教训加于诸侯，慈爱利泽加于百姓，故海内归之若流水。今衰世君人者，辟邪阿党，故谗谄群徒之卒繁；厚身养，薄视民，故聚敛之人行；侵大国之地，秏小国之民，故诸侯不欲其尊；劫人以兵甲，威人以众彊，故天下不欲其彊；灾害加于诸侯，劳苦施于百姓，故雠[⑤]敌进伐，天下不救，贵戚离散，百姓不与。"

公曰："然则何若？"对曰："请卑辞重币以说于诸侯，轻罪省功以谢于百姓，其可乎？"公曰："诺。"于是卑辞重币而诸侯附，轻罪省功而百姓亲。故小国入朝，燕鲁共贡。

墨子闻之曰："晏子知道，道在为人，而失在为己。为人者重，自为者轻。景公自为，而百姓不与，为人，而诸侯为役[⑥]，则道在为人，而行在反己矣，故晏子知道矣。"

【注释】

①说：通“悦”。愉悦，高兴。

②患：忧虑，担心。

③阿党（ē dǎng）：意思是逢迎上意，徇私枉法；比附于下，结党营私。

④秏（hào）：同“耗”。消耗、亏损。

⑤雠（chóu）：应对，面对之意。引据《三苍》“雠，对也。”

⑥役：役使。

【译文】

齐景公对外傲视诸侯，对内轻视百姓，喜好勇武之力，崇尚享乐以此放纵自己的嗜好与欲望，因此，各路诸侯都很不高兴，百姓也不亲附他。景公很担心，便向晏子询问说：“古代圣贤的君王，他们的行事风格是怎样的呢？”

晏子回答：“他们的行为公正而无邪僻之举，所以谗谀之人不能进入朝廷为官；不结党营私，私下里不宠爱女色，所以那些结党聚众之人不能容身于朝廷；自身节俭而厚待百姓，所以想趁机敛财的贪婪之人不能横行；从不侵占大国的土地，不消耗小国的民力，所以各路诸侯都想以他为尊；不以武力兵马而劫掠他国，不以人多势众而威慑吞并八方疆界，所以天下的人都希望他强大，也愿意与他的疆土比邻而居；对诸侯施以德义，用有规律的行为教化训导他们，把慈爱恩泽、利好之处都施加给百姓，所以四海之内的民众纷纷像流水一样归附于他。如今在衰败之世的国君统治下的人，行为邪僻，结党营私，所以谗谄阿谀、结党聚众之人日益繁盛；厚待自身供养，轻视百姓疾苦，所以贪婪聚财的人能横行天下；侵占大国的土地，消耗小国的民力，所以各路诸侯都不

想尊崇他；以武力劫掠他人，以人多势众威慑吞并他国疆土，所以天下人都不想让他强大，也不愿与他的疆土相邻；将灾害施加给其他诸侯，将劳苦施加给百姓，当有敌国进攻时，天下人都不会去营救，因而王亲贵族离散，百姓也不来归附。”

景公忧虑地说：“那么应该怎么办呢？”晏子回答：“请主公您言辞谦卑，送上厚重的礼物来取悦于诸侯，减轻刑罚、反省功过，以此来答谢天下百姓，那样做不就可以了吗？”景公说：“好的。”于是，景公开始言辞谦卑而且给诸侯送上厚重的礼物，因而诸侯都来归附他，同时，减轻刑罚，反省功过，因而百姓也都来归附他。所以，周边的小国都到齐国朝拜，燕国、鲁国也都到齐国进贡。

墨子听说了这件事，说：“晏子深知治国之道，懂得治国之道在于为他人谋利，而失于为自己着想。为他人着想的国君会受到尊重，为自己着想的国君就会被轻视。景公为自己着想，所以百姓不归附于他，当他为他人谋利以后，故而诸侯都任他役使，那么就不难看出，治国之道在于为他人谋利，而行动上在于忘却一己私利啊，所以说晏子懂得治国之道。”

景公问欲善齐国之政以干霸王晏子对以官未具第六

【原文】

景公问晏子曰：“吾欲善治齐国之政，以干霸王之诸侯。”晏子作色对曰：“官未具①也。臣数②以闻，而君不肯听也。故③臣闻仲尼居处惰倦，廉隅不正，则季次、原宪侍；气郁而疾，志意不通，则仲由、卜商侍；德不盛，行不厚，则颜回、骞雍侍。今君之朝臣万人，兵车千乘，不善政之所失于下，霣④坠于民者众矣，未有能士敢以闻者。臣故曰：‘官未具也。’”

公曰：“寡人今欲从夫子而善齐国之政，可乎？”对曰：“婴闻国有具官，然后其政可善。”

公作色不说，曰：“齐国虽小，则可谓官不具？”对曰：“此非臣之所复⑤也。昔吾先君桓公身体惰懈，辞令不给，则隰朋⑥昵侍⑦；左右多过，狱谳⑧不中，则弦宁昵侍，田野不修，民氓不安，则宁戚昵侍；军吏怠，戎士偷，则王子成甫昵侍；居处佚怠，左右慑畏，繁乎乐，省乎治，则东郭牙昵侍；德义不

巾，信行衰微，则管了暱侍。先君能以人之长续其短，以人之厚补其薄，是以辞令穷远而不逆，兵加于有罪而不顿，是以诸侯朝其德，而天子致其胙⑨。今君之过失多矣，未有一士以闻者也。故曰：官不具。”

公曰：“善。”

【注释】

①具：具备。

②数：数次，多次之意。

③故：原来，以前，旧时的。据《广韵》“故，旧也。”

④霣（yǔn）：古通“陨”，降；落下。

⑤复：回复，回答。

⑥隰（xí）朋：春秋时齐国大夫。齐庄公曾孙。与管仲、鲍叔牙等辅佐齐桓公，使齐国大治。曾率军会合秦军安定晋国的内乱，拥立晋惠公。管仲病重时荐他自代，与管仲同年死。

⑦暱（nì）侍：即昵侍。在身旁侍奉。

⑧狱谳（yù yàn）：刑狱议罪的法令。

⑨胙（zuò）：古代祭祀时用的肉。

【译文】

景公问晏子，说：“我想好好治理齐国的政事纲纪，以求取霸主之位统领各路诸侯。”晏子正色回答：“百官还不具备这个才能啊。我曾数次对您述说有关听闻，而您不肯听从啊。以前，我听说孔子在居所表现出行为懈怠倦惰、品行不端时，则有季次、原宪进言规劝；当他心情郁闷而困苦成疾、神志意气不畅快时，则有仲由、卜商规劝开导他；当他德行不够旺盛，行为不够厚道时，则有颜回、闵子骞、冉雍进言规劝他。如今，君王您有朝臣上万人，兵车上千乘，不好的政事纲纪发布以后就会失信于民，违背常情，就像陨落坠下的灾星一样，殃及的百姓太多了，却没有贤能之士敢将这些说给国君听。所以我说：‘百官不具备这个才能啊’。”

景公说：“我现在想听从先生的话治理好齐国的政事，可以吗？”晏子回答：“我听说国家应配备齐全的官员，这样以后国家的政事纲纪才能完好。”

景公不高兴地说：“齐国虽然很小，可怎能说官员没有配备齐全呢？”晏子回答：“这不是我所能回答的了。从前我们的国君桓公在身体疲倦怠惰，言辞不敏、王令不周的时候，则有隰朋在近前侍奉规劝；当身边的人多有过失，刑狱议罪的法令不恰当的时候，则有弦章在近前侍奉规劝；当田地郊野整治不当，百姓生活不安定的时候，则有宁戚在近前侍奉规劝；当军吏怠惰，士卒苟且偷懒的时候，则有公子成甫在近前侍奉规劝；当在宫中贪图安乐而不勤于朝政，使身边的人畏惧，却因沉溺于作乐而疏于治国的时候，则有东郭牙在近前侍奉劝谏；当德行道义不中正，信义品行衰弱卑下的时候，则有管子在近前侍奉劝谏。我们的先王能以别人的所长弥补自己的所短，以别人的优点来弥补自己的缺点，因此，他的政令发布到荒远之地也不会有人违逆，出兵攻伐有罪的国家也不会受到挫败。所以各路诸侯因其德行仁义而前来朝拜，而天子也会真诚地奖赏给他们祭祀时供俸的肉食。然而现在君王您政令上的过失太多了，却没有一个贤士能说给您听啊。所以说，百官不具备才能。”

景公说：“先生说得好。”

景公问欲如桓公用管仲以成霸业晏子对以不能第七

【原文】

景公问晏子曰：“昔吾先君桓公，有管仲夷吾保乂[①]齐国，能遂武功而立文德，纠合兄弟，抚存冀州[②]，吴越受令，荆楚惛[③]忧，莫不宾服，勤于周室，天子加德。先君昭功，管子之力也。今寡人亦欲存齐国之政于夫子，夫子以佐佑寡人，彰先君之功烈，而继管子之业。”

晏子对曰：“昔吾先君桓公，能任用贤，国有什五，治遍细民，贵不凌贱，富不傲贫，功不遗罢，佞不吐愚，举事不私，听狱不阿，内妾无羡食，外臣无羡禄，鳏[④]寡无饥色；不以饮食之辟[⑤]害民之财，不以宫室之侈劳人之力；节取于民，而普施之，府无藏，仓无粟，上无骄行，下无谄德。是以管子能以齐国免于难，而以吾先君参乎天子。今君欲彰先君之功烈，而继管子之业，则无以多辟伤百姓，无以嗜欲玩好怨诸侯，臣孰敢不承善尽力，以顺君意？今君疏远贤人，而任谗谀；使民若不胜，藉敛若不得；厚取于民，而薄其施；多求于诸侯，而轻其礼；府藏朽蠹[⑥]，而礼悖于诸侯，菽[⑦]粟藏深，而怨积于百姓；君臣交恶，而政刑无常。臣恐国之危失，而公不得享也。又恶能彰先君之功烈而继管子之业乎？”

【注释】

①管仲夷吾：即管仲，名夷吾，字仲，谥敬，春秋时期法家的代表人物。

乂（yì）：此处为治理之意。

②冀州：古时地名。旧本作“翌”。

③惛（hūn）：此处为心情慌乱的意思。

④鳏（guān）：无妻或丧妻的男人。

⑤辟：通“僻”。邪僻之意。

⑥蠹（dù）：蛀蚀器物的虫子。

⑦菽（shū）：豆类的总称。

【译文】

景公问晏子：“从前我们的先君桓公，有管仲保卫治理齐国，能成就武功而且建立文明的德行规范，能联合周边兄弟国家，安抚两冀州邑，使吴越两国都能听从号令，使强大的荆楚之国感到慌乱忧惧，各路诸侯没有不以宾礼相待、心底信服的，勤于帮助周室，令周天子大加赞赏先君的德行。先君能有如此昭著显赫的功德，这都是管子倾力的功劳啊！现在我也想将齐国的政事委托给先生，请先生辅佐护佑我，彰显先君的伟大功绩，从而继承发扬管子的治国大业。”

晏子回答：“从前我们的国君桓公，能信任启用贤能之人，国家有什伍的管理制度，治理规范遍及百姓。地位高贵的不欺凌地位低微的，富有的不傲视贫穷的，奖赏有功的也不遗漏罢官还乡的，有才能的不唾弃愚笨的，办事没有私心，审理案件不偏袒阿谀，宫内妻妾没有多余的粮食，宫外朝臣没有过多的俸禄，即便是鳏寡之人也没有饥饿的脸色；不因自己饮食奢侈邪僻而耗费百姓的财力，不因追求宫室的奢华而劳累百姓的体力；有节制地取之于民，而能遍施百姓，库府没有多余的储藏，仓库里没有多余的粮食，君上没有骄横之行，臣下没有谄媚之举。因为这样，所以管子才能够使齐国免于灾难，而使我们的先君能与周天子并立。如今，君王想要彰显先王的功绩，从而继承发扬管子的治国大业，那么就不要用自己过多的邪僻去伤害百姓，不要因满足自己的嗜好私欲而与诸侯怨恨，臣子怎么敢不奉命秉承君王的善念而竭尽全力治理国家，以此实现君王的意愿呢？而如今，君王不断地疏远贤人，却任用谗谀之人；役使百姓唯恐没有竭尽全力，收取赋税唯恐不能倾尽其财；向百姓索取的太多，而向百姓施舍的又太少；向诸侯谋取的多，而对诸侯却轻视无礼；库府储藏的东西都被蛀虫蛀食或是腐烂了，在接待礼节上却与诸侯违逆；各种粮食都深藏起来，因而在百姓当中积下很深的怨恨；君王与臣子之间的关系恶化，而且政令刑律变化无常。我担心国家有危险，甚至失败，而主公您就不能享有它了，又怎么能彰显先君的功绩而继承发扬管仲的治国大业呢？”

景公问莒鲁孰先亡晏子对以鲁后莒先第八

【原文】

景公问晏子："莒[①]与鲁孰先亡？"对曰："以臣观之也，莒之细人[②]，变而不化，贪而好假，高勇而贱仁，士武以疾忿，急以速竭[③]，是以上不能养其下，下不能事其上，上下不能相收，则政之大体失矣。故以臣观之也，莒其先亡。

公曰："鲁何如？"对曰："鲁之君臣，犹好为义，下之妥妥也，奄然寡闻，是以上能其养下，下能事其上，上下相收，政之大体存矣。故鲁犹可长守。然其亦有一焉，彼邹滕雉奔而出其地，犹称公侯，小之事大，弱之事强久矣。彼晋者，周之树国也，鲁近齐而亲晋，以变小国，而不服于邻，以远望晋，灭国之道也。齐其有鲁与莒乎？"

公曰："鲁与莒之事，寡人既得闻之矣，寡人之德亦薄，然后世孰践有齐国者？"对曰："田无宇之后为几。"

公曰："何故也？"对曰："公量小，私量大，以施于民，其与士交也，用财无筐箧[④]之藏，国人负携其子而归之，若水之流下也。夫先与人利，而后辞其难，不亦寡乎？若苟勿辞也，从而抚[⑤]之，不亦几乎！"

【注释】

①莒（jǔ）：中国周代诸侯国名，在今山东省莒县一带。后为楚灭，最后归齐国属地。

②细人：这里是指见识短浅之人。引据《吕氏春秋·慎势》："细人，即见识短浅之人。"

③忿：怨忿，怨恨。竭：衰竭，枯竭。

④箧（qiè）：指小箱子，用来储藏物品、盛装东西的器具。大的称为箱，小的称为箧。

⑤抚：安抚之意。

【译文】

齐景公问晏子："莒国与鲁国谁会先灭亡呢？"晏子回答："根据我的观察，莒国的人都是见识短浅之人，为人多变而不善于接受良好的教化，贪心而喜欢虚伪处世，崇尚勇力而轻视仁义道德，士人禀恃勇武以此快速夺取功名利禄，满腹怨恨急躁就会迅速导致国家衰竭，所以像这样，君上不能教化调养下民，下民不能忠心侍俸君上，君上、臣下之间不能相互接纳，那么国家政事的大原则就随之失去了。所以说，依照我的观察，莒国将会先灭亡。”

齐景公问：“那么鲁国怎么样？”晏子回答：“鲁国的君上对待下民，喜好施行仁义，致使下民都能够安居乐业，能够保持淳朴民风，沉默寡然、不传说听闻，没有受到外界影响，所以说，鲁国君王能够教化调养他的下民，下民也能够忠心侍奉他们的君王，君上与臣下之间能够相互接纳，那么国家政事的根本原则还存在啊。所以，鲁国还可以长期守住国土。但鲁国也有一个致命的弱点，像邹、滕那样野鸡奔跑几步就能越出国境的小国，还能自称公侯，这都是小国侍从大国的缘故，是弱国侍从强国才能长久的道理啊。那晋国，只是周的一个臣属国而已，鲁国与齐国接壤却去亲近晋国，把自己变成一个依附他国的小国家，不顺服邻国而寄希望于晋国，因此，以长远的目光来看鲁国，这是在走亡国的道路啊。齐国或许会在不久的将来能拥有莒国与鲁国呢。”

齐景公听完，说：“鲁国和莒国的情况，我已经通过先生的讲述听明白了，惭愧的是，我的德行也很薄弱，既然这样，但不知后世谁能继承齐国的王位呢？”晏子回答：“田无宇的后人接近，差不多能有机会。”

齐景公说：“这是什么缘故呢？”晏子回答：“国家限定的量制小，而他私家的量制大，他以小斗进、大斗出的原则来向前来借粮食的百姓施以恩惠，他以真诚之心与士人交往，在使用钱财方面也慷慨到从没有一筐一箱的隐藏，所以，国家的百姓纷纷携妻背子前去归附他，就像水向低处流一样源源不断呢。像他那样，先给人以恩惠，而后又不想做首领的人，不是太少见了吗？眼下，主公您如果不想推辞做国君，从现在开始就去安抚他们使其归附我们，那么齐国不就越来越强大了吗？”

景公问治国何患晏子对以社鼠猛狗第九

【原文】

景公问于晏子曰：“治国何患？”晏子对曰：“患夫社鼠[①]。”

公曰：“何谓也？”对曰：“夫社，束[②]木而涂之，鼠因往托焉，熏之则恐烧其木，灌之则恐败其涂，此鼠所以不可得杀者，以社故也。夫国亦有焉，人主左右是也。内则蔽善恶于君上，外则卖权重于百姓，不诛[③]之则为乱，诛之则为人主所案据，腹而有之，此亦国之社鼠也。宋人有酤酒[④]者，为器甚洁清，置表甚长，而酒酸不售，问之里人其故，里人云：‘公之狗猛，人挈[⑤]器而入，且酤公酒，狗迎而噬之，此酒所以酸而不售也。’夫国亦有猛狗，用事者是也。有道术之士，欲干万乘之主，而用事者迎而龁[⑥]之，此亦国之猛狗也。左右为社鼠，用事者为猛狗，主安得无壅[⑦]，国安得无患乎？”

【注释】

①社鼠：社庙中的鼠。比喻有所依恃的小人。

②束：这里指把立起来的木头捆在一起成为墙体。

③诛：诛杀。

④酤（gū）酒：酤：通“沽”。指买酒或卖酒。这里指卖酒。

⑤挈（qiè）：提着，悬持之意。引据《广雅》“挈，提也。”

⑥龁（hé）：咬。

⑦壅（yōng）：隔绝蒙蔽。多指用不正当手段有意隔绝别人的视听，使人不明真相。

【译文】

齐景公向晏子询问：“请问先生，治理国家最怕什么？”晏子回答：“最怕那些社庙中的老鼠。”

景公不解地问道：“为什么这样说呢？”晏子回答：“那社庙，是捆扎起很多竖起的木头再涂抹厚厚的泥巴做成的，所以老鼠就能在那里掘洞做窝来托寄身体，当人类想驱赶它的时候，如果用烟火熏则担心烧了社庙的木头，用水灌洞则担心毁坏了涂抹的泥巴，这就是老鼠不能捉住而杀之的原因，这完全在于社庙啊。国家里也有社鼠藏在其中，亲近在君王身边的小人就是。于内，他们对君王遮掩善恶加以蒙骗，于外，他们则向百姓炫耀权力并重重地欺压百姓，对于这样的人，不诛杀他们，国家就会混乱；但若想去诛杀他们，则会被国君所庇护而使他们得以长存，甚至反而将他们看作是自己的心腹而重用他们，殊不知，这类人也是国家的社鼠啊。从前，宋国有一个卖酒的人，店铺里摆设的盛酒器具很洁净，悬挂的招牌酒幌也很长，然而他的酒放酸了也卖不出去，于是他就向乡里人询问原因，乡里人说：‘你家养的狗太凶猛了，有人提着酒器进去，想要买你家的酒，可是你家的狗迎面扑过来就咬买酒人，这就是你的酒之所以放酸了也卖不出去的原因啊。’国家也有这种凶猛的恶狗，那些手握重权侍奉在君王身边谄媚的人就是啊。有治国之道和好方法的贤士，想求见拥有万乘车马的一国之君，而那些手握重权侍奉在君王身边的谄媚之人迎上前去就咬他们，这也堪称是国家凶猛的恶狗啊。身边那些假意亲近的人是社鼠，掌权侍奉君王之人是凶猛的恶狗，君主的视听怎能不被隔绝蒙蔽？国家又怎能没有祸患呢？”

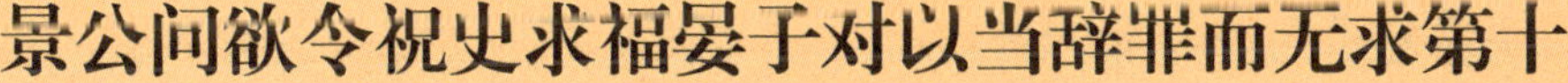

景公问欲令祝史求福晏子对以当辞罪而无求第十

【原文】

景公问晏子曰：“寡人意气衰，身病甚。今吾欲具珪璋[1]牺牲[2]，令祝宗荐之乎上帝宗庙，意者礼可以干福乎？”

晏子对曰：“婴闻之，古者先君之干福也，政必合乎民，行必顺乎神；节宫室，不敢大斩伐，以无逼山林；节饮食，无多畋[3]渔，以无逼川泽；祝宗用事，辞罪而不敢有所求也。是以神民俱顺，而山川纳[4]禄。今君政反乎民而行悖[5]乎神；大宫室，多斩伐，以逼山林；羡饮食，多畋渔，以逼川泽。是以民神俱怨，而山川收禄，司过荐罪，而祝宗祈福，意者逆乎！”

公曰：“寡人非夫子无所闻此，请革心易行[6]。”于是废公阜之游，止海食之献，斩伐者以时，畋渔者有数，居处饮食，节之勿羡，祝宗用事，辞罪而不敢有所求也，故邻国忌[7]之，百姓亲之，晏子没[8]而后衰。

【注释】

①珪璋（guī zhāng）：玉制的礼器。古代用于朝聘、祭祀的礼器。

②牺牲：供盟誓、宴享用的牲畜。这里指供祭祀用的纯色全体牲畜。

③畋（tián）：捕猎；田猎。

④纳：收纳，纳入。

⑤悖：违背道理。

⑥革心易行：改正错误思想，同时也改变错误行为。革：改正，变革。

⑦忌：害怕，畏惧之意。

⑧没（mò）：古时通“殁”。意为死去。

【译文】

景公问晏子：“我最近意志消沉气象衰落，似乎得了很严重的疾病。现在我要把祭祀用的玉制的礼器和纯色的各种牲畜都准备齐全，命令祝宗向上天的宗庙进献这些祭品，我想这些礼品能够为我祈求来福运吧？”

晏子回答：“我听说，古代的先王祈求福禄的时候，所治理的政事一定要符合民心，行事一定要顺于神意；节制建造宫室，不敢大肆砍伐林木，以便不威胁到山林；注重节制饮食，不过多地去田猎捕鱼，以便不威胁到山川河泽；命令祝宗举行祭祀典礼，只向神灵告知自己的罪过，而不敢有所求取。所以，神灵与百姓都能顺畅，而山川也能纳入福禄。如今，君王颁布的政事违反民心，而行事风格违背神灵意愿；扩大宫室，过度砍伐林木，以致于逐步威胁到山林；因饮食浪费，过度地去田猎捕鱼，以致于威胁到山川河泽。就这样，神灵与百姓都开始怨恨他，因而山川收回福禄，司过官已指出罪过，而祝宗却祈求降福，这不是全反了吗？”

景公说：“如果不是先生教诲，我无处听到这些道理，请让我今后改正错误思想，同时也改变错误行为。”于是，景公终止了公阜之游，停止了海产的进献，砍伐林木规定适当的时间，捕鱼打猎限制一定的数量，居住的宫殿和饮食讲究节俭而不贪美浪费，祝宗举行祭祀典礼时，只向神灵告知罪过而不敢有所求取。因此，邻国畏惧齐国，百姓亲近齐国君王。晏子死后，这些制度被荒废，齐国则日渐衰败了。

景公问古之盛君其行如何晏子对以问道者更正第十一

【原文】

景公问晏子曰："古之盛君，其行何如？"

晏子对曰："薄于身而厚于民，约于身而广于世；其处上也，足以明政行教，不以威天下；其取财也，权有无，均贫富，不以养嗜欲；诛不避贵，赏不遗贱；不淫于乐，不遁[①]于哀；尽智导民而不伐[②]焉，劳力事民而不责焉；为政尚相利，故下不以相害；行教尚相爱，故民不以相恶为名；刑罚中于法，废置顺于民。是以贤者处上而不华，不肖者处下而不怨，四海之内，社稷[③]之中，粒食之民，一意同欲，若夫私家之政。生有厚利，死有遗教，此盛君之行也。"公不图。

晏子曰："臣闻问道者更正，闻道者更容。今君税敛重，故民心离；市买悖，故商旅绝；玩好充，故家货殚[④]。积邪在于上，蓄怨藏于民，嗜欲备于侧，毁非满于国，而公不图。"

公曰："善。"于是令玩好不御，公市不豫，宫室不饰，业土不成，止役轻税，上下行之，而百姓相亲。

【注释】

①遁：逃避。

②伐：此处用为自我夸耀之意。

③社稷：社：指土神。稷：指谷神。因为古代君主都祭社稷，后来就用社稷指代国家。

④殚（dān）：尽，用尽。

【译文】

景公问晏子："古代使国家昌盛的圣明之君，他们的德行怎样呢？"

晏子回答："自身节俭而厚待百姓，对自身严格约束而对世人宽容；他们身居君上之位，足能以清明的政事施行教化百姓，而不以武力威迫天下；他们向民间征取财物，总是先去权衡有无，均衡贫富，而不以横征暴敛来满足自己的嗜好与欲望；诛罚犯罪之人时从不回避权贵，奖赏时不遗弃贫贱的民众；不过度淫逸作乐，也不沉溺于哀伤；竭尽自己的智慧引导人民，而从不因此自我夸耀，劳累身心勤于政事，而从不责备怨恨于民；治理国家政事崇尚相互有利，所以百姓不以谋取单方利益而去相互伤害；施行教化崇尚相互爱护，所以百姓不以相互怨恨为荣；制定的刑罚适中合乎法律，废除的法令罪名都能顺于民心。所以，贤德之人身处高位而不得意浮华，平庸之人身处低位而没有怨言，四海之内，社稷之中，全国民众，都能统一思想欲望，对待国家的政事就像是处理自家的家务一样。活着的时候对百姓施以厚利，死去的时候，能为民众遗留下良好的教化，这就是使国家昌盛的圣明之君的德行。”景公听完之后并不放在心上。

晏子接着说：“我听说，问道的人会更正自己的行为，听道的人会更新容貌。如今君王赋税征敛沉重，所以就会民心离散；市井之中的买卖双方违背常理相互冲突，所以商旅之人就会绝迹；君王玩乐的物品充裕，所以民间的生活用品竭尽。邪僻聚积于君上，那么蓄积的怨恨就会深藏于民心，所有的嗜好欲望都齐备在身边，谗毁诽谤之风充满了整个国家，而主公您却不放在心上。”

景公说：“好吧。”于是，下令一切玩乐的物品不再使用，公布市井之中的买卖不许相互欺诈，宫室不再装饰，高大的土木建筑也不再进行，停止劳役、减轻赋税，君上与臣下共同遵循行为规律去做事，从此以后，百姓也都能相互亲近，举国上下和谐一片。

景公问谋必得事必成何术晏子对以度义因民第十二

【原文】

景公问晏子曰：“谋必得，事必成，有术[①]乎？”

晏子对曰：“有。”公曰：“其术如何？”

晏子曰：“谋度于义者必得，事因于民者必成。”公曰：“奚[②]谓也？”

对曰：“其谋也，左右无所系，上下无所縻[③]，其声不悖，其实不逆，谋于上，不违天，谋于下，不违民，以此谋者必得矣。事大则利厚，事小则利薄，称事之大小，权利之轻重，国有义劳，民有加利，以此举事者，必成矣。夫逃

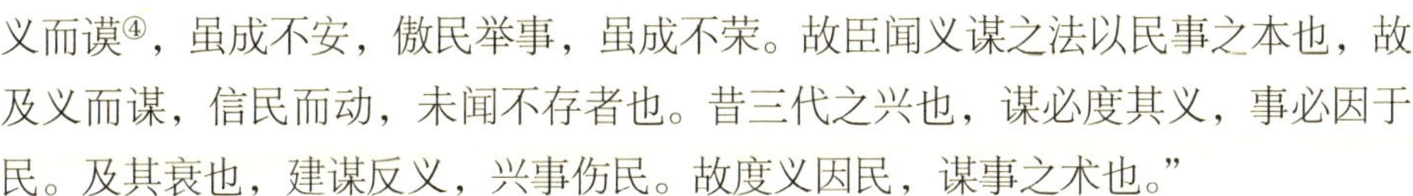

义而谟④，虽成不安，傲民举事，虽成不荣。故臣闻义谋之法以民事之本也，故及义而谋，信民而动，未闻不存者也。昔三代之兴也，谋必度其义，事必因于民。及其衰也，建谋反义，兴事伤民。故度义因民，谋事之术也。”

公曰：“寡人不敏，闻善不行，其危如何？”对曰：“上君全善，其次出入焉，其次结邪而羞问。全善之君能制⑤；出入之君时问，虽日危，尚可以没身；羞问之君，不能保其身。今君虽危，尚可没其身也。”

【注释】

①术：方法，办法。

②奚：文言疑问词。哪里，什么，为什么的意思。

③縻（mí）：束缚，约束。

④谟（mó）：计谋，谋略，谋划。

⑤制：控制，制约。

【译文】

景公问晏子：“只要谋划就一定能实现，做任何事都一定能成功，有什么好办法吗？”

晏子回答：“有。”景公说：“那是什么办法呢？”

晏子说：“所谋划的事情经过审度合乎德义的就一定能实现，做事顺乎民心的就一定能成功。”景公说：“为什么这样说呢？”

晏子回答：“因为这样的谋划，没有左右的牵系，上下的约束，它的言论不违背行为，它的实质也不违逆德义。对于上，不违背天意，对于下，也不违背民心，用这种原则去谋划的事情就一定能实现。谋划的事情大，就给予百姓厚利，所谋划的事情小，就给予百姓薄利。根据事情的大小，权衡利益的轻重，国家用以合乎德义的原则去运作，百姓就能获得加倍的利益，以这种原则行事，就一定能成功。那种避开合宜的德义而去谋划，即使实现了也不会安宁，轻视人民而去行事，即使成功了也不光荣。所以我听说，依照合宜的德义去谋划的方法是以顺应民心的事情为根本原则的。因此，顾及到合宜的德义去谋划，取信于民心去行事，从没听说过不能长存的啊。从前，夏、商、周三代之所以兴盛，是因为谋划必须要审度是否合乎德义，做事必定要顺应民心。到了衰败时，是因为他们进行谋划时不顾及合宜的德义，行事之时伤害了百姓。所以说，审度合宜的德义去谋划和顺应民心，才是谋划与做事的方法啊。”

景公说：“寡人不够敏慧，听到好的建议不施行，这样危险有多大？”晏子回答：“好的君王能择善而行，差一些的君王稍有出入，但也能够择善而从，最差的君王则集结邪行而羞于向人请教。择善而行的国君能控制局面；择善而从的国君能够时常询问，因此，即使每天都有危险，但还可以保全自身，直到衰老而终；而羞于询问的君主，不能保全其自身的生命。如今君王您虽然有危险，但尚且还可以保全自身，直到衰老而终的。"

景公问善为国家者何如晏子对以举贤官能第十三

【原文】

景公问晏子曰："莅国①治民，善为国家者何如？"

晏子对曰："举贤以临国，官能以敕民②，则其道也。举贤官能，则民与君矣。"

公曰："虽有贤能，吾庸③知乎？"

晏子对曰："贤而隐④，庸为贤乎？吾君亦不务乎是，故不知也。"

公曰："请问求贤。"

对曰："观之以其游，说之以其行，无以靡曼⑤辩辞定其行，无以毁誉非议定其身，如此，则不为行以扬声，不掩欲以荣⑥君，故通则视其所举，穷则视其所不为，富则视其所分，贫则视其所不取。夫上士，难进而易退也；其次，易进而易退也；其下，易进而难退也。以此数物者取人，其可乎。"

【注释】

①莅国：当国，治国，统治国家。

②敕（chì）：古同"饬"。敕民，即整顿、治理民众之意。

③庸：这里用为"岂""怎么"之意。

④隐：隐居。

⑤靡曼：华美，华丽。

⑥荣：通"营"。迷惑之意。

【译文】

齐景公问晏子："统治国家就要治理民众，可是善于治理国家的人是怎样的呢？"

晏子回答："举荐任用贤人去治理国家，这样的官员才能治理百姓，这才是治国之道啊。举荐任用贤能之人，以能者为官，那么百姓就会顺从亲附君王。"

景公说："即使有贤能之人，我怎么能知道他们的存在呢？"

晏子回答："有贤能而隐居，又怎么能成为贤人呢？况且，君主您也没有努力于这些，所以就不知道他们了。"

景公说："向先生请教求贤的方法。"

晏子回答："通过观察同他交游的是什么人，通过听他的言说和行事来品评他的行为，不要以华丽动人的善辩之词判定他的品行，也不要以别人的毁谤非议或者是赞誉来判定他的品性好坏。像这样，人们就不会故意做出某种行为来张扬好名声，也不会故意掩饰自己的欲望来迷惑君王了。所以说，在他通达时就观察他所做的事，在他穷途末路的时候看他不去做什么事，在他富有的时候看他是否能恰如其分地运用财物，在他贫穷的时候看他不再采取什么行动。那种最贤能的上等士人，难于进身为官之时而容易隐退；次一等的人，轻易近身为官也很容易隐退；最下等的人，能轻易近身为官而不容易隐退。如果用这几种方法去物色选取贤能之人，那就可以了。"

景公问君臣身尊而荣难乎晏子对以易第十四

【原文】

景公问晏子曰："为君，身尊民安，为臣，事治身荣，难乎，易乎？"

晏子对曰："易。"

公曰："何若？"

对曰："为君节养其余以顾[①]民，则君尊而民安；为臣忠信而无逾职业，则事治而身荣。"

公又问："为君何行则危？为臣何行则废[②]？"

晏子对曰："为君，厚藉敛而托之为民，进谗谀[③]而托之用贤，远公正而托之不顺，君行此三者则危；为臣，比周以求进，逾职业，防下隐利而求多，从君，不陈过而求亲，人臣行此三者则废。故明君不以邪观民，守则而不亏，立法仪而不犯，苟[④]有所求于民，不以身害之，是故刑政安于下，民心固于上，故察士不比周而进，不为苟而求，言无阴阳，行无内外，顺则进，否则退，不与上行邪[⑤]，是以进不失廉[⑥]，退不失行也。"

【注释】

①顾：顾及。

②废：废除，罢免。

③谗谀（chán yú）：这里指喜好谗毁和阿谀之人。

④苟：如果，假使。

⑤邪：邪僻。

⑥廉：廉洁。

【译文】

齐景公问晏子："当国君的，自身尊贵而百姓安乐；当臣子的，做好治理民众之事而使自身获得荣耀，这样是难以达到，还是很容易达到呢？"

晏子回答："容易。"

景公说："为什么？"

晏子回答："作为国君主动节制自身给养，而把那些节余下来的财物用以顾及百姓，那么就会是君王尊贵而百姓安乐；作为臣子，忠诚守信而不逾越自己的职权操守范围，那么就能治理好国事而使自身获得荣耀。"

景公又问道："作为国君，什么样的行为会危及自身；作为臣子，什么样的行为则会被罢免官职？"

晏子回答："作为国君，加重赋税而假托了为百姓，任用谗毁和阿谀之人却假托任用了贤人，疏远公正之理而假托那些道理不顺畅，如果国君做了这三种事就有危险了；作为臣子，与周围权贵结党营私以求进入高官之列，逾越职权操守，防备下级、隐瞒利益收入以求获取更多，侍从君主，却不知陈说指出君王过失以求亲近，作为臣子如果做了这三种事就会被罢官。所以，圣明之君不以邪僻的观念引导百姓，遵守社会行为规则而不亏待百姓，也不会去肆意挥霍，制定法规而自己更不会去违犯。如果有求于民众的地方，也不以满足自身的需要而去伤害民众，正是这个缘故，国家的刑法政令都能使天下百姓安定下来，也能使民心稳固地效忠君上。所以，善于明察的贤士从不结党营私以求进入高官之列，不为苟且偷安之事而去强求，说话从不阳奉阴违，行为做事也没有内外的差别，顺遂心意就为官，不合心意就隐退，不因亲附上级而施行邪僻，所以，加官进爵而不失其廉洁，隐退而不失其德行。”

景公问天下之所以存亡晏子对以六说第十五

【原文】

景公问晏子曰：“寡人持不仁，其无义耳也。不然，北面与夫子而义。”

晏子对曰：“婴，人臣也，公曷①为出若言？”

公曰：“请终问天下之所以存亡。”

晏子曰：“缦密②不能，蔍苴③不学者，诎④；身无以用人，而又不为人用者，卑。善人不能戚，恶人不能疏者，危。交游朋友，无以说于人，又不能说人者，穷。事君要利，大者不得，小者不为者，餧⑤。修道立义，大不能专，小不能附者，灭。此足以观存亡矣。”

【注释】

①曷（hé）：怎么，为什么。

②缦密（màn mì）：精微绵密的意思。

③蔍苴（lù jū）：粗鲁，粗陋。苴：粗。

④诎（qū）：屈服，折服。

⑤餧（wèi）：古通“馁”。这里是饥饿的意思。引据《玉篇》：“餧，饥也。”

【译文】

齐景公问晏子：“我操持国政没有仁爱之心，这是没有公正合宜的道义啊。不如这样，现在我就背对北面向南而坐向先生请教这公正合宜的道义吧。”

晏子回答：“我是您的臣子啊，主公为什么要说出这样的话呢？”

景公说：“我是想请教先生关于天下兴盛与衰亡的根本原因。”

晏子说："精微绵密的事不能做，粗陋疏浅的事又不学的人，只能屈服于别人；自身没有领导别人的才能，而又不愿被人领导的人，只能身处卑微。对善良的人不能亲近，对邪恶的人不能疏远的人，自身就会很危险。结交朋友一起出游，无法得到他人的赞赏，也没办法赞赏他人的人，必将终生困顿。协助君王处理国事却想要谋取私利，重大的事情做不好，微小的事情又不愿做的人，必定会终生挨饿。修养道德，建立信义，大仁大德之事不能自专，小仁小义之事不愿归附他人的人，就会灭亡。这些足能用来观察国家的兴盛与衰亡了。"

景公问君子常行曷若晏子对以三者第十六

【原文】

景公问晏子曰："君子常行曷①若？"

晏子对曰："衣冠不中②，不敢以入朝；所言不义③，不敢以要君；身行不顺，治事不公，不敢以莅④众。衣冠无不中，故朝无奇僻之服；所言无不义，故下无伪上之报；身行顺，治事公，故国无阿党⑤之义。三者，君子之常行者也。"

【注释】

①曷（hé）：何，什么。

②中：端正。

③义：公正合宜的道义。

④莅（lì）：治理，统治，管理。

⑤阿党（ē dǎng）：意思是逢迎上意，徇私枉法；比附于下，结党营私。

【译文】

齐景公问晏子："请问先生，君子的日常行为是什么样子的呢？"

晏子回答："衣冠穿戴不端正，就不敢凭借这身装束进入朝廷；所说的话不符合公正合宜的道义，便不敢以此要求君王；自身的行为不顺正，处理政事不公平，就不敢以此去统治百姓。真正的君子穿戴衣冠没有不端正的，所以朝中没有奇异怪僻的服饰；所说的话也没有不符合公正道义的，所以下级没有以虚伪欺骗上级的禀告；君子自身行为顺正，处理政事公平，所以国家没有结党营私的邪恶行为。这三个方面，就是君子日常行为的样子啊。"

景公问贤君治国若何晏子对以任贤爱民第十七

【原文】

景公问晏子曰："贤君之治国若何？"

晏子对曰："其政任贤[①]，其行爱民，其取下节，其自养俭[②]；在上不犯下，在治不傲穷；从邪害民者有罪，进善举过者有赏。其政，刻上而饶[③]下，赦过而救穷；不因喜以加赏，不因怒以加罚；不从欲以劳民，不修怒而危国；上无骄行，下无谄德[④]；上无私义，下无窃权；上无朽蠹[⑤]之藏，下无冻馁之民；不事骄行而尚同，其民安乐而尚[⑥]亲。贤君之治国若此。"

【注释】

①任贤：任用贤能之人。

②养：给养。俭：节俭。

③饶：宽恕，免除处罚。

④谄德：谄媚的德行。

⑤蠹（dù）：蛀蚀器物的虫子。

⑥尚：崇尚。

【译文】

齐景公问晏子："贤明的君主是怎样治理国家的呢？"

晏子回答："他们在处理国家政事上任用贤能之人，他们在行为上表现出爱护百姓的样子，他们向下民索取赋税知道节制，他们供给自己的御用给养能够做到节俭；身在君上之位不侵犯臣下，专心在治理国事上而从不傲视困顿之人；对于放纵邪恶伤害百姓的人都要治罪，对于进谏良好建议的人、检举过错的人就给予奖励。他们治理国家，对上级严格要求而对下民采取宽恕的态度，宽赦犯过错的下民而不忘救助身处穷困的下民；不因为自己高兴了就随意增加赏赐，不因自己恼怒生气了便加重处罚；不放纵自己的私欲而使百姓劳苦，不与他国制造仇怨而危害国家；君上没有骄横的行为，臣下没有谄媚的德行；上边没有自私的不道义行为，下边没有不当的窃取权力的举动；上边没有堆积过多而造成腐朽虫蛀的藏贮，下边没有挨饿受冻的百姓；不放任骄横跋扈的行为，而主

张崇尚一视同仁，所以，他们的百姓安乐而且崇尚相互亲近。贤明的君主就是这样治理国家的。”

景公问明王之教民何若晏子对以先行义第十八

【原文】

景公问晏子曰：“明王①之教②民何若？”

晏子对曰：“明其教令，而先之以行义；养民不苛③，而防之以刑辟；所求于下者，不务于上；所禁于民者，不行于身。守于民财，无亏之以利；立于仪法，不犯之以邪。苟④所求于民，不以身害之，故下从其教也。称事以任民，中听以禁邪，不穷之以劳，不害之以实，苟所禁于民，不以事逆之，故下不敢犯其上也。古者百里而异习，千里而殊俗，故明王修道，一民同俗，上以爱民为法，下以相亲为义，是以天下不相违，此明王教民之理也。”

【注释】

①明王：圣明的君王。

②教：教化。

③苛：苛刻。

④苟：如果，假使。

【译文】

齐景公问晏子：“圣明的君王是怎样教化百姓的呢？”

晏子回答：“公示他的教化政令条例，并且自己率先践行最合宜的道义之举；养护百姓不苛刻，防范他们就用适当的刑律来惩罚他们的邪僻行为；所有要求臣下不做的，君上也不施行；所有禁止百姓做的，君王不去行动。守护百姓的财物，不因满足自己的私利而使百姓的利益遭受损失；树立礼仪法规，自身也不以邪行去触犯它。如果向百姓有什么求取的话，也不以自身的需求而去伤害他们。所以，百姓都会顺从他的教化了。衡量事情的缓急轻重来役使百姓，端正视听来禁止邪僻的行为，不以过度的劳役来使百姓劳累贫困，不以不当的聚敛积实之物来伤害百姓，如果有禁止百姓做的事，君王也不能以任何事由违犯它，所以，臣下和百姓都不敢侵犯他们的君上而作乱。古时候的风俗是百里之内就有不同习惯，千里之外就有不同的习俗，所以圣明的君王开始修整王道，尝试统一临近的民众遵守同习同俗，君上以爱护百姓为法则，百姓以相互亲爱为合宜的道义，这样修整以后，天下之人不会相互违抗，这就是圣明的君王教化百姓的道理啊。”

景公问忠臣之事君何若晏子对以不与君陷于难第十九

【原文】

景公问于晏子曰：“忠臣之事①君也，何若？”

晏子对曰：“有难不死，出亡不送②。”

公不说③，曰：“君裂地而封之，疏爵④而贵之，君有难不死，出亡不送，可谓忠乎？”

对曰：“言而见用，终身无难，臣奚⑤死焉？谋而见从，终身不出，臣奚送焉？若言不用，有难而死之，是妄死也；谋而不从，出亡而送之，是诈伪⑥也。故忠臣也者，能纳善于君，不能与君陷于难。”

【注释】

①事：服侍，侍奉。

②出亡：逃亡。送：陪伴人到某一地点；送别，送行。

③说：通“悦”。高兴。

④疏爵：分封爵位。疏：本意指清除阻塞，使畅通。引申为分，分散。

⑤奚：此为文言疑问代词，相当于“胡”“何”。

⑥诈伪：巧诈虚伪。

【译文】

齐景公问晏子：“作为忠臣去侍俸国君，应该是怎样的呢？”

晏子回答：“国君有灾难时不为国君殉死，国君出宫逃亡之时不相送、追随。”

景公听了很不高兴，说：“国君分割土地而封赐给臣子，分封爵位而使臣子尊贵，当国君有难而臣子不为君主殉死，出宫逃亡之时也不相送、追随，这可以叫作‘忠’吗？”

晏子回答：“倘若臣子进忠言而被采用，那么国君终身都不会有灾难，臣子为何要殉死呢？臣子好的谋略得到国君听从，那么终身都不会出宫逃亡，臣子为何要去相送追随呢？倘若进忠言而不能被采用，当有了灾难时为国君殉死，那是荒诞的枉死啊；好的谋略而不被国君听从，国君出逃却去相送、追随他，那是巧诈虚伪啊。所以，忠臣能使国君采纳好的谏言，而不能让国君陷入灾难。”

景公问忠臣之行何如晏子对以不与君行邪第二十

【原文】

景公问晏子曰：“忠臣之行何如？”

对曰：“不掩君过①，谏②乎前，不华乎外；进贤选能，不私乎内；称身就位，计能定禄；睹③贤不居其上，受禄不过其量；不权居以为行，不称位以为忠；不掩贤以隐长，不刻下以谀④上；君在不事太子，国危不交诸侯；顺则进，否则退，不与君行邪也。”

【注释】

①过：过失，过错。

②谏：进谏。

③睹：看见，发现。

④谀（yú）：为了讨好他人而说的奉承话，使人迷失方向。

【译文】

齐景公问晏子：“忠臣的行为应该是什么样的？”

晏子回答：“不遮掩君王的过错，向君王劝谏之前，不向外喧哗张扬；推举贤才选用能人，而不讲私情偏袒于内亲之人；衡量自己的才能去就任官位，计量自己的才能确定应该接受的俸禄；发现贤能之人也不跃居在他的官位之上，接受俸禄不超过贤人的数量；不以权利自居而以此作为行事的原则，不称量官位的高低而以此作为自己的忠诚程度；不遮蔽贤人的才智而隐藏他们的长处，不对下属刻薄而对上级谄谀献媚；君王健在之时不去侍从太子，国家危难之时不结交居心叵测的诸侯；君臣和顺之时就进身朝廷为官，君臣相悖世道昏乱之时就隐退地方，不参与国君做的邪僻不当之事。”

景公问佞人之事君何如晏子对以愚君所信也第二十一

【原文】

景公问："佞人[①]之事君如何？"

晏子对曰："意难，难不至也。明言行之以饰身，伪言无欲以说[②]人，严其交以见其爱；观上之所欲而微为之偶，求君逼迩[③]，而阴为之与；内重爵禄而外轻之以诬行，下事左右而面示正公以伪廉，求上采听而幸以求进；傲禄以求多，辞任以求重；工[④]乎取，鄙乎予；观乎新，慢乎故；吝乎财，薄乎施；覩[⑤]贫穷若不识，趋利若不及；外交以自扬，背亲以自厚；积丰羡之养，而声矜卹[⑥]之义；非誉乎情而言不行身，涉时所议而好论贤不肖；有之已不难非之人，无之已不难求之人；其言强梁而信，其进敏逊而顺，此佞人之行也！明君之所诛[⑦]，愚君之所信也。"

【注释】

①佞（nìng）：善辩，巧言谄媚。佞人：指有口才而不正派的人。

②说：通"悦"，取悦。

③逼迩（bī ěr）：接近。指近臣。

④工：擅长，善于。

⑤覩（dǔ）：古同"睹"。

⑥卹（xù）：同"恤"。体恤，救济。

⑦诛：铲除，诛杀。

【译文】

齐景公问晏子："奸佞之人是怎样侍奉国君的？"

晏子回答："他们事先预料是否会有灾难来临，如果有灾难就不来了。他们表面上做出一言一行都是很光明正大的样子，其实是用来美饰自身，假装说自己无所欲求，其实是在以此取悦他人，善待自己的交友，是以此来表现自己的仁爱之心；他们喜欢观察君上的所有欲求，而谨小慎微地投其所好并假装是偶然，暗地里结交接近君王的近臣，并且私下里与他们结成党羽密切交往；内心十分看重爵禄，而表面却显露出轻视并谴责那种行为，对待身边的下属，表面上显出正值公道而实际是以此伪装廉洁；希望君王能采纳听取他们的言论，从而侥幸能够求取进一步的高升；他们假装高傲地轻视爵禄以来求取更多，假意辞官是想以此来求取君王的重用；他们善于钻营索取，却鄙于向他人施予；喜欢新的事物，而怠慢厌恶旧的事物；吝啬自己的钱财，极少向他人施舍；看见贫穷的人就好像没看见，但牟取利益总是唯恐赶不上；对外结交诸侯权贵来显扬自己的名声，背弃亲人以便为自己谋取厚利；他们积蓄富足有余的财物供自家给养，却对外美誉自己有怜悯体恤贫民的最合宜的道义；他们非议和赞美他人都不合乎实情，而且所说的话不会体现在亲自行动上；议论时事时，喜好评论他人忠贤与不肖；凡事有自己参与的，就不去刁难和非议他人，没有自己参与的，表面不会难为前来探求之人；他们说话向来都是强横而过度自信；他们钻营机敏伪善谦逊，故而加官进爵之路十分顺畅，这就是佞人的行为处事啊！不过，圣明的君主会去彻底铲除他们，而昏昧的君主偏偏要去宠信他们。”

景公问圣人之不得意何如晏子对以不与世陷乎邪第二十二

【原文】

景公问晏子曰：“圣人之不得意何如？”

晏子对曰：“上作事反天时。从政逆鬼神，藉敛[①]殚[②]百姓；四时易序，神祇[③]并怨；道忠者不听，荐善者不行，谀过者有赉[④]，救失者有罪。故圣人伏匿[⑤]隐处，不干长上，洁身守道，不与世陷乎邪，是以卑而不失义，瘁[⑥]而不失廉。此圣人之不得意也。”

“圣人之得意何如？”

对曰：“世治政平，举事调乎天，藉敛和乎民百姓乐其政，远者怀其德；四时不失序，风雨不降虐；天明象而致赞，地长育而具物；神降福而不靡[⑦]，民服教而不伪；治无怨业，居无废民，此圣人之得意也。”

【注释】

①藉敛：登记征收税赋。藉：通“籍”。登记之意。

②殚（dān）：用尽，竭尽。

③神祇（qí）：神，指天神。祇，指地神，“神祇”泛指神，是宗教观念之一。

④赉（lài）：赏赐，给予。引据《说文》“赉，赐也。”

⑤伏匿：隐藏，躲藏。

⑥瘁：苦心，劳累。

⑦靡：绵延，散乱。

【译文】

齐景公问晏子：“圣人不得意时会是怎样的呢？”

晏子回答：“是君上做事违反天命时。那时，治理国家政事违背鬼神的意愿，朝廷登记征收赋税搜刮完百姓的财物；使一年当中的四时变换次序，天地神灵都会怨恨他；圣贤的人所说的忠言不听取，举荐善良的人不任用，阿谀谄媚掩饰过错的人得到赏赐，援救犯下过失的人却被判有罪。所以，圣人躲藏在荒僻之地隐居，不再去干谒君上，洁身自好以坚守自己的人生正道，不与世俗之人一同陷于邪恶，所以，他们即使地位卑微却不失道义，虽然生活劳累困苦但不失廉洁。这就是圣人不得意的样子啊。”

“那么，圣人得意时怎样？”

晏子回答：“使世道清明、政治平稳，做事处处协调合于天意，登记征收赋税能够符合百姓的承受能力；百姓喜欢这样的国政，身在远方的人也都感怀他的德行；一年当中的四时不会遗失次序，风雨也不降灾危害百姓；上天显明吉祥天象来表示对他的赞赏，大地能够长久蕴育而使万物具备；神灵降下福运绵延而不散乱，百姓服从教化而不虚伪欺诈；治理政事没有令人怨恨的基业，百姓居住之地没有游手好闲之人。这就是圣人得意时的情形啊。”

景公问古者君民用国不危弱晏子对以文王第二十三

【原文】

景公问晏子曰："古者君民而不危，用国而不弱，恶①乎失之？"

晏子对曰："婴闻之，以邪莅国②，以暴和民者危；修道以要利，得求而返邪者弱。古者文王修德不以要利，灭暴不以顺纣③，干崇侯④之暴，而礼梅伯之醢⑤。是以诸侯明乎其行，百姓通乎其德，故君民而不危，用国而不弱也。"

【注释】

①恶：表示疑问，相当于何、怎么 。《广韵》："恶，安也。"

②莅国：统治国家，治理国家。

③顺纣：这里指助纣为虐。纣：纣王，商朝最后一位君王，是中国历史上暴君之一。

④崇侯：即崇侯虎，为有崇氏（今陕西省西安市鄠邑区）国君，侯爵，名虎。受商封为侯，是纣王的重要羽翼。有战功，但也是因为谗言告密而害人的小人。

⑤醢（hǎi）：本意是指肉酱，也指古代一种酷刑，将人剁成肉酱。引据《吕氏春秋·慎行论》："杀梅伯而醢之，杀鬼侯而脯之。"

【译文】

齐景公问晏子："古代的君王统治百姓而没有危险，使用国力而不会贫弱，怎么会很可怕地失去了国家呢？"

晏子回答："我晏婴听说，以邪僻的行为统治国家，以残暴统治百姓的国家就会有危险；修整社会道义以便求取私利，等得到利益后就回归于邪恶的君王，他的国家就会贫弱。古时的周文王修明道德仁义，不以此索求私利，奋起灭除暴行而不让他们顺应残暴助纣为虐，干预崇侯告密残害朝臣的暴行，而礼待梅伯的人被剁成肉酱。因此，各路诸侯都彰明于他的行为，百姓通晓他的治国规律，都去传扬他的德行，所以他统治百姓而没有危险，使用国力而不会贫弱啊。"

景公问古之莅国者任人如何晏子对以人不同能第二十四

【原文】

景公问晏子曰："古之莅国治民者，其任人何如？"

晏子对曰："地不同生[①]，而任之以一种，责[②]其俱生不可得；人不同能，而任之以一事，不可责遍成。责焉无已[③]，智者有不能给，求焉无餍[④]，天地有不能赡[⑤]也。故明王之任人，谄谀不迩[⑥]乎左右，阿党不治乎本朝；任人之长，不强其短，任人之工，不强其拙。此任人之大略也。"

【注释】

①地不同生：每一块土地都有不同的性能。这里指生长环境。

②责：要求。

③无已：没有尽头。

④餍（yàn）：满足。

⑤赡：供给人财物。

⑥迩（ěr）：靠近。

【译文】

齐景公问晏子："古代那些治理国家和百姓的国君，他们是怎样任用人才的呢？"

晏子回答："每一块土地都有不同的性能，而每块土地只能适应一种植物生长，要求这块土地生长出所有的植物是不可能的；每个人的才能各有不同，而只能任用他担任某一个方面的事，但不能要求这个人做什么事都能成功。要求是没有尽头的，再有能力的人也不能做到极致，要求也是没有得到满足的时候，就算是天和地也有不能供给我们的啊。所以，圣明的君王任用人才的时候，那些阿谀奉承的小人就不能靠近君王的左右，结党营私的人也不能在本朝做官；任用他人的长处，不勉强他迅速纠正短处，任用他人擅长的方面，不勉强他人不擅长的方面。这些就是任用人才的大好策略啊。"

景公问古者离散其民如何晏子对以今闻公令如寇仇第二十五

【原文】

景公问晏子曰："古者离散其民，而陨失其国者，其常行何如？"

晏子对曰："国贫而好大，智薄而好专；贵贱无亲焉，大臣无礼焉；尚谗谀而贱贤人，乐简慢①而玩百姓；国无常法，民无经纪②；好辩以为智，刻民以为忠，流湎③而忘国，好兵而忘民；肃于罪诛，而慢于庆赏；乐人之哀，利人之难；德不足以怀人④，政不足以惠民；赏不足以劝善，刑不足以防非，此亡国之行也。今民闻公令如寇仇，此古离散其民，陨⑤失其国所常行者也。"

【注释】

①慢：怠慢。

②经纪：法度，秩序。

③流湎（miǎn）：放纵无度，沉湎于酒色。

④怀人：令别人怀念。

⑤陨：亡，毁灭，灭绝。

【译文】

景公问晏子："古代那些使他的臣民离散，而最终使他的国家灭亡的国君，他们的行为通常是什么样的呢？"

晏子回答："国家贫穷而好大喜功，智商浅薄而独断专行；无论地位是高贵还是低贱的人，他都不去亲近，高傲自大而对臣民不能做到礼贤下士；推崇重视阿谀奉承的小人而轻视贤明的人才，

只顾自己享乐，怠慢而又玩弄百姓；国家没有恒定的法律，百姓没有行为秩序；把喜好狡辩善于奉承的小人当作智者，把压迫百姓横征暴敛的人当作忠臣，终日沉湎于酒色，放纵自己而忘记管理国家政事，喜好出兵打仗而不管百姓的死活；治罪杀人时很迅速，但赏赐别人时却很缓慢；将快乐建立在别人的哀苦之上，利用他人的艰难满足自己的私利；德行不足以让人民怀念，颁布的政令不足以惠及百姓；赏赐不足以鼓励民众向善，刑罚也不足以防止恶人继续做坏事，这些都是亡国的行为。如今百姓们听到主公您发布的命令就像遇到了贼寇仇敌一样，这就是古代那些使他的臣民离散，而最终使他的国家灭亡的国君所通常的行为啊。”

景公问欲和臣亲下晏子对以信顺俭节第二十六

【原文】

景公问晏子曰：“吾欲和民亲下，奈何？”

晏子对曰：“君得臣而任使之，与言信，必顺其令，赦其过，任大臣无多责焉，使迩臣[①]无求嬖[②]焉，无以嗜欲贫其家，无亲谗人伤其心，家不外求而足，事君不因人而进，则臣和矣。俭于藉敛[③]，节于货财，作工不历时，使民不尽力，百官节适，关市省征，山林陂泽，不专其利，领民治民，勿使烦乱，知其贫富，勿使冻馁[④]，则民亲矣。”

公曰：“善！寡人闻命矣。”故令诸子无外亲谒，辟[⑤]梁丘据无使受报，百官节适，关市省征，陂泽不禁，冤报者[⑥]过，留狱者请焉。

【注释】

①迩（ěr）臣：近臣。迩：靠近。

②嬖（bì）：宠幸，被宠爱的人。

③藉敛：登记征敛。

④馁（něi）：饥饿。

⑤辟：通“避”。回避，躲避。

⑥冤报者：冤枉别人的人。

【译文】

景公问晏子：“我想与我的子民融洽相处，亲近臣下，应该怎么做呢？”

晏子回答："君王得到贤臣后任用、役使他们时，同他们说话要守信用，一定要听取他们良善的告诫，宽赦他们冒犯的过失。任用大臣时不要过多地要求他们，役使近臣时不要让他们自以为求得主公宠幸而娇纵，不能以满足自己的嗜好私欲而让臣子的家变得贫穷，不能亲近谗言惑众的小人而伤害那些忠臣的心，使臣下的家里所需不用向外人求取就能自给自足，侍奉君王不能靠私人关系而举荐自己的亲人，能做到这几点，那么君臣就能相处融洽了。减少征敛的赋税，节制财物损耗，徭役建造劳作的时间不要太久，役使民众不要耗尽民力，百官节制得当，关口和集市只需盘查即可，不要征收赋税，山林湖泽所产之物，不要占为己有，引领民众向善，治理民众时，不让他们产生烦恼和动乱，知晓他们的贫富状况，不要让他们受冻挨饿，能做到这几点，民众自然就会对君王亲近了。"

景公说："好！我听从您的教诲。"于是景公下令让所有的臣子不能靠私人关系举荐自己的亲人做官，回避梁丘据而不见，并且下令没有差使就不让他接受俸禄，百官节制得当，关口和集市也不再征收赋税，山林湖泽也不再禁止百姓进入，冤枉别人的人都受到了惩罚，含冤入狱的人也都被释放。

景公问得贤之道晏子对以举之以语考之以事第二十七

【原文】

景公问晏子曰："取人得贤之道何如？"

晏子对曰："举之以语，考之以事，能谕①则尚而亲之，近而勿辱。以取人，则得贤之道也。是以明君居上，寡其官而多其行，拙②于文而工③于事，言不中不言，行不法④不为也。"

【注释】

①能谕：能通晓治国之道。

②拙：笨拙，不灵活。这里引申为不善于。

③工：擅长，善于。

④行不法：行为不符合法制。

【译文】

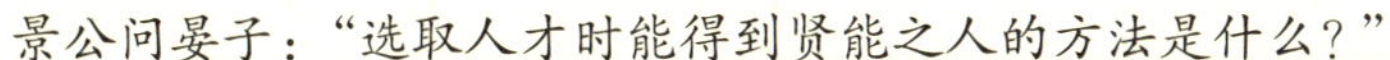

景公问晏子："选取人才时能得到贤能之人的方法是什么？"

晏子回答："通过倾听他说过的话来决定是否举荐，通过考察他的办事能力来看他是否有才能，通晓治国之道就推崇任用并且亲近他，亲近贤人时要以礼相待而不能侮辱之后才取用他，这就是得到贤能之人的方法。所以，圣明的君王处在君上之位时，减少对官员的苛责制约，多赞扬鼓励官员的行为，不善于考究华丽的文辞，而只善于看谁的处理事务能力强，言论上不符合中庸之道的话语不说，行事上不符合法制的行为不去做。"

景公问臣之报君何以晏子对以报以德第二十八

【原文】

景公问晏子曰："臣之报其君何以？"

晏子对曰："臣虽不知①，必务②报君以德。士逢③有道之君，则顺其令④；逢无道之君，则争其不义。故君者择臣而使之，臣虽贱，亦得择君而事⑤之。"

【注释】

①不知：不知晓，愚昧。

②必务：犹必须，务必，一定之意。

③逢：遇到。

④顺其令：顺从他的命令。

⑤事：侍奉。这里用为辅佐之意。

【译文】

景公问晏子："做臣子的想去报效他的君王，要用什么方式呢？"

晏子回答："我虽然愚昧无知，但我一定能以美好的德行来报效君王您。贤士如果能遇到深知治国道理的明君，那么就会顺从君王的政令；如果遇到不懂治国道理的庸君，那么就会向君王争谏他不合道义的行为。所以，国君要选择贤良的臣子来辅佐自己，而臣子虽然地位卑贱，也要选择贤明的君王而去辅佐他。"

景公问临国莅民所患何也晏子对以患者三第二十九

【原文】

景公问晏子曰："临国莅民①，所患何也？"

晏子对曰："所患者三：忠臣不信②，一患也；信臣不忠③，二患也；君臣异心，三患也。是以明君居上，无忠而不信，无信而不忠者。是故君臣同欲④，而百姓无怨也。"

【注释】

①临国：治理国事。莅民：管理百姓。

②忠臣不信：忠臣不能被国君信任。

③信臣不忠：国君所信任的臣子对国君不忠诚。

④君臣同欲：国君和臣子拥有相同的欲望，即同心同德。

【译文】

景公问晏子："君王治理国事管理百姓时，所忧虑的应该是什么呢？"

晏子回答："所要忧虑的有三点：忠臣不能被国君信任，这是第一个要忧虑的；国君信任的臣子对国君不忠诚，这是第二个要忧虑的；国君和臣子各自怀有不同的心思，这是第三个要忧虑的。所以，圣明的国君身处君上之位时，没有忠臣不被国君信任的，也没有国君信任的臣子对国君不忠诚的。正是因为这样，国君和臣子才拥有相同的欲望，才能同心同德，而百姓对国君也就没有怨言了。"

景公问为政何患晏子对以善恶不分第三十

【原文】

景公问于晏子曰："为政何患①？"

晏子对曰："患善恶之不分。"

公曰："何以察之？"

对曰："审择左右②。左右善，则百僚③各得其所宜，而善恶分。"

孔子闻之曰："此言也信④矣！善进，则不善无由⑤入矣！不善进，则善无由入矣。"

【注释】

①患：忧虑。

②审择左右：对在身边辅佐的近臣要严格审查和选择。

③百僚：百官。

④信：真实，可信。

⑤无由：没有门径或机会。

【译文】

景公问晏子："治理国家政事时有什么要忧虑的吗？"

晏子回答："最大的忧虑就是对于善恶不能区分。"

景公说："那么应该怎样察觉而去分辨善恶呢？"

晏子回答："对在身边辅佐的大臣要严格审查和选择。身边

的近臣是贤良友善的，那么朝中百官就能找到自己适宜的位置，因而，善恶就能分辨清楚。”

孔子听闻晏子说的这些话后，说：“这些话很值得相信啊！善人能在君王的身边辅佐，那么不善的人就没有机会到君王的身边进献谗言了，如果不善的人能在君王的身边辅佐，那么善人就没有机会到君王的身边进忠言了。”

《晏子春秋》·卷四·内篇问（下）

景公问何修则夫先王之游晏子对以省耕实第一

【原文】

景公出游，问于晏子曰："吾欲观于转附、朝舞①，遵海而南②，至于琅琊③，寡人何修，则夫先王之游？"

晏子再拜曰："善哉！君之问也！闻天子之诸侯为巡狩④，诸侯之天子为述职。故春省耕而补不足者谓之游，秋省实而助不给者谓之豫。夏谚曰：'吾君不游，我曷以休？吾君不豫，我曷以助？一游一豫，为诸侯度。'今君之游不然，师行而粮食，贫者不补，劳者不息。夫从下历时而不反谓之流，从高历时而不反谓之连，从兽而不归谓之荒，从乐而不归谓之亡。古者圣王无流连之游，荒亡之行。"

公曰："善。"命吏计公禀之粟，藉长幼贫氓之数⑤。吏所委发廪⑥出粟，以予贫民者三千钟⑦，公所身见癃老者⑧七十人，振赡⑨之，然后归也。

【注释】

①转附、朝舞：这里指转附山和朝舞山。

②遵海而南：循着海向南走。

③琅琊：琅琊山。

④巡狩：谓天子出行，视察自己的邦国州郡。

⑤藉：登记。贫氓：贫民。

⑥廪（lǐn）：米仓，这里指储藏的米。

⑦钟：古代计量单位。

⑧癃（lóng）老者：衰弱多病的人和年老的人。

⑨赡：这里为供养、供给之意。

【译文】

景公想出去游玩，问晏子："我准备到转附山和朝舞山二地观览，然后循着海向南走，再到达琅琊山，我该怎样去做，才能效法先王那样成功地巡游呢？"

晏子拜了两拜后，说："好啊！主公您这个问题问得好啊！我听说，天子

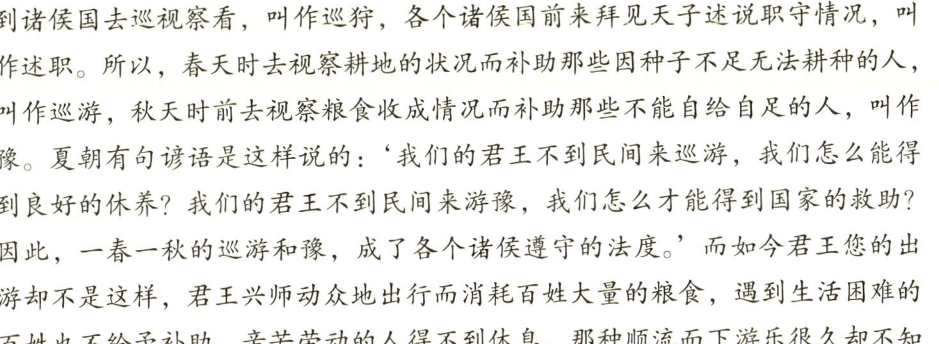

到诸侯国去巡视察看，叫作巡狩，各个诸侯国前来拜见天子述说职守情况，叫作述职。所以，春天时去视察耕地的状况而补助那些因种子不足无法耕种的人，叫作巡游，秋天时前去视察粮食收成情况而补助那些不能自给自足的人，叫作豫。夏朝有句谚语是这样说的：‘我们的君王不到民间来巡游，我们怎么能得到良好的休养？我们的君王不到民间来游豫，我们怎么才能得到国家的救助？因此，一春一秋的巡游和豫，成了各个诸侯遵守的法度。’而如今君王您的出游却不是这样，君王兴师动众地出行而消耗百姓大量的粮食，遇到生活困难的百姓也不给予补助，辛苦劳动的人得不到休息。那种顺流而下游乐很久却不知返回的就叫作流，从下游向上游逆流而在上游玩许久也不知道返回的情况叫作连，毫无节制的去狩猎而忘记返回情况叫作荒废，放纵玩乐而不知回归朝廷的情况叫作亡。古代圣贤的君王没有流连不归的巡游，也没有那种纵情玩乐的荒亡行为。”

景公说：“好。”于是，命令官吏统计国库中存有的粮食，登记国内幼年、老人和贫穷之人的数量。派官吏将米仓中储藏的米发放给他们，用以发放给贫民的粮食有三千钟。景公亲自接见的那些衰弱多病的和年老的就有七十多人，并且都给予他们赈济和赡养，在这一切都安排妥当之后就回国都去了。

景公问桓公何以致霸晏子对以下贤以身第二

【原文】

景公问于晏子曰：“昔吾先君桓公，善饮酒穷乐，食味方丈①，好色无别②，辟若此，何以能率诸侯以朝天子乎？”

晏子对曰：“昔吾先君桓公，变俗以政，下贤以身。管仲，君之贼者也，知其能足以安国济功，故迎之于鲁郊，自御③，礼之于庙。异日，君过于康庄④，闻宁戚⑤歌，止车而听之，则贤人之风也，举以为大田⑥。先君见贤不留，使能不怠，是以内政则民怀之，征伐则诸侯畏之。今君闻先君之过，而不能明其大节，桓公之霸也，君奚⑦疑焉？”

【注释】

①食味方丈：美味佳肴摆在一丈长的桌子上。

②好色无别：这里指齐桓公爱好女色，不分是否合乎道德伦理。

③自御：自己驾车。

④康庄：这里指四通八达的大路。

⑤宁戚：春秋时期卫国人，早年怀经世济民之才而不得志，齐桓公二十八年（前685）拜为大夫。后长期任齐国大司田。

⑥大田：这里指司田，是古代一种管理农务的官职。

⑦奚：这里为疑问代词，相当于“胡”“何”，是“怎么”之意。

【译文】

景公问晏子：“从前先君齐桓公，嗜好饮酒，尽情娱乐，膳食奢侈，每次食用的美味佳肴能摆开一丈长的桌子，喜好女色，甚至不在乎是否合乎道德伦理，像他如此邪僻之人，怎么做到率领众诸侯去朝拜周天子的呢？”

晏子回答：“当年先君齐桓公，用政治法令改变民间的习俗，自身又能礼贤下士。那管仲，曾经是桓公的仇敌啊，但桓公知道管仲是治理国家的能人，有足以安邦定国的才能而以此成就齐国功业，所以，桓公亲自驾车去鲁国的疆界处去迎接管仲，并在宗庙内对管仲以礼相待。有一天，桓公经过康庄的大路时，听到宁戚在唱歌，桓公停下车仔细地听着歌声，觉得宁戚有贤人的风范，于是举荐他而成为朝中的大司田。因此说，先君桓公见到贤人时不会让他们怀才不遇而留在民间，使用贤能之人时从不怠慢，所以，当时的国内政治清明而百姓都感怀桓公，各个诸侯国也都惧怕强盛的齐国前去征伐他们。如今主公您只是听到了先君桓公的一些过错，却没有明了先君治理国家的主要能力，桓公的霸气堪称是春秋五霸之首，这一点，主公您怎么能怀疑呢？”

景公欲逮桓公之后晏子对以任非其人第三

【原文】

景公问晏子曰："昔吾先君桓公，从车①三百乘，九合诸侯②，一匡天下③。今吾从车千乘，可以逮④先君桓公之后乎？"

晏子对曰："桓公从车三百乘，九合诸侯，一匡天下者，左有鲍叔⑤，右有仲父⑥。今君左为倡⑦，右为优⑧，谗人在前，谀人在后，又焉可逮桓公之后者乎？"

【注释】

①从车：随从的车。

②九合诸侯：指多次召集各诸侯会盟。

③一匡天下：匡扶正义而安定天下。

④逮：及，到，赶得上。

⑤鲍叔：这里指鲍叔牙。鲍叔牙（公元前723~前644）鲍氏，名叔牙，春秋时期齐国大夫。

⑥仲父：这里指管仲。管仲（约公元前723~前645），管氏，名夷吾，字仲，春秋时期法家代表人物，齐桓公元年时，管仲任齐国宰相。

⑦倡：通"唱"，擅长歌唱的艺人为倡。倡伎主要是献艺，一般情况下是艺妓，卖艺不卖身。

⑧优：这里指古代表演乐舞、杂戏的艺人。

【译文】

景公问晏子："先君齐桓公，出征时随从左右的战车只有三百乘，却能多次召集各路诸侯而九合会盟，匡扶正义，成为天下霸主。如今我出征时随行的车有一千乘之多，我是不是也能在桓公之后而称霸天下呢？"

晏子回答："当年先君齐桓公出征时随行的车有三百乘，多次召集各诸侯而九合会盟，匡扶正义，成为天下霸主的原因，是因为他身边左有鲍叔牙，右有管仲。而如今君王您左边是一群歌舞倡伎，右边是一群表演乐舞和杂戏的艺人，前有进谗言的奸佞小人，后有阿谀奉承的谄媚小人，又怎么能赶得上先君桓公，在其后而称霸天下呢？”

景公问廉政而长久晏子对以其行水也第四

【原文】

景公问晏子曰：“廉政[1]而长久，其行何也？”

晏子对曰：“其行水也。美哉水乎清清，其浊不无雩[2]途，其清无不洒除[3]，是以长久也。”

公曰：“廉政而速亡，其行何也？”

对曰：“其行石也。坚哉石乎落落[4]，视之则坚，循[5]之则坚，内外皆坚，无以为久，是以速亡也。”

【注释】

①廉政：廉洁施政。

②雩（yú）：本义指古代为求雨而举行的祭祀。“亏”为“圬”，意为“填平地面凹坑”。“雨”和“亏”联合起来表示“让雨水填平地面的凹坑。”

③洒除：洗涤清除。洒：古同“洗”，洗涤。

④落落：形容石头坚硬的性质。

⑤循：这里用为“摩”，抚摩。

【译文】

景公问晏子：“廉洁施政而能够使国家长久，那么它施行起来应该是怎样的呢？”

晏子回答：“它施行起来就像那流水一样。那是多么美好的清清流水啊，当它污浊泥泞的时候，用来填平道路上的凹坑，当它清澈的时候，用来洗涤清除脏污，这就是廉洁施政能够使国家长久地存在世上的原因。”

景公说：“廉洁施政的国家但也有很快灭亡的，那么它是怎样施行的呢？”

晏子回答：“它的施行就像坚硬的石头一样，坚硬是石头的本性啊，你看它的外表就是坚硬的，抚摩起来则更是坚硬无比，它的外表和里面都很坚硬，关于国家施政，如果越是坚硬，就越不能以此维持长久，所以，这就是他们很快灭亡的原因。”

景公问为臣之道晏子对以九节第五

【原文】

景公问晏子曰："请问为臣之道。"

晏子对曰："见善必通[①]，不私其利；荐善而不有其名；称[②]身居位，不为苟进；称事授禄[③]，不为苟得；体贵侧贱，不逆其伦；居贤不肖，不乱其序；肥利之地，不为私邑[④]；贤质[⑤]之士，不为私臣；君用其所言，民得其所利，而不伐[⑥]其功。此臣之道也。"

【注释】

①见善必通：遇见善事，必须推广它。

②称：称量、衡量之意。

③授禄：接受俸禄。授：通"受"。

④私邑：私人的城邑。

⑤质：诚信，朴实。

⑥伐：这里为夸耀之意。

【译文】

景公问晏子："请问先生，什么是为人臣子的准则。"

晏子回答："如果遇到好的事情，必须要推广它，而不是私下里独自获取其中的利益，提倡善举而不贪图占有那些好名声，衡量自己的能力而去选择居于相应的官职，不会为了谋取官职而苟且进身高位；衡量自己的职位而去接受相应的俸禄，不会为了钱财而苟且获得；无论身份贵贱，从不违背伦理；在安排人事的时候，依照各人的贤愚，安排各自的位置，不混乱其次序；对于肥沃有利的土地，不据为己有使其成为私人的领地；对于诚信朴实的贤人，不收作自己的臣仆，要让他为国家效力；君王能够采纳他的谏言，百姓会因此而得到他所带来的利益，但却从来不炫耀自己的功劳。这就是为人臣子的准则。"

景公问贤不肖可学乎晏子对以勉强为上第六

【原文】

景公问晏子曰："人性有贤不肖，可学乎？"

晏子对曰："《诗》云：'高山仰止，景行行止[1]。'之者[2]，其人也。故诸侯并立，善而不怠[3]者为长；列[4]士并学，终善者为师。"

【注释】

①高山：比喻高尚的德行。景行（háng）：大路，比喻行为正大光明。景：大。行（xíng）止：同"行之"。驰行在其上的意思。

②之者：向往的人。之：往，到……去。

③不怠：不懈怠。

④列：列位。这里指职位。

【译文】

景公问晏子："人的品性分别有贤明和不贤明之分，那么可以访学吗？"

晏子回答："《诗经》中讲道：'高山就要去仰望它，光明大路就要驰行在路面之上。'那些仰望高山、行走大路的人，是我们向往的人啊。所以，诸侯齐头并立时，拥有美好德行而不懈怠的人就会成为首领，列位贤士之中共同学习，能完美地坚持到最后的人就会成为别人的老师。"

景公问富民安众晏子对以节欲中听第七

【原文】

景公问晏子曰："富民安众[1]，难乎？"

晏子对曰："易。节[2]欲则民富，中[3]听则民安，行此两者而已矣。"

【注释】

①安众：使民众安居乐业。

②节：节制。

③中：中正、公正的意思。

【译文】

景公问晏子："我想让国家的百姓富裕，使民众安居乐业，这很难吗？"

晏子回答："这很容易。只要主公您节制好奢侈的欲望，那么百姓就会富裕，如果能做到公正地临朝听政，不偏听偏信，那么就会国泰民安，主公您只需要做到这两点就可以了。"

景公问国何如则谓安晏子对以内安政外归义第八

【原文】

景公问晏子曰："国如何则可谓安矣？"

晏子对曰："下无讳言，官无怨治①；通人不华②，穷民不怨；喜乐无羡赏③，忿怒无羡刑④；上有礼于士，下有恩于民；地博不兼小⑤，兵强不劫弱；百姓内安其政，外归其义，可谓安矣。"

【注释】

①官无怨治：官吏治理有方，不会让百姓心生怨恨。

②通人：本意是学识渊博的人，这里指显贵的人。华：古通"哗"，喧哗。

③羡赏：随意加大赏赐。羡：超过，盖过之意。

④羡刑：胡乱加重刑罚。

⑤兼小：兼并小国。

【译文】

景公问晏子："国家要怎样治理，才能称作安定呢？"

晏子回答："下民发表言论时没有顾忌，官吏治理有方而不让百姓心生怨恨；显贵的人不奢侈喧哗，贫乏不得志的人没有怨恨；国君喜欢或是高兴时都不会随意加大赏赐，愤怒时也不会胡乱加重刑罚；在上能对贤人以礼相待，于下能对百姓授以恩惠；地域辽阔时不会兼并土地很少的小国，兵力强盛时不会掠夺兵微将寡的弱国；对内有百姓放心于国家的政治，对外以最佳的行为方式使各诸侯国自愿归附于他的仁义之下，如果能做到这些，国家就可以称作安定了。"

景公问诸侯孰危晏子对以莒其先亡第九

【原文】

景公问晏子曰："当今之时，诸侯孰[①]危？"

晏子对曰："莒[②]其先亡乎！"

公曰："何故？"

对曰："地侵[③]于齐，货竭于晋，是以亡也。"

【注释】

①孰：谁。

②莒（jǔ）：春秋时期为莒国，齐桓公为公子时，曾到莒国避难，留下"勿忘在莒"的典故。

③侵：侵犯，侵占。

【译文】

景公问晏子："现在这个时期，诸侯国当中谁会有亡国的危险？"

晏子回答："那莒国恐怕是要先灭亡了！"

景公说："那是什么缘故呢？"

晏子回答："莒国的土地不断被齐国侵犯，而他们又把自己国家的财物送给晋国以保全国家，使财物竭尽，所以莒国会有亡国的危险。"

晏子使吴吴王问可处可去晏子对以视国治乱第十

【原文】

晏子聘①于吴，吴王曰："子大夫以君命辱在弊邑之地，施贶②寡人，寡人受贶矣，愿有私问③焉。"

晏子巡遁④而对曰："婴，北方之贱臣也，得奉君命，以趋于末朝，恐辞令不审⑤，讥于下吏⑥，惧不知所以对者。"

吴王曰："寡人闻夫子久矣，今乃得见，愿终其问。"

晏子避席⑦对曰："敬受命矣。"

吴王曰："国如何则可处，如何则可去也？"

晏子对曰："婴闻之，亲疏得处其伦，大臣得尽其忠，民无怨治，国无虐刑，则可处矣。是以君子怀不逆⑧之君，居治国之位。亲疏不得居其伦，大臣不得尽其忠，民多怨治，国有虐刑，则可去矣。是以君子不怀暴君之禄，不处乱国之位。"

【注释】

①聘：访问，出使。古代国家与国家之间互相拜访称为"聘"。

②施贶（kuàng）：施赠，赏赐，指对他人赠与的敬称。

③私问：私下请教。

④巡遁：逡巡而回避。

⑤不审：不慎重，不周密。

⑥讥于下吏：被吴王下属的官吏所嘲笑。

⑦避席：离开座席站起来。

⑧不逆：不违背正道。

【译文】

晏子出使吴国，吴王对晏子说："晏子大夫您受景公之命屈尊来到我们这偏僻贫穷的地方，赏赐我物品，我接受齐王的恩赐了，现在我想私下请教先生您一些问题。"

晏子以逡巡而回避的样子对吴王说："晏婴我只不过是来自北方的一个身份

卑微的臣子，得以奉我家主公之命，从齐国来到贵国的末位，我唯恐说话不慎重、不周密，而被您的官吏们嘲笑，害怕不知道该怎么回答您的问题。”

吴王说：“我听闻先生您的大名已经很久了，今天终于能得以见您一面，希望能够向您请教我有所疑惑的问题。”

晏子离开座席，站起来对吴王说：“那恭敬不如从命了，敬请垂问。”

吴王说：“一个国家，在什么境况下人们愿意留下来，在什么境况下人们才会离开呢？”

晏子回答：“我听说，身为君王，亲近的人和疏远的人都能够遵从条理顺序地使他们各居己位，臣子们才得以竭尽忠心，民众就会对国家的政治没有怨言，国家也没有残虐民众的酷刑，这样的国家，那么人们就可以安心留在这里了。所以说，君子们都归向不违背正道的君王，他们也都甘愿担任能够治理国家的职位。如果亲近的人和疏远的人都不能遵从条理顺序地使他们各居己位，那么臣子们就不能竭尽忠心，民众就会对国家大有怨言，而国家又有很多残虐民众的酷刑，那么这样的国家，就没有人愿意留在这里，人们也就可以离开了。所以说，君子不会向往残暴的君王赐予的俸禄，不会在黑暗混乱的国家居于官位。”

吴王问保威强不失之道晏子对以先民后身第十一

【原文】

晏子聘于吴，吴王曰：“敢问长保威强勿失之道若何？”

晏子对曰：“先民而后身，先施而后诛；强不暴弱①，贵不凌贱，富不傲贫；百姓并进，有司不侵，民和政平；不以威强退人之君②，不以众强兼人之地；其用法，为时禁暴，故世不逆其志；其用兵，为众屏患，故民不疾其劳。此长保威强勿失之道也。失此者危矣！”

吴王忿然作色③，不说。晏子曰：“寡君之事毕矣，婴无斧锧之罪④，请辞而行。”遂不复见。

【注释】

①强不暴弱：强大的不能对弱小的使用暴力。

②退人之君：逼迫其他国家的君王退位。

③忿然作色：由于愤怒而变了脸色。

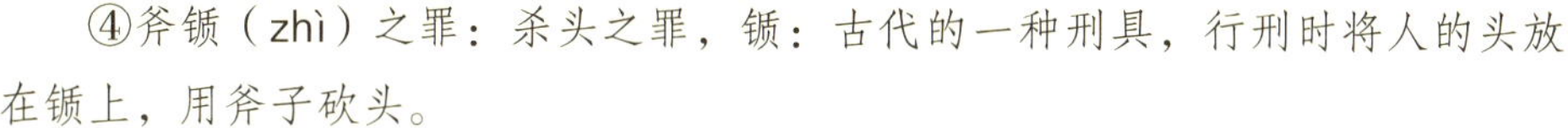
④斧锧（zhì）之罪：杀头之罪，锧：古代的一种刑具，行刑时将人的头放在锧上，用斧子砍头。

【译文】

晏子奉命出使吴国，吴王问晏子："请问一个国家能保持强大而不衰败的道理是什么？"

晏子回答："先要顾及百姓，然后再顾及自己，对人要先施以教化，如果行不通之后再进行刑罚；强盛的人不能对弱小的人使用暴力，显贵的人不能凌辱贫贱的人，富裕的人不能轻视贫穷的人；百姓们可以被举荐到朝中做官，即使有权力的官吏也不侵害百姓，这样的话，人民就会感到欢乐，国家就能政治清平；不以自己国家的强盛而去逼迫其他国家的君王退位，不以自己国家人多势众而强行兼并其他国家的土地；国家使用法律的目的，是为了禁止暴乱，所以人民不会违背法律的意志；国家服兵役的目的，是为民众抵挡祸乱灾患，所以人民也不会痛恨那些劳役。这就是一个国家能保持强大而不衰败的道理啊，如果失去了这些原则，那么这个国家就危险了！"

吴王听完之后愤怒地变了脸色，表现出很不高兴的样子。晏子见此情景说："我家主公命令我的事情已经办完了，而且晏婴我也没有杀头之罪，所以我请求告辞而返。"自这件事之后，晏子再也没有见过吴王。

晏子使鲁鲁君问何事回曲之君晏子对以庇族第十二

【原文】

晏子使鲁，见昭公，昭公说曰："天下以子大夫语寡人者众矣，今得见而羡乎所闻[①]，请私而无为罪。寡人闻大国之君，盖回曲之君[②]也，曷为以子大夫之行，事回曲之君乎？"

晏子逡循[③]对曰："婴不肖，婴之族又不若婴，待婴而祀先者五百家，故婴不敢择君。"

晏子出，昭公语人曰："晏子，仁人也。反亡君，安危国，而不私利焉；僇[④]

崔杼之尸，灭贼乱之徒，不获名焉；使齐外无诸侯之忧，内无国家之患，不伐功焉；锟然[5]不满，退托于族，晏子可谓仁人矣！”

【注释】

①羡乎所闻：超过了我所听闻的。

②回曲之君：有邪行又没有道义的国君。

③逡（qūn）循：迟疑不决的样子。

④僇（lù）：此处通“戮”，杀戮。

⑤锟（chěn）然：虚心的样子。

【译文】

晏子奉命出使鲁国，拜见鲁昭公，鲁昭公见到晏子时非常高兴，对晏子说：“我在世人口中听到关于先生您的才华的说法真是太多了，今天我得以见您的真面目，已经超过了我所有听闻，现在我想私下请教您一些问题，请您不要怪罪。我听说，大国的国君，差不多都是有邪行而又没有道义的国君，凭先生您的行为能力，为什么要辅佐有邪行而又没有道义的国君呢？”

晏子在回答鲁昭公前，有点迟疑不决，然后说：“我不是贤人，而我家族中的人又都不如我，等待我的救济才能祭祀祖先的就有五百家，所以，我没有选择君王的余地。”

晏子出去之后，鲁昭公对大殿上的所有人说：“晏子是一个仁德的人啊，他能让失掉王位的国君返回君位，能让岌岌可危的国家转为安定，而自己却从不贪图一点私利；他屠戮崔杼致他死亡，消灭国内的乱臣贼子，也从不为获取美名；有他在，可使齐国于外没有被各诸侯国攻伐的忧虑，于内没有叛乱的祸患，而晏子却从不夸耀自己的功劳；他谦虚、不自满，用家族的需要作为托词，晏子真可以称作仁德之人啊！”

鲁昭公问鲁一国迷何也晏子对以化为一心第十三

【原文】

晏子聘于鲁，鲁昭公问焉：“吾闻之，莫三人而迷，今吾以一国虑之，鲁不免于乱，何也？”

晏子对曰：“君之所尊举而富贵，入所以与图身，出所以与图国，及左右逼迩①，皆同于君之心者也。犒鲁国化而为一心，曾②无与二，其何暇有三？夫逼迩于君之侧者，距③本朝之势，国之所以治也；左右谗谀，相与塞善，行之所以衰也；士者持禄，游者养交④，身之所以危也。诗曰：‘芃芃棫朴⑤，薪之槱⑥之，济济辟王，左右趋之。’此言古者圣王明君之使以善也。故外知事之情，而内得心之诚，是以不迷也。”

【注释】

①国：这里用为小邦国，封邑之意。引据《说文》“国，邦也”。逼迩：靠近，接近。

②曾：竟然、尚之意。

③距：古同“拒”，这里用为抗拒、抵御之意。

④养交：为了俸禄给养而结交权贵。

⑤芃芃（péng péng）：植物茂盛的样子。棫（yù）：这里指白桵，一种小树，茎上有刺，果实紫红色，可以吃。朴：朴木，一种落叶乔木。

⑥槱（yǒu）：堆积。

【译文】

晏子奉命出使鲁国，鲁昭公问晏子：“我听说，一件事，如果没有三个人共同商讨就会迷惑，可如今我以满朝文武的智慧一起商讨所迷惑忧虑之事，鲁国还是免不了混乱，这是为什么呢？”

晏子回答：“得到君王您的尊崇和举荐就能变身富有尊贵，他们之所以入朝为官是为了图谋自身发展，因而处处迎合君意，他们出朝做官是为了能得到君王赐封的小邦国，所以时时奉君意而行事，以至于您身边亲近的大臣都与您的想法一致了。使鲁国上下的思想固化而同为一种心思，竟然从来都没有过第二种意见，又怎会有第三种意见呢？在君王您身边的那些近臣，与本朝的其他势力互相抗拒，这就是国家不能够治理好的原因啊；身边的人阿谀奉承，相互勾结，堵塞贤人善行，这就是国家德行之所以衰弱的原因啊；读书的人只为了持有国家俸禄却不办实事，那些游手好闲的人为了满足自身给养而结交权贵，这就是国家之所以危险的原因啊。《诗经》中讲道：'茂盛生长的白桵树和朴木，砍伐以后堆积起来可以当柴火使用，能够赈济百姓开疆辟土的君王，群臣才会归附于他。'这句话说明古代圣贤的君王和开明的国君所用的大臣都是贤明的人，所以，在外他们能知晓事物的情理，在内他们能得到群臣的忠诚之心，这就是他们行事不迷乱的原因啊。"

鲁昭公问安国众民晏子对以事大养小谨以节俭第十四

【原文】

晏子聘于鲁，鲁昭公问曰："夫俨然辱临弊邑①，窃甚嘉之，寡人受贶②，请问安国众民如何？"

晏子对曰："婴闻傲大贱小则国危，慢听厚敛则民散③。事大养小，安国之器④也；谨听节俭⑤，众民之术也。

【注释】

①俨然：形容严肃庄重的样子。弊邑：指偏僻的小城邑或者古代对自己的国家以及出生或出守之地的谦称。

②贶（kuàng）：赏赐。

③慢：怠慢。厚敛：加重税敛。

④器：才能。这里引申为策略。

⑤谨听节俭：听取百姓的心声，节制减少自身给养用度。

【译文】

晏子奉命出使鲁国，鲁昭公问晏子："先生您此番庄重地屈尊来到我们这偏远的小国，我内心十分欢喜，我接受齐国的恩赐，同时希望能得到您的赐教，请问我该如何安定国家而使百姓愿意归附我，以达到增加民众的目的呢？"

晏子回答："我听说，如果强大的国家轻视弱小的国家，那么这个国家就危

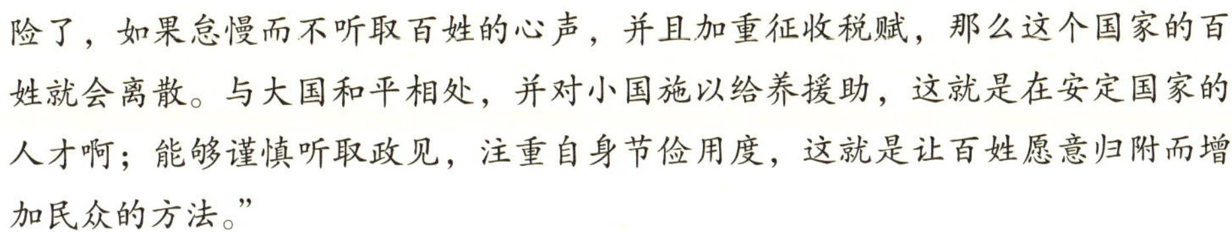

险了，如果怠慢而不听取百姓的心声，并且加重征收税赋，那么这个国家的百姓就会离散。与大国和平相处，并对小国施以给养援助，这就是在安定国家的人才啊；能够谨慎听取政见，注重自身节俭用度，这就是让百姓愿意归附而增加民众的方法。”

晏子使晋晋平公问先君得众若何晏子对以如美渊泽第十五

【原文】

晏子使晋，晋平公飨之文室①，既静矣，以晏，平公问焉，曰：“昔吾子先君，得众若何？”

晏子对曰：“君飨寡君，施及使臣，御②在君侧，恐惧不知所以对。”

平公曰：“闻子大夫数矣③，今乃得见，愿终闻之。”

晏子对曰：“臣闻君子如美，渊泽容之，众人归之，如鱼有依④，极其游泳之乐；若渊泽决竭，其鱼动流，夫往者维雨乎，不可复已⑤。”

公又问曰：“请问庄公与今⑥孰贤？”晏子曰：“两君之行不同，臣不敢知也。”

公曰：“王室之不正也，诸侯之专制也，是以欲闻子大夫之言也。”

对曰：“先君庄公不安静处，乐节饮食，不好钟鼓⑦，好兵作武，与士同饥渴寒暑，君之强，过人之量，有一过⑧不能已焉，是以不免于难。今君大宫室，美台榭，以辟饥渴寒暑，畏祸敬鬼神，君之善，足以没身，不足以及子孙矣。”

【注释】

①飨（xiǎng）：用酒食招待客人。文室：华丽的宫殿。

②御：侍奉。

③数矣：很多次。

④如鱼有依：就像鱼儿有了水作为依托。

⑤不可复已：再也不会回来了。

⑥今：这里指齐景公。

⑦钟鼓：本义是古代的两种打击乐器，这里指礼乐。

⑧有一过：这里指齐庄公私通崔杼妻子的事。

【译文】

晏子出使晋国，晋平公在华丽的宫殿里用酒食招待晏子，等到宴饮完毕安静下来时，天色已经很晚了，晋平公问晏子："贵国过去的君主（指齐恒公），是怎样得到众人拥戴的呢？"

晏子回答："您用酒食招待我家主公，对我这个侍臣也是以礼相待，我伺奉在我家主公的身边，我很惶恐，所以现在不知道怎么回答您。"

晋平公说："我听闻先生的大名已经很久了，今日才有幸得以相见，希望能够听到您的全部教诲。"

晏子回答："我听说，君子如水，渊深的江河与湖泽都能容纳他，众人也都归附他，就像鱼儿有了水作为依托，能在其中尽情地游弋安乐；如果江河湖泽决堤或者面临枯竭，水中的鱼儿就会躁动而顺水漂流，它们向往的只有水啊，所以游到有水的地方，就再也不会回来了。"

晋平公又问晏子："请问齐庄公与当今的齐景公谁更贤明呢？"晏子回答道："两个国君行事方法不一样，我不敢妄加评论啊。"

晋平公说："如今，王室的风气需要端正了，各诸侯国蛮横专制，所以我想听听先生您对这些有什么看法？"

晏子回答："先君齐庄公不喜欢安静的生活，他生性节俭，不喜欢礼乐，但是喜好练兵，崇尚武力，能与士兵一同忍饥挨饿共度寒暑，庄公的强大，是因为具有超越常人的胆量，但是有一次他没能控制住自己，他私通崔杼妻子的那件事，使他遭受了杀身之祸。现在的君王喜欢扩大建造华丽的宫室，喜爱香榭亭台，用来躲避寒暑和饥渴，因为惧怕祸患而敬畏鬼神。君王的善行，保全自己终身是足够了，但是不足以保佑自己的子孙后代。"

晋平公问齐君德行高下晏子对以小善第十六

【原文】

晏子使于晋，晋平公①问曰："吾子之君，德行高下如何？"

晏子对以"小善"。

公曰："否，吾非问小善，问子之君德行高下也。"

晏子蹴然②曰："诸侯之交，绍而相见③，辞之有所隐也④。君之命质，臣无所隐，婴之君无称焉。"

平公蹴然而辞送，再拜而反曰："殆⑤哉吾过！谁曰齐君不肖！直称之士，正在本朝也。"

【注释】

①晋平公：（？～公元前532），春秋时期晋国国君，公元前557～公元前532年在位。

②蹴（cù）然：惊惭不安的样子。

③绍而相见：初次相见。绍：此处用为介绍，使相互认识的意思。

④有所隐：有所忌讳。

⑤殆：这里为危险之意。

【译文】

晏子奉命出使晋国，晋平公问晏子："先生的国君，遵循德行规律的高低怎么样？"

晏子回答"有些小的善行"。

平公说："不，我不是问小的善行，我想问的是您的国君遵循德行规律的高低。"

晏子显露出有点惊惭不安的样子，说："诸侯国间互相交往，初次见面，说话的言辞都要有所隐讳。既然君王您很诚恳地让我评断此事，我就没有什么要隐瞒的了，我的君主没有什么值得称颂的事。"

晋平公有些吃惊，然后送别晏子，再次拜别晏子而返回到宫中后，局促不安地说："太危险了，刚才是我的过错啊！谁说齐国的君王不贤明呢！齐国敢于直言劝谏的大臣能够得以重用，而他刚才就在我的朝堂之上啊。”

晋叔向问齐国若何晏子对以齐德衰民归田氏第十七

【原文】

晏子聘于晋，叔向[①]从之宴，相与语。叔向曰：“齐其何如？”

晏子对曰：“此季世[②]也，吾弗知，齐其为田氏乎！”

叔向曰：“何谓也？”

晏子曰：“公弃其民，而归于田氏。齐旧四量：豆、区、釜、钟[③]，四升为豆，各自其四，以登于釜，釜十则钟；田氏三量，皆登一焉，钟乃巨矣。以家量贷，以公量收之。山木如市[④]，弗加于山，鱼盐蜃蛤，弗加于海。民参其力，二入于公，而衣食其一；公积朽蠹，而老小冻馁；国之都市，屦贱而踊贵[⑤]，民人痛疾，或燠休[⑥]之。昔者殷人诛杀不当，僇民无时，文王慈惠殷众，收衈[⑦]无主，是故天下归之，民无私与，维德之授。今公室骄暴，而田氏慈惠，其爱之如父母，而归之如流水。无获民，将焉避？箕伯、直柄、虞遂、伯戏[⑧]，其相胡公大姬[⑨]，已在齐矣。”

【注释】

①叔向：这里指羊舌肸（xī），复姓羊舌，名肸，字叔向，生卒年不详，春秋时期晋国的大夫，执掌晋国国政近五十年，与郑国的子产、齐国的晏婴齐名。

②季世：即将走到末世。季：一个朝代的末期。

③豆、区、釜、钟：古代的四种量器，四升为一豆，四豆为一区，四区为一釜，十釜为一钟。

④如市：运到市集上。

⑤屦贱而踊贵：普通人穿的鞋价格很低，受到刖（yuè）刑的人穿的鞋价格很高，踊：这里指古代受过刖刑的人穿的鞋。刖刑：指砍去受罚者左脚、右脚或双脚。

⑥燠休（yù xǔ）：抚慰病痛者或劳苦者的声音，泛指抚慰。

⑦收衈（xù）：收容救济。

⑧箕伯、直柄、虞遂、伯戏：四人均是舜的后裔。

⑨其相胡公大姬：陈氏的始祖胡公及他的妃子大姬的灵位，这里喻指齐国很快就要被田氏家族取代了。

【译文】

晏子奉命去晋国访问，晋国的大夫叔向陪同晏子宴饮，席间两个人互相交谈。叔向说："你们齐国现在的情况怎么样？"

晏子回答："齐国现在已经到了末世了，我现在虽然还不敢断言，但我觉得齐国早晚会是田氏的！"

叔向问："为什么这样说呢？"

晏子回答："齐国的君王抛弃了他的民众，而致使人们都愿意归附于田氏。过去齐国的四种量器分别是：豆、区、釜、钟。四升为一豆，各以它的四豆进为一区，四区可以进升为一釜，十釜则为一钟；而田氏则使用三种量器，每种量器都比齐国增加一位，变成了五升为一豆，五豆为一区，五区为一釜，这样一来，钟的数量就显得很大了。田氏家族用自己私有的量器将米粮贷出去，再用齐国公用的量具收回贷出去的粮食。山上的树木被辛苦地运到集市上卖掉，却没有比山上的价钱高，大海中的鱼盐蚌蛤被运到集市上去卖，也没有高于海岸边的价钱。如果将百姓的劳动成果分成三份的话，有两份被迫上交充入了国库从公，而只剩下其中一份留作填补衣食；王宫的国库内堆积的粮食和布匹都已经被虫蛀腐烂了，而国内的百姓却还在受冻挨饿。在齐国国都的集市上，正常人穿的鞋价格很低，而受过刖刑之人所穿的鞋子却很贵，所以，百姓们十分痛恨疾恶这个国家，而田氏家族却能对这些人给予帮助、抚慰。当年殷纣王暴虐成性，经常诛杀无罪的人，还不时去屠戮百姓，而周文王却能对殷朝这些百姓给予恩惠，收容、救济这些无家可归之人，所以天下人都愿意归附于他，这并非是周文王私下里与他们结党，只是因为他在以德行实施仁政。如今我们国家的君王骄横残暴，而田氏家族既仁慈又对百姓施以恩惠，他们对百姓的爱抚就像父母对待自己的孩子一样，故而民众归附田氏家族就像流水汇入大海一样。不能获得民心，又怎么能躲避祸患呢？箕伯、直柄、虞遂、伯戏，这些舜的后裔以及陈氏的始祖胡公和大姬妃子的灵位现在就在齐国呢，恐怕田氏很快就会取代齐国了。"

【原文】

叔向曰："虽吾公室，亦季世也。戎马不驾，卿无军行，公乘无人，卒列无长；庶民罢弊，宫室滋侈①，道殣相望②，而女富溢尤③；民闻公命，如逃寇仇；栾郤、胥原、孤续、庆伯[4]，降在皂隶[5]，政在家门[6]，民无所依，而君日不悛[7]，以乐慆忧[8]；公室之卑，其何日之有！谗鼎[9]之铭曰：'昧旦丕显，后世犹怠'，况日不悛，其竜久乎[10]！"

晏子曰："然则子将若何？"

叔向曰："人事毕矣，待天而已矣！晋之公族尽矣，肸闻之，公室将卑，其宗族枝叶先落，则公从之。肸之宗十一族，维羊舌氏在而已，肸又无子，公室无度，幸而得死，岂其获祀焉？"

【注释】

①滋侈：滋长奢侈的风气。

②道殣（jìn）相望：道路上饿死的人比比皆是。殣：饿死。

③女富溢尤：王室越来越富裕。尤：更加。

④栾郤（xì）、胥原、孤续、庆伯：四人均是晋国的功臣后裔。

⑤皂隶：本意是穿着黑色衣服的人，这里指贱臣。

⑥政在家门：大权旁落。

⑦不悛（quān）：不知悔改。

⑧以乐慆（tāo）忧：用享乐掩饰自己的忧愁。慆：掩饰，隐藏。

⑨谗鼎：铭刻防戒谗言的碑鼎。

⑩昧：昏暗。旦：指夜尽天明，太阳未出天刚亮之时。丕：这里用为"大"之意。竜（lóng）：古同"龙"。龙的一种异体字，此处为"能"字之误。

【译文】

叔向说："即使我们晋国的王室，也要到末世了。国家的战马不驾驶战车，公卿没有指挥军队行军的才能，公室的战车上没有士兵，士卒的队列中没有将军掌管；平民百姓被折磨得疲惫而倒下，王室滋长的奢侈风气却越来越浓烈，道路上饿死的人比比皆是，而宠嬖之臣家中却财富满溢；百姓听到王室的命令，就像逃避贼寇一样，栾郤、胥原、孤续、庆伯这些晋国的功臣后裔，如今只落得贱臣的下场，王室大权旁落，国家政事变成了在权臣家里处理，致使百姓无所依靠，而君王还坚持天天作乐，不知悔改，用享乐掩饰自己的忧愁；王室已经开始卑微没落到这种地步，这还有什么长久之日可言呢！铭刻防戒谗言的碑鼎之上这样刻着：'昏暗的早晨就要大亮，后世子孙却还在懈怠'，可我家主公更是不知悔改，这样的晋国还能维持长久吗！"

晏子说："既然这样，那么先生以后打算怎么办呢？"

叔向说："我已经尽人事了，剩下的就等待天命安排了！晋国的公室已经走到了尽头了，我听说公室即将卑微没落之时，他的宗族就会像树的枝叶一样率先飘落，然后末代王公也会随着没落。我叔肸的宗族有十一支，如今只有羊舌氏存活到现在，我膝下又没有子嗣，王室又暴虐无度，倘若我能有幸得到善终，就已经知足了，哪里还奢望有人祭祀我呢？"

叔向问齐德衰子若何晏子对以进不失忠退不失行第十八

【原文】

叔向问晏子曰："齐国之德衰矣，今子何若？"

晏子对曰："婴闻事明君者，竭心力以没其身，行不逮则退①，不以诬持禄②；事惰君者，优游③以没其世，力不能则去，不以谀持危。且婴闻君子之事君也，进不失忠，退不失行④。不苟合⑤以隐忠，可谓不失忠；不持利以伤廉，可谓不失行。"

叔向曰："善哉！《诗》有之曰：'进退维谷⑥'，其此之谓欤⑦！"

【注释】

①行不逮则退：达不到目的就隐退。逮：及，到，赶得上。

②不以诬持禄：不用欺骗的行为白拿俸禄。诬：欺骗。

③优游：使……悠闲，休养。

④行：道路。《说文》"行，道也。"

⑤苟合：指无原则地附合。

⑥进退维谷：无论是进还是退，都是处在困境之中。形容处境艰难，进退两难。维：是。谷：穷尽，指困境。

⑦欤（yú）：文言句末语气助词，表示疑问、感叹、反诘等语气。

【译文】

叔向问晏子："齐国治国的道德规律已经衰败了，你现在有什么打算呢？"

晏子回答："我听说，侍奉圣明的君王，就要竭尽全力地为君主效忠直到死去，如果达不到预想的目标就隐退，不能用欺骗的行为白拿俸禄；而侍奉昏庸衰败的君王，就悠闲自得地独善其身而直到死去，当自知没有能力胜任时就主动离开，不能用阿谀奉承去扶持危亡的局面。况且，我听说君子去侍奉国君，应是进身时不遗失忠心，隐退时不遗失德行。不会毫无原则地附合别人以至于隐没自己的忠心，这样才可以称得上是没有失去忠心；不贪图私利而破坏自己的廉洁，这样才可以称得上是没有失去德行。”

叔向说：“说得太好了！《诗经》上所讲的‘进退两难’，大概说的就是这个意思吧！”

叔向问正士邪人之行如何晏子对以使下顺逆第十九

【原文】

叔向问晏子曰：“正士之义，邪人之行，何如？”

晏子对曰：“正士处势临众不阿私，行国足养而不忘故；通则事上，使卹[①]其下，穷则教下，使顺其上；其事君也，尽礼行忠，不为苟禄[②]，不用则去而不议。其交友也，谕身行义，不为苟戚，不同则疏而不悱；不毁进于君，不以刻民尊于国。故用于上则民安，行于下则君尊；故得众上不疑其身，用于君不悖于行。是以进不丧己，退不危身，此正士之行也。邪人则不然，用于上则虐民，行于下则逆上；事君苟进不道忠，交友苟合不道行；持谀巧以匄禄[③]，比奸邪以厚养[④]；矜[⑤]爵禄以临人，夸体貌以华世，不任于上则轻议，不笃于友则好诽。故用于上则民忧，行于下则君危，是以其事君近于罪，其交友近于患，其得上辟于辱，其为生偾[⑥]于刑，故用于上则诛，行于下则弑。是故交通[⑦]则辱，生患则危，此邪人之行也。”

【注释】

①卹（xù）：通“恤”，体恤。

②不为苟禄：不求不应得的俸禄。

③谀巧：指用花言巧语和媚态伪情来迷惑、取悦他人。以：用以，用来。

④比：靠近，接近。养：给养。

⑤矜：炫耀。

⑥偾（fèn）：这里用为亢奋之意。

⑦交通：往来通达。这里指官场得意之时。

【译文】

叔向问晏子："正直贤士的德义和邪僻小人的品行，各是什么样的呢？"

晏子回答："正直贤士处于高位治理民众的时候，从不曲从迎合偏袒私情，施行于国家政事足够供养而不会忘记以史为鉴；他们在国家通达时侍奉君王，能让君王体恤、救济百姓，国家穷困不通达时就去教化下民，让百姓顺应他们的君上；他们侍奉国君时能够尽到礼法，行为忠诚，不求不应得的爵位俸禄，即使不再被国君任用就转身离去而没有非议怨言。他们结交朋友时，会衡量自身再以最合宜的道义而去行为，不做苟且之事而随便与人攀附亲近，如果道不同就不相为谋而疏离，不再抱有奢望；他们不会靠诋毁别人而进身君王求得上位，不会做对百姓刻薄的事情来获取在国内的尊贵。所以，他们被任用于上就能安定民心，在下行为做事则能让国君受到尊敬；所以，当他们受到百姓的拥戴时不会受到国君的怀疑，被国君任用时也不会违背自己的道义行为。因此，他们进身不会忘乎所以，失意隐退时不会身处险境，这就是正直贤士的德义。而邪僻小人就不是这样了，他们被任用于上时就会暴虐百姓，在下行为做事时就会违逆君上的政令而倒行逆施；他们侍奉国君时苟且求进，不能遵守道义尽忠职守；结交朋友时不论道德行为规范；他们靠阿谀奉承的机巧言语以求得官位和俸禄；接近奸邪之人而互相勾结以谋取优厚的给养；他们炫耀自己的爵位俸禄以便统治众人，自我夸耀礼节仪容而在俗世哗众取宠；不被君王任用时就轻易议论时事，不能忠实于朋友反而喜好对朋友恶意诋毁诽谤。所以，当他们被君王任用时百姓会担忧，在下行为做事就会对君王有所危害，因此，让他们侍奉国君就接近于罪过，与他们结交朋友，就接近于遭受祸患，他们得到君王的任用时就会开辟辱没人才之路而祸害贤能，如果让他们掌管生死刑罚的话，他们一定会亢奋于酷刑而残害百姓，所以说，一旦他们被任用于上就会诛杀无辜，不任用他们，他们就会犯上作乱而有弑君之危。正是这些缘故，所以说他们在官场得意之时就会辱没天下百姓，不得意时就会滋生祸患而危害国家，这就是奸邪小人的品行啊。"

叔向问事君徒处之义奚如晏子对以大贤无择第二十

【原文】

叔向问晏子曰："事君之伦，徒处之义奚如①？"

晏子对曰："事君之伦，知②虑足以安国，誉厚足以导民，和柔足以怀众，不廉上以为名，不倍③民以为行，上也；洁于治己，不饰过以求先，不谗谀以求进，不阿④以私，不诬所能⑤，次也；尽力守职，不怠奉官，从上不敢惰，畏上故不苟，忌罪故不辟，下也。三者，事君之伦也。及夫大贤，则徒处与有事无择也，随时宜者也。有所谓君子者，能不足以补上，退处不顺上，治唐园，考菲履，共恤上令⑥，弟长乡里，不夸言，不愧行⑦，君子也。不以上为本，不以民为忧，内不恤其家，外不顾其身游，夸言愧行，自勤于饥寒，不及丑侪⑧，命之曰狂僻之民，明上之所禁也。进也不能及上，退也不能徒处，作穷于富利之门，毕志于畎亩之业⑨，穷通无常；虑佚于心，通利不能，穷业不成，命之曰处封之民，明上之所诛也。有智不足以补君，有能不足以劳民，俞身徒处，谓之傲上，苟进不择所道，苟得不知所恶，谓之乱贼。身无以与君，能无以劳民，饰徒处之义，扬轻上之名，谓之乱国。明君在上，三者不免罪。"

叔向曰："贤不肖，性夫！吾每有问，而未尝自得也。"

【注释】

①伦：条理，伦理，顺序。奚：表疑问词，是"何""什么"之意。

②知："智"的古字。这里为才智、智慧之意。

③倍：古通"背"，背离、背叛的意思。

④不阿：不曲从迎合。

⑤不诬所能：不以欺骗而夸大自己的能力。诬：欺骗。

⑥菲履：这里指受过刖（yuè）刑的人所穿的用草或麻编成的鞋。刖刑，古代酷刑之一，指砍去受罚者左脚、右脚或双脚。共恤上令：指恭敬体恤君王的法令。共：通"恭"。

⑦不愧行：没有愧疚出格的行为。

⑧丑侪（chǒu chái）：指朋辈和同辈亲人。侪：指同辈，同类。

⑨毕：完毕，结束。甽（quǎn）亩：田地，田野。

【译文】

叔向问晏子："侍奉君王的人，无为独处的最佳行为方式是怎样的？

晏子回答："侍奉君王的人中，他们的才智和思虑足以安邦定国，声誉厚重足以引导百姓，和善温柔的胸怀足以安抚民众，他们不会向君上表露廉洁以图取名利，不会违背民众的意愿而任意行事，这就是侍奉君王的上等人；而洁身自好严于治理自己，不会因为想谋求官位而掩盖自身的缺点，不依靠谗毁他人以及阿谀奉承去求得上位，不曲从迎合以便偏袒徇私，不以欺骗手段夸大自己的能力，这类人仅次于上等人；能尽自己最大的能力恪守本职而不懈怠，侍奉比自己官位高的人，顺从君上而不敢怠惰，因为畏惧上级，所以从不敢做苟且之事，因为害怕受到刑罚，所以不敢有邪僻行为，这是下一等的人。这三类人，就是侍奉君王的三种人。对于那种大贤之人，与同类人相处或是选择出仕入朝为官，就要随着时事以及合宜的时机。有一种所谓的君子，他们的才能不足以补益君王，退身独处后也不愿顺从君王，他们耕田、种植菜园，敲打蒲草和麻去编织刖刑之人穿的鞋子，恭敬体恤君王的法令，对兄弟长辈以及乡里邻居都很友好，不夸夸其谈，没有愧疚出格的行为，这也是君子啊。但也有一类人，他们不把君王当作根本，不去忧虑百姓的生活，在内不能体恤自己的家室亲人，在外不顾及身边的同游之人，他们夸夸其谈而身有愧疚的行为，只勤于解决自己的饥饿与寒冷，不顾及同辈亲人和朋友，这类人，可以称他们为狂妄邪僻之人，是贤明的君王所禁止任用的一类人。做官不能得到君王重用，隐退也不能与同类人和睦而居，在富贵人家门前做出一副穷酸相，一生的志向结束在田地之中而安于山野生活，他们穷到极致也不去做那些改变常态的行动，对未来也没有长远打算，放纵心思而不愿改变，没有获利通达的本领，穷尽一生也一事无成，这种人，可以称他们为浅陋闭塞之人，这就是圣明的君王所要惩罚的一类人了。另有一类人，他们有一点才智，却不能补益君王，有一点能力，却不足以为百姓做事，他们只知道苟且无为独处，这种人，可以称为是傲对君王。随便进身谋取官位而不选择所行的道路，随便获得而一旦当官之后，就变本加厉地作恶，这种人，便是乱臣贼子。自身没有什么能够补益君王，也没有什么为百姓做事的能力，有意美饰自己无为独处的意义，宣扬轻视君王的言论，这种人，可以称作是祸乱国家之人。圣明的君王在其位之上时，这三类人是不会被免于治罪的。"

叔向说："一个人的贤明和愚昧，那是本性吧！而我每次有疑问的时候，都不曾得到准确的答案啊。"

叔向问处乱世其行正曲晏子对以民为本第二十一

【原文】

叔向问晏子曰："世乱不遵道，上辟[①]不用义[②]；正行则民遗[③]，曲行则道废。正行而遗民乎？与持民[④]而遗道乎？此二者之于行，何如？"

晏子对曰："婴闻之，卑而不失尊，曲而不失正者，以民为本也。苟[⑤]持民矣，安有遗道？苟遗民矣，安有正行焉？"

【注释】

①辟：古通"僻"，邪僻。

②义：公正合宜的道德行为。

③正行：正直行为。遗：遗失，失去。

④持民：掌管百姓。

⑤苟：如果，假使。

【译文】

叔向问晏子："如今世道混乱，人们做事都不遵循合宜的道义，君上行为邪僻而不按照公正合宜的道德行为行事；依照正直行为行事就会失去百姓，行为乖僻就会废掉合宜的道义，那么，是选择正直行为行事而失掉百姓呢，还是选择保住百姓而失去道义呢？这两种行为的施行，该怎么去选择呢？"

晏子回答："我听说，地位低下而不失掉尊严，被弯曲而不失去合宜道义的人，那就可以称作以民为本了。如果能关爱百姓，那么怎会遗失道义呢？如果失去百姓了，怎么算是有正直的行为呢？"

叔向问意孰为高行孰为厚晏子对以爱民乐民第二十二

【原文】

叔向问晏子曰："意孰为高①？行孰为厚②？"

对曰："意莫高于爱民，行莫厚于乐民。"

又问曰："意孰为下，行孰为贱③？"

对曰："意莫下于刻民，行莫贱于害身④也。"

【注释】

①孰：哪个。高：崇高。

②厚：宽厚。

③贱：卑贱。

④害身：败坏自身的德行。

【译文】

叔向问晏子："请问哪一种意气是最崇高的？哪一种行为是最宽厚的？"

晏子回答："最崇高的意气没有能高过爱护民众的，最宽厚的行为没有能厚过使百姓安乐的。"

叔向又问晏子："哪一种意气是最低下的？哪一种行为是最卑贱的？"

晏子回答道："最低下的意气没有比刻薄民众更低下的了，最卑贱的行为没有比败坏自身德行更卑贱的了。"

叔向问啬吝爱之于行何如晏子对以啬者君子之道第二十三

【原文】

叔向问晏子曰："啬、吝、爱之于行何如？"

晏子对曰："啬[①]者君子之道，吝[②]、爱者，小人之行也。"

叔向曰："何谓也？"

晏子曰："称财多寡而节用之，富无金藏，贫不假[③]贷，谓之啬；积多不能分人而厚自养，谓之吝；不能分人，又不能自养，谓之爱[④]。故夫啬者，君子之道，吝、爱者，小人之行也。"

【注释】

①啬（sè）：指小气，该用的财物舍不得用。

②吝（lìn）：当用的财物舍不得用，过分爱惜。

③假：借。兼指借出和借入。

④爱：爱惜，珍惜。这里为吝惜，舍不得的意思。

【译文】

叔向问晏子："啬、吝和爱在德行上有什么区别吗？"

晏子回答："所谓的啬，是君子的行为，而吝和爱财，是小人的行为。"

叔向说："为什么这样说呢？"

晏子说："衡量自身钱财的多少而节俭使用它们，这样一来，富裕的时候没有储藏过多的金钱，贫穷的时候也不用向他人借贷，像这样该用的财物舍不得用，这就是啬；积攒很多的钱不分给别人而只顾着自己的给养，像这样当用的财物舍不得用，过分爱惜，叫作吝；钱财不分给别人，又不够养活自己，像这样吝惜舍不得就可以称之为爱财。所以说，啬，是君子的行为，吝和爱财，是小人的行为。"

叔向问君子之大义何若晏子对以尊贤退不肖第二十四

【原文】

叔向问晏子曰："君子之大义何若？"

晏子对曰："君子之大义，和调而不缘①，溪盎②而不苛，庄敬而不狡，和柔而不铨③，刻廉而不刿④，行精而不以明污，齐尚⑤而不以遗罢，富贵不傲物，贫穷不易⑥行，尊贤而不退不肖。此君子之大义也。"

【注释】

①缘：沿着，顺着。

②盎（àng）：充溢。

③不铨（quán）：不卑躬屈膝。铨：卑屈。

④不刿（guì）：不伤害别人。刿：割伤，刺伤。

⑤齐：平等。尚：崇尚。

⑥易：改变。

【译文】

叔向问晏子："君子最合宜的道义行为是什么？"

晏子回答："君子的最合宜的道义行为，就是与世俗和睦协调却不随波逐流，如溪流满溢而不去苛责什么，庄重严肃、敬谨从容而不狡诈阴暗，为人处事温柔宽厚而不卑躬屈膝，严苛律己、行为廉洁而不刺伤他人痛处，行为清明精细而不以自身清白去显明别人的污浊，崇尚平等团结友善而不以强势遗弃软弱无能的人，富贵的时候不傲视万物，贫穷的时候也不改变自己的操守，尊敬贤人，同时也不排斥与平庸的人交往。这就是君子最合宜的道义行为。"

叔向问傲世乐业能行道乎晏子对以狂惑也第二十五

【原文】

叔向问晏子曰："进不能事上，退不能为家，傲世乐业，枯槁[①]为名，不疑其所守者，可谓能行其道乎？"

晏子对曰："婴闻古之能行道者，世可以正则正，不可以正则曲。其正也，不失上下之伦[②]；其曲也，不失仁义之理。道用，与世乐业，不用，有所依归。不以傲上华[③]世，不以枯槁为名。故道者，世之所以治，而身之所以安也。今以不事上为道，以不顾家为行，以枯槁为名，世行之则乱，身行之则危。且天之与地，而上下有衰矣；明王始立，而居国为制[④]矣，政教错，而民行有伦矣。今以不事上为道，反天地之衰矣；以不顾家为行，倍[⑤]先圣之道矣；以枯槁为名，则世塞政教之途矣。有明上，不可以为下；遭乱世，不可以治乱，说若道，谓之惑；行若道，谓之狂。惑者狂者，木石之朴[⑥]也，而道义未戴[⑦]焉。"

【注释】

①枯槁（gǎo）：干枯。这里形容人际关系稀少，离群索居之意。

②伦：伦理次序。

③华：古通"哗"，喧哗。

④居国为制：为国家建立制度。

⑤倍：古通"背"，背离、违背的意思。

⑥木石之朴：未经雕琢的木头和石头。朴：本质，本性。

⑦戴：加在某个物体上；增益。

【译文】

叔向问晏子："那种进入朝廷而不能很好地侍奉君王，退居山野而不能维护好家庭，傲视世俗而乐于己业，把离群索居当作很有名节的事情，不怀疑自己所信守的东西，这样可以称作能实现自己的理想和最佳行为方式的人吗？"

晏子回答："我听说，古代那些有道义的人，世俗之事可以匡正就去匡正，匡正不了就暂时委曲一下自己。他们匡扶正义，不会丧失上下级的伦常次序；

他们委曲自己之时，不会丧失仁德道义的最佳行为方式。道义得以施行的时候，他们就会和世人一同乐于已业；道义不被施行的时候，他们就会找到自身依托和良好归宿。他们不会高傲地轻视君王而在世间哗众取宠，不把离群索居当作很有名节的事情。故而，所谓的道义，就是世俗能够得到治理，而自身又能够安乐罢了。现在有些人不把侍奉君王当作道义，不把顾及好家庭当作善行，却把离群索居当作很有名节的事情，如果这种行为在世上施行，那么这个国家就会混乱；如果这种行为施行在自身，那么自身也会受到危险。况且，天与地之间，上与下也都有一定的等差之分；圣明的君王开始建立国家时，就居王位而为国家建立制度了；政治与教化交错施行于百姓，而民众的行为规范从此也就开始有伦常次序了。然而现在有些人却把不侍奉君王当作道义，违反天地之间的等差规律；不把维护好家庭当作善行，违背祖先圣贤的道义教诲；把离群索居当作很有名节的事情，那么就是堵塞世间施行政治与教化的途径了。有圣明的君主在上位时，不能够治理下民，而遭遇乱世之时，就不能治理祸乱了。观点和此相同的可以称为迷惑，行为和此相似的，就可以称为狂傲。迷惑的人和狂傲的人都像未经雕琢的木头和石头，而道德之路和最佳行为方式却没有一点增益在心中。”

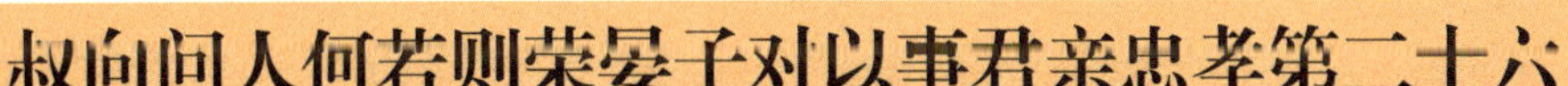

叔向问人何若则荣晏子对以事君亲忠孝第二十六

【原文】

叔向问晏子曰：“何若则可谓荣①矣？”

晏子对曰：“事亲孝，无悔往行；事君忠，无悔往辞；和于兄弟，信于朋友，不谄过②，不责得③；言不相坐，行不相反；在上治民，足以尊君；在下莅修④；足以变人，身无所咎⑤，行无所创，可谓荣矣。”

【注释】

①荣：荣耀，荣誉。

②不谄（chǎn）过：不以美言掩饰自己的过失。

③责得：责取获得。

④莅（lì）修：自我修养。

⑤咎：泛指过失、过错。

【译文】

叔向问晏子："什么样的人可以称得上荣耀？"

晏子回答："侍奉父母双亲能够尽到孝顺，以往至今没有过后悔的行为；侍奉君王能够尽到忠诚，以往至今没有后悔的言辞；与兄弟间和睦友爱，讲诚信于朋友而能互相信任，不以美言掩饰自己的过失，不责取获得别人的财物；不与别人争论是非曲直而以言论定罪，行动与言论一致而不相互违背；在朝辅佐君上治理民众，足以让国君得到百姓的尊重；在下莅临地方整治民情，足以让他人的过失做出改变；自身没有做过错事，行为不被惩治，做到这些，就可以称得上荣耀了。"

叔向问人何以则可保身晏子对以不要幸第二十七

【原文】

叔向问晏子曰："人何以则可谓保其身？"

晏子对曰："《诗》曰：'既明且哲①，以保其身。夙夜匪懈②，以事③一人。'不庶④几，不要幸④，先其难乎而后幸⑥得之。得之时其所也，失之非其罪也，可谓保其身矣。"

【注释】

①哲：聪明又有智慧。

②夙夜匪懈：形容早晚都能谨慎劳作，勤奋不懈。夙：早晨。匪：不。懈：懈怠。

③事：侍奉。

④庶：希望，希翼。

⑤要幸：求取侥幸。

⑥幸：幸福、吉祥之意。

【译文】

叔向问晏子："人要怎么做才能够保全自身呢？"

晏子回答："《诗经》中讲过：'既能明晓善恶，又能聪明智慧辨知是非，保持这样的状态，进而能达到保全自身的品德不受污染。早晚勤奋不懈，一心侍奉恭敬贤人，以尽他应尽的责任。'不贪求，不求取侥幸，先要经历艰难困苦之后才能得到幸福。得到了，那便是他所应该得到的；失去了，也不是他的过错，这样就可以说能够保全自身了。”

曾子问不谏上不顾民以成行义者晏子对以何以成也第二十八

【原文】

曾子问晏子曰：“古者尝有上不谏上，下不顾民，退处山谷，以成行义者也？”

晏子对曰：“察其身无能也，而托乎不欲谏上，谓之诞意①也。上惛②乱，德义不行，而邪辟朋党③，贤人不用，士④亦不易其行，而从邪以求进，故有隐有不隐。其行法，士也？乃夫议上，则不取也。夫上不谏上，下不顾民，退处山谷，婴不识其何以为成行义者也。”

【注释】

①诞意：妄为大言。

②惛（hūn）：古同“昏”，迷乱、昏乱、糊涂之意。

③朋党：结党而营私。

④士：旧时指读书人。

【译文】

曾子问晏子：“古代曾经有对上不能劝谏国君，对下不能顾及百姓，而退隐居于山谷，以求成就于道德操守最佳行为方式的人吗？”

晏子回答：“你仔细审察就会发现，这些人自身没有什么才能，却还托词说自己不想劝谏君上，这就可以称为妄为大言。君上昏庸迷乱，不能施行正确的道德与操守，而奸邪小人之间互相结党营私，贤明的人得不到任用，读书的学士也不会轻易改变自己的行为方式，而是跟随这些奸邪小人一起结党营私，以求得进身上位，所以，有的人选择隐居，有的人选择不去隐居。这种做法，难道可以称作是有道义的读书人吗？至于那些对君王议论纷纷的，这种行为则是不可取的。这些人上不能劝谏国君，下不能顾及百姓，退隐居于山谷，我还真不知道他们凭借什么能成为成就道德操守与志向的人。”

梁丘据问子事三君不同心晏子对以一心可以事百君第二十九

【原文】

梁丘据问晏子曰："子事三君[①]，君不同心，而子俱顺焉，仁人固多心乎？"

晏子对曰："婴闻之，顺爱[②]不懈，可以使百姓；强暴不忠，不可以使一人。一心可以事百君，三心[③]不可以事一君。"

仲尼闻之曰："小子识之，晏子以一心事百君者也！"

【注释】

①事三君：这里指晏子一生侍奉过三位国君，分别是齐灵公、齐庄公、齐景公。事：侍奉。

②爱：爱惜，珍惜。

③三心：形容不专一。

【译文】

梁丘据问晏子："先生您侍奉过三位国君，事实上，这三位国君的心思各不相同，而先生却都能顺应他们，难道说仁义的人原本就是有很多个心吗？"

晏子回答："我听说，能够坚持不懈地顺应和珍惜君王的仁爱之心，便可以因此而差遣百姓；而那种强横暴虐不忠诚之人，则连一个人都无法差遣。只要有一颗一心一意的忠心，则可以侍奉一百位国君，而如果是三心二意，恐怕连一位国君都不能侍奉。”

孔子听说了这件事后，说：“同学们，你们要明白这句话，晏子就是能以一颗忠心侍奉一百位国君的人啊！”

柏常骞问道无灭身无废晏子对以养世君子第三十

【原文】

柏常骞去周之齐①，见晏子曰：“骞，周室之贱史②也，不量其不肖，愿事君子。敢问正道以行则不容于世，隐道危行则不忍，道亦无灭，身亦无废者，何若？”

晏子曰：“善哉！问事君乎？婴闻之，执一浩裾③，则不取也；轻进苟合，则不信也；直易无讳，则速伤也；新始好利，则无不敝④也。且婴闻养世之君子，从轻不为进，从重不为退，省行而不伐⑤，让利而不夸，陈物而勿专，见象而勿强，道不灭，身不废矣。”

【注释】

①去：离开。之：往，到……去。

②贱史：地位低下的臣子。史：古官名，职别各异。

③裾（jū）：古通“倨”，傲慢。

④敝：这里为衰败之意。

⑤省行：反省自己的言行。省：审视。伐：夸耀。

【译文】

柏常骞离开了周室来到齐国以后，见到晏子便说：“我柏常骞，只不过是周室的一个地位低下的臣子而已，不度量自己的不成材，想向您请教侍奉君王的一些事。请问先生，如果以正直有道义的行为做事就会不被世俗所容，不顾道义诡诈而摇摆不定地行事就会良心不安，那么道义也不放弃，自身又不会被黜免的人，是什么样的呢？”

晏子回答：“好啊！您是在问我如何侍奉君王的事情吗？我听说，持有傲慢的态度处事，属于刚愎自用，那么这是不可取的；轻易就进身朝廷为官，遇事随意附和别人，那么这是不诚实的；说话过于耿直而轻视别人，又口无遮拦无所隐讳，那么很快就会使自己受到伤害；喜新厌旧，喜好贪图名利，那么会使自己遭受衰败之患。况且我听说担忧世道兴衰的君子处世，不见易而进，知难而退，时刻审视反省自己的言行而不炫耀自己的功劳，谦让利益而不夸夸其谈，陈述事物要先了解始末，再去判断，而不独断专行，见到天象有变时而不逆天行事，这样做的话，道义就不会灭亡，那么自身也就不会被罢免了。”

《晏子春秋》·卷五·内篇杂（上）

庄公不说晏子晏子坐地讼公而归第一

【原文】

晏子臣于庄公，公不说①，饮酒，令召晏子。晏子至，入门，公令乐人奏歌曰："已哉已哉！寡人不能说也，尔何来为？"

晏子入坐，乐人三奏，以后知其为己也。遂起，北面坐地②。公曰："夫子从席，曷为坐地？"

晏子对曰："婴闻讼夫③坐地，今婴将与君讼，敢毋坐地乎？婴闻之，众而无义，强而无礼，好勇而恶贤者，祸必及其身，若公者之谓矣。且婴言不用，愿请身去。"

遂趋而归④，管籥其家者纳之公⑤，财在外者斥⑥之市，曰："君子有力于民，则进爵禄，不辞富贵；无力于民而旅食⑦，不恶贫贱。"遂徒行而东，耕于海滨。居数年，果有崔杼之难⑧。

【注释】

①说：通"悦"。喜欢，高兴。公不说：这里暗指庄公很不喜欢晏子。

②北面坐地：指晏子面朝北坐在地上。因为齐庄公是国君，面朝南而坐，而晏子是臣子，所以面朝北而坐，也就是说晏子和齐庄公是面对面而坐。

③讼夫：争论是非的人。

④趋而归：弓着身子退出而快步走出去。

⑤管籥（yuè）其家者纳之公：把锁在家里的东西全部拿出去充公。籥：古通"钥"，锁之意。

⑥斥：斥卖，变卖。这里指晏子变卖自己家中的财产。

⑦旅食：在他乡旅居生活。

⑧崔杼之难：公元前548年，齐庄公因与大臣崔杼的妻子棠姜私通，被崔杼所杀。

【译文】

晏子成为齐庄公的大臣，但齐庄公非常不喜欢晏子，有一天，齐庄公在宫中饮酒时，下令传召晏子。晏子刚走进宫殿大门，齐庄公便命人奏乐唱歌，歌

词是："停止吧，停止吧！我无法高兴起来啊，你来做什么呢？"

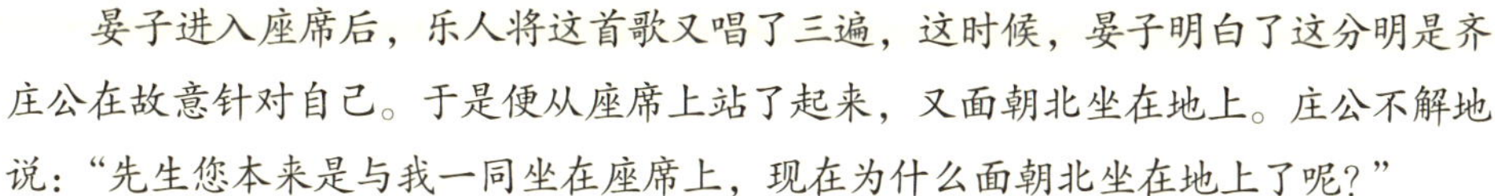
晏子进入座席后，乐人将这首歌又唱了三遍，这时候，晏子明白了这分明是齐庄公在故意针对自己。于是便从座席上站了起来，又面朝北坐在地上。庄公不解地说："先生您本来是与我一同坐在座席上，现在为什么面朝北坐在地上了呢？"

晏子回答："我听说要与人争论是非的话就要坐在地上，如今我要与主公您争论是非，怎敢不坐在地上呢？我听说，依仗人多而不讲道德仁义，自以为强大而不讲社会礼仪，喜好勇力而厌恶贤才的人，灾祸一定会降临到他的身上，说的就是像主公您这样的人了。况且，既然我的言论不被主公采用，希望请您准许我辞官离开这里。"

于是晏子弓着身子退出而后快步奔回家中，将掌管的锁钥以及存放在家中的公文都交给了庄公，把放置在外面的财物也都拿到集市上卖掉了，有人问他缘故，晏子回答："君子如果有能力为百姓做事，就能加官进爵享受俸禄，自然也不会推辞富贵；如果没有能力为百姓做事，就要旅居他乡求食生活，不能厌恶贫贱。"于是晏子徒步向东方走去，从此在海之滨耕种谋生。晏子在这里居住了几年后，齐国果然发生了崔杼之难，庄公终被崔杼弑杀而亡。

庄公不用晏子晏子致邑而退后有崔氏之祸第二

【原文】

晏子为庄公臣，言大用①，每朝，赐爵益邑。俄而②不用，每朝，致③邑与爵。爵邑尽，退朝而乘，喟④然而叹，终而笑。其仆曰："何叹笑相从数也？"晏子曰："吾叹也，哀吾君不免于难；吾笑也，喜吾自得也，吾亦无死矣。"

崔杼果弑庄公，晏子立崔杼之门，从者曰："死乎？"晏子曰："独吾君也乎哉？吾死也！"曰："行乎？"曰："独吾罪也乎哉？吾亡也！"曰："归乎？"曰："吾君死，安归！君民者岂以陵⑤民？社稷是主；臣君者，岂为其口实，社稷是养？故君为社稷死，则死之，为社稷亡，则亡之；若君为己死而为己亡，非其私昵，孰能任之⑥。且人有君而弑之，吾焉得死之？而焉得亡之？将庸⑦何归？"

【注释】

①言大用：这里指晏子的谏言大多时候都会被采纳。

②俄而（é ér）：不久；顷刻。表示时间很短暂。

③致：这里用为交还，归还之意。

④喟（kuì）：古同“喟”，叹息的样子。

⑤陵：古同“凌”，欺凌、侵犯之意。

⑥孰能任之：谁能够负载这一切呢？任：负载、承载之意。

⑦庸：岂，哪里，怎么，表示反问。

【译文】

晏子成为齐庄公的大臣后，他的谏言大多时候都会被采用，因此很受庄公的赏识，每当晏子上朝时，庄公都会对他赏赐爵位，增加食邑。然而好景不长，不久，晏子就不再受赏识重用了，晏子每次上朝时，庄公都会命晏子归还一部分食邑和爵位。慢慢地，爵位和俸禄都被庄公收了回去。退朝后，晏子乘车回家，路上不禁摇头叹息，叹息过后又大笑起来。晏子的仆人奇怪地问道：“先生您为什么又是叹息又是大笑呢？”晏子回答：“我叹息，是在悲哀我们的国君不能免于灾难；我大笑，是为能够保全自己而高兴啊，此后我也不会被牵连而死了。”

果然，不久后崔杼弑杀了齐庄公，晏子站在崔杼的府门前，随从的人问晏子：“先生是想去殉死吗？”晏子回答：“难道是我一个人的君王吗？我为什么要死呢！”仆人说：“那先生是想逃走吗？”晏子回答道：“难道我是一个罪人吗？我为什么要逃亡呢！”仆人说：“那我们要回去吗？”晏子回答：“我的国君已经死了，我又能归向哪里啊！统治民众的人，怎么可以反过头来欺负民众？自古以来，国家就是以百姓为主的；侍奉君王的臣子，怎能只为自己的口食利益肆意而为呢？国家的兴盛是依靠臣子俸养出来的。所以，如果国君为了国家的利益而死，那么臣子就跟他一起去死，如果国君为了国家的利益而逃亡，那么臣子就会追随国君一起逃亡；假若国君为了自己的私利而死去，为了自己的私利而逃亡，不是他自己的亲人，谁又能替他担负这一切呢？况且有人因为国君有过错而杀了他，我为什么要替他去死呢？我为什么要逃亡？可是我又将归向哪里呢？”

【原文】

门启而入。崔子曰：“子何不死？子何不死？”晏子曰：“祸始吾不在也；祸终吾不知也，吾何为死？且吾闻之，以亡为行者，不足以存君；以死为义者，不足以立功。婴岂①其婢子也哉，其缢②而从之也！”遂袒③免，坐，枕君尸④而哭，兴，三踊⑤而出。

人谓崔子：“必杀之。”崔子曰：“民之望也，舍之得民。”

【注释】

①岂：难道。表反问。

②缢（yì）：吊死，用绳子勒颈导致气绝而死。

③袒（tǎn）：脱去上衣，露出身体的一部分。

④枕君尸：这里指晏子将庄公尸体的头部枕在自己腿上。

⑤踊：这里为蹬、踩之意。

【译文】

大门被打开，晏子走了进去，崔杼问晏子：“你为什么没有死呢？你为什么还没有死呢？”晏子说：“灾祸开始时，我不在场；灾祸结束时，我也不知缘由，我为什么要死呢？况且我听说，把逃亡当作忠于国君行为的人，他不足以去保全国君；把死亡当作是最佳行为方式的人，他也不足以能为国家建立功业。我难道是这宫中的婢女吗？国君缢死而我也要跟着一起吊死吗！”晏子说完，随后脱去上衣，坐在地上，将庄公的尸体头部抱起枕在自己的大腿上而放声痛哭，哭完之后站起身来，拜了三拜便转身登上台阶走了出去。

崔杼身边的人都对他说：“晏子这个人太狂傲，必须杀死他。”崔杼回答道：“不能杀！晏子深得民心，是民众的希望啊，放了他就能得到民心。”

崔庆劫齐将军大夫盟晏子不与第三

【原文】

崔杼既弑庄公①而立景公，杼与庆封相之，劫诸将军大夫及显士庶人于太宫之坎上②，令无得不盟者。为坛三仞③，坎其下，以甲千列环其内外，盟者皆脱剑而入。维④晏子不肯，崔杼许之。有敢不盟者，戟拘⑤其颈，剑承其心，令自盟曰："不与崔、庆而与公室者⑥，受其不祥⑦。"言不疾，指不至血者死。所杀七人。

次及晏子，晏子奉杯血，仰天叹曰："呜呼！崔子为无道，而弑其君，不与公室而与崔、庆者，受此不祥。"俛⑧而饮血。崔杼谓晏子曰："子变子言，则齐国吾与子共之；子不变子言，戟既在脰⑨，剑既在心，维子图之也。"

【注释】

①庄公：这里指齐庄公。

②太宫之坎上：太宫：这里指太庙，是王室祭祀的地方。坎：低陷不平的地方，坑穴。《说文》："坎，陷也。"

③仞（rèn）：古代的计量单位，用于测量。

④维：古通"惟"，只有。

⑤拘：这里用为勾拉、限制之意。

⑥崔、庆：这里指崔杼和庆封。与公室：跟随王室。

⑦不祥：死的讳称。这里指遭受杀戮。

⑧俛（fǔ）：同"俯"。向下，低头。

⑨脰（dòu）：脖子，颈。

【译文】

崔杼杀了齐庄公后而拥立景公为齐国的国君，崔杼和庆封则分别担任了齐国的宰相，他们劫持了齐国所有的将军、大夫、有名望的士人和百姓到了太庙的一个土坎之上，并命令所有人不允许不盟誓。他们筑起了大约有三仞之高的祭坛，并在祭坛下挖了一个大坑，数以千计身穿铠甲的兵士从外向内环包围了太庙，前来盟誓的人都必须卸下佩剑方可进入。只有晏子不肯卸下佩剑，崔杼

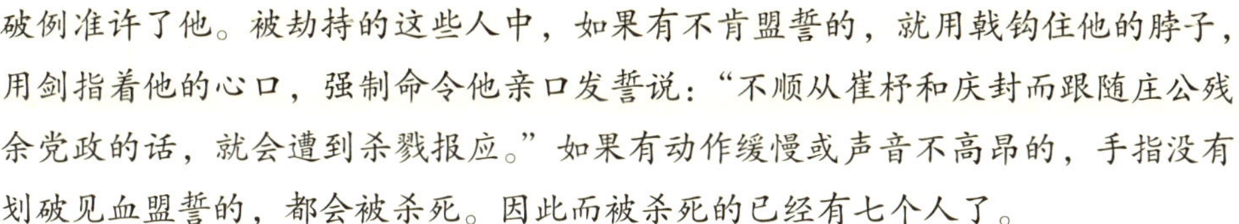
破例准许了他。被劫持的这些人中，如果有不肯盟誓的，就用戟钩住他的脖子，用剑指着他的心口，强制命令他亲口发誓说："不顺从崔杼和庆封而跟随庄公残余党政的话，就会遭到杀戮报应。"如果有动作缓慢或声音不高昂的，手指没有划破见血盟誓的，都会被杀死。因此而被杀死的已经有七个人了。

轮到晏子盟誓了，晏子捧起装满血的杯子，仰天长叹道："苍天啊！崔杼是没有道德仁义的人，弑杀他的国君，如今不跟随王室而顺从崔杼和庆封的人，会遭到杀戮报应。"说完这句话以后，晏子低头将杯中的血一饮而尽，崔杼对晏子说："如果你改变刚才说过的话，那么我将让你与我一起共享齐国；如果你还是执意不改变你说过的话，那么我就会把戟放在你的脖子上，剑也随后会指向你的心口，你就好好考虑考虑吧。"

【原文】

晏子曰："劫吾以刃，而失其志，非勇也；回吾以利，而倍其君，非义也。崔子！子独不为夫《诗》乎？《诗》云：'莫莫葛藟，施于条枚，恺恺君子，求福不回①。'今婴且可以回而求福乎？曲刃②钩之，直兵③推之，婴不革矣！"

崔杼将杀之，或曰："不可！子以子之君无道而杀之，今其臣有道之士也，又从而杀之，不可以为教矣。"崔子遂舍之。

晏子曰："若大夫为大不仁，而为小仁，焉有中乎④？"趋出，授绥而乘，其仆将驰，晏子抚其手曰："徐之⑤，疾不必生，徐不必死，鹿生于野，命悬于厨，婴命有系矣。"按之成节而后去。《诗》云："彼已⑥之子，舍命不渝。"晏子之谓也。

【注释】

①葛：一种蔓生植物。藟（lěi）：一种像葛一样的的蔓生植物。恺恺（kǎi）：和蔼平易。形容品德高尚。回：奸回，邪僻。

②曲刃：这里指戟。

③直兵：这里指剑。

④焉有中乎：哪里还谈得上正直？中：正直。

⑤徐之：让车慢慢地行进。

⑥彼已：亦作"彼其"。《礼记·表记》引作"彼记"。这里为"那个"之意。

【译文】

晏子说："你们用刀剑挟持我，而迫使我丧失意志，你们这么做并不是勇武；你们用利益来诱惑我，而让我背离我的君王，这也是没有道义的行为。崔杼！难道你从来都没有看过那部《诗经》吗？《诗经》中说过：‘茂密粗壮的葛藤，缠绕在树干和枝条之上。和乐平易而高尚的君子，祈福有道，从不用邪僻的手段。’而今我怎么可能用邪僻的方法为自己祈福呢？即使你现在用戟钩断我的脖子，用剑刺穿我的心脏，我也不会改口的！”

崔杼十分生气，想要杀掉晏子，有人对崔杼说：“不可以！您是因为您的先君荒淫无道才杀了他的，如今他的大臣晏子可是有道义的人啊，而你却要接着杀死他，这么做了以后就无法教诲百姓了。”于是，崔杼只好放弃了杀掉晏子的想法。

晏子说：“如果大夫做大事不讲求仁德道义，而做小事能够仁德道义，哪里还谈得上正直？”于是晏子快步走出太庙，拉住车杆的绳子坐上了车，他的仆人想要驱车飞驰赶紧离开，晏子轻轻地碰了一下他的手说：“让车慢慢地向前行进，车跑得快不一定就能活，走得慢不一定就会死，鹿生长在森林山野之中，但它的命运却悬系在厨师的手里，现在，我的命运也有悬系的地方了。”晏子就这样让车有节奏地缓慢前行，直到彻底离开这里。《诗经》中说：“那个人啊，就算舍弃生命也不会改变初衷的。”这里说的就是晏子啊。

晏子再治阿而见信景公任以国政第四

【原文】

景公使晏子为东阿宰①，三年而毁闻于国。景公不说，召而免之。晏子谢曰：“婴知婴之过矣，请复治阿三年，而誉必闻于国。”

景公不忍，复使治阿，三年而誉闻于国。景公说，召而赏之。辞而不受。景公问其故，对曰：“昔者婴之治阿也，筑蹊径，急门闾之政，而淫民②恶之；举俭力孝弟，罚偷窳③，而惰民恶之；决狱不避，贵强恶之；左右所求，法则予，非法则否，而左右恶之；事贵人体不过礼，而贵人恶之。是以三邪④毁乎外，二谗⑤毁于内，三年而毁闻乎君也。今臣谨更之，不筑蹊径，而缓门闾之政⑥，而淫民说；不举俭力孝弟，不罚偷窳，而惰民说；决狱阿贵强，而贵强说；左右所求言诺，而左右说；事贵人体过礼，而贵人说。是以三邪誉乎外，二谗誉乎内，三年而誉闻于君也。昔者婴之以以当诛者宜赏，今所以当赏者宜诛，是故不敢受。”

景公知晏子贤，乃任以国政，三年而齐大兴。

【注释】

①东阿：齐国的一个城镇。宰：这里指古代官吏的通称。

②淫民：邪恶、奸邪的人。

③窳（yǔ）：粗劣；懒惰。

④三邪：指刁恶、偷盗、懒惰的三种人。

⑤二谗：两种善于谗言陷害他人的人。

⑥门闾之政：指修建里巷大门，防止贼寇。闾：里巷之门。

【译文】

景公任命晏子任东阿城邑宰一职，三年后诋毁晏子的言论传遍全国。景公听到这些传闻后，很不高兴，于是便将晏子召回，免去他的官职。晏子躬身向景公谢罪，并说：“我知道我错在哪儿了，请求主公您让我重新治理东阿，三年之后，赞美我的言论必将传遍全国。”

其实，景公也不忍心罢免晏子的官职，于是又遣使晏子重回东阿，三年后，赞美晏子的言论果然享誉全国。景公当然非常高兴，马上召见晏子并且奖赏了他。晏子推辞而不愿接受奖赏。景公认真地问晏子是怎么做到的，晏子答道：“三年前我治理东阿时，修筑屏障把小路封住，加紧对东阿门闾的管理，所以那些奸邪的人就会憎恨我；我提倡节俭，让他们孝敬尊长，兄弟之间和睦相处，处罚粗劣和懒惰的人，所以那些游手好闲的人就会憎恨我；之前我断案时一视同仁而不避讳权贵，所以那些贵族和豪强之人就会恨我；身边的人有求于我，符合法律的我会同意他们的请求，不符合法律的我就拒绝他们，所以身边违犯法规的人都厌恶我；侍奉显贵之人按照礼节而无过分超越礼仪规范之举，所以那些显贵的人便记恨我。就这样，那些有邪行、偷盗、懒惰的这三种人在外诽谤我，两种谗佞之人在内毁谤我，所以，三年中毁谤之言就全部传到君王耳中。如今我谨慎地更改了治理的方法，不堵塞小路，放宽对门闾的管理，那些有邪行的人便高兴了；不再提倡节俭，孝敬尊长、兄弟之间和睦相处，不惩罚苟且懈怠之人，游手好闲的人便高兴了；判决狱讼偏袒权贵豪强，权贵豪强便高兴了；身边的人有求于我，我就会全部应允，身边的人便高兴了；侍奉显贵之人超越了礼仪所规定的范围，显贵之人便高兴了。所以这三种邪僻之人在外称誉我，两种谗佞之人在内称誉我，三年中称誉之声很快就传到国君的耳中。三年前我做的那些让我受到惩罚的事恰恰是应该受到奖赏的，而今天我做的这些让我受到奖赏的恰恰是应该受到惩罚的，所以，主公您今天给我的赏赐我不敢接受。”

景公因此而知道了晏子的贤明，于是将治理国家政事的重任交给晏子，仅用了三年，齐国就变得兴盛繁荣了。

景公恶故人晏子退国乱复召晏子第五

【原文】

景公与晏子立于曲潢①之上，晏子称曰：“衣莫若新，人莫若故。”公曰：“衣之新也，信善矣，人之故，相知情。”晏子归，负载使人辞于公曰：“婴故老耄②无能也，请毋服壮者之事。”

公自治国，身弱于高、国③，百姓大乱。公恐，复召晏子。诸侯忌其威，而高、国服其政，田畴垦辟，蚕桑豢④牧之处不足，丝蚕于燕，牧马于鲁，共贡入朝。

墨子闻之曰：“晏子知道，景公知穷矣。”

【注释】

①潢（huáng）：积水池。

②老耄（mào）：年老。耄：七十岁为耄。

③高、国：齐国的两大家族，即高氏和国氏。

④豢（huàn）：以谷类饲养的家畜，如猪、狗，以区别于吃草的牛、羊。

【译文】

景公和晏子站在曲池上方的堤坝上，晏子说道：“衣服不如新的好，人不如旧的好。”景公说：“衣服是新的好，我也相信新的好啊，人不如旧的好，是因为互相了解各自的情形了。”晏子回到家后，将家中的行李装到车上，并派人向景公辞行，说：“我如今已经七十多岁了，而且衰老得没有能力了，请您不要再让我做青壮年人做的事了。”

于是景公开始自己治理国家，一段时间后，景公的势力明显比不过高氏和国氏，百姓也频频作乱。景公十分惶恐，于是又召回了晏子。晏子回来后，各个诸侯国像从前一样忌惮晏子的威名，而高氏和国氏信服晏子的政令，齐国的田园继续平稳地开垦，百姓快乐地种桑养蚕，放牧牛羊，城中蚕丝和牛羊的数量一路增长，使齐国放牧的地方严重不足。于是晏子在燕国养蚕抽丝，在鲁国牧养牲畜，燕国和鲁国一起向齐国进贡答谢。

墨子听到这些事情以后，说："晏子才是懂得如何治理国家的人，景公也终于知道了自己所缺乏的能力。"

齐饥晏子因路寝之役以振民第六

【原文】

景公之时饥，晏子请为民发粟①，公不许，当为路寝之台。晏子令吏重其赁②，远其兆，徐其日，而不趋③。

三年台成而民振④，故上说乎游，民足乎食。君子曰："政则晏子欲发粟与民而已，若使不可得，则依物而偶⑤于政。"

【注释】

①发粟：发放粮食赈济百姓。

②重其赁：提高修建高台劳役的报酬。

③趋：古通"促"，催促。

④民振：使百姓得到赈济。

⑤偶：迎合，投合，适应。

【译文】

景公时，齐国发生了严重的饥荒，晏子请求景公为百姓发放粮食，景公不同意，认为应当继续由晏子为景公修建路寝台，于是晏子命令官吏提高修建路寝台劳役们每天的报酬，增加运输距离，缓慢而延迟修筑工期，而不催促他们急于修成。

三年后，路寝台建成，

而百姓也都得到了救济，所以当时景公在路寝台上玩得很高兴，百姓也都衣食无忧。君子们都说："政策的实质就是晏子想发给百姓粮食而结束百姓的饥饿，而一旦不能实现，晏子就借助了外物的变化规律来实施自己的政治主张。"

景公欲堕东门之堤晏子谓不可变古第七

【原文】

景公登东门防①，民单②服然后上，公曰："此大伤牛马蹄矣，夫何不下六尺哉？"

晏子对曰："昔者吾先君桓公，明君也，而管仲贤相也。夫以贤相佐明君，而东门防全也。古者不为，殆③有为也。蚤岁溜水至④，入广门，即下六尺耳，乡⑤者防下六尺，则无齐矣。夫古之重变古常，此之谓也。"

【注释】

①防：这里指堤防，即挡水的堤坝。

②单：古通"惮"，忌惮、敬畏之意。

③殆：表推测，大概、几乎的意思。

④蚤（zǎo）岁溜水至：蚤：通"早"，早些年。溜：这里指临淄的水患，淄水从南向东流，齐国的东面由于地势低，所以经常有水患。

⑤乡（xiàng）：通"向"。原先、从前、以前之意。

【译文】

景公登上东城门的堤坝，民众都是很敬畏的样子，顺服地倾斜身体而后才能登上堤坝，显得特别困难，景公说："这个堤坝太伤牛和马的蹄子了，那为什么不把堤坝降低六尺呢？"

晏子回答："当年我们的先君齐桓公，是英明的君王，而管仲也堪称是贤能的辅相。因为有了贤能的辅相辅佐英明的君王，所以城门外的堤坝才会全部修建得这么好，那时候修建堤坝不降低六尺，大概是另有原因的。早些年时，淄水经常猛涨，等到水流奔涌而来的时候，就会直接涌入广门，也就是主公您刚才所说的下降六尺的地方，那时候如果把堤坝降低六尺的话，恐怕没有我们齐国了。所以，古人不轻易改变固有常法，说的就是这个道理。"

景公怜饥者晏子称治国之本以长其意第八

【原文】

景公游于寿宫，睹长年负薪者①，而有饥色。公悲之，喟然叹曰："令吏养之！"

晏子曰："臣闻之，乐贤而哀不肖②，守国之本也。今君爱老，而恩无所不逮③，治国之本也。"

公笑，有喜色。晏子曰："圣王见贤以乐贤，见不肖以哀不肖，今请求老弱之不养④，鳏寡⑤之无室者，论而共秩⑥焉。"

公曰："诺。"于是老弱有养，鳏寡有室。

【注释】

①长（zhǎng）年：年纪大的老人。负薪：背柴，指从事樵采之事。

②不肖：本意指不贤明的人，这里指贫穷的人。

③逮：赶上、及、到之意。

④不养：没有给养、供给。

⑤鳏（guān）寡：泛指失去劳动力而又没有亲属供养的人。鳏：指丧妻的男子。寡：指丧夫的女子。

⑥共：通"供"，供给。秩：本意是官吏的俸禄，这里指供给老人和鳏寡之人的钱粮。

【译文】

齐景公到寿宫游玩，路上看见背着薪柴的老年人在路上艰难地行走，而且面有饥色。景公很怜悯他，悲伤地叹了一口气，说："命令当地官吏供养他吧！"

晏子对景公说："微臣听说，君王喜爱贤明的人而又能怜悯贫穷之人，这才是守住国家的根本啊。如今主公您爱戴老人，而施予民众的恩泽没有不能到达的地方，这便是治理国家的根本啊。"

景公听完晏子的话，露出喜悦的笑容。晏子又说："圣贤的君王见到贤明的人就会喜欢所有贤明的人，见到贫穷的人就会悲悯所有贫穷的人。今天我请求您对那些年老体弱而没有人奉养的老人，还有丧夫丧妻没有劳动能力而又没有房屋居住的人，根据实际情况供给他们一些钱粮。”

景公说：“好。”于是，齐国没有亲人奉养的老人变得有人奉养，没有劳动力而又没有亲属供养的孤寡之人也都有了可以栖身的家室。

景公探雀鷇鷇弱反之晏子称长幼以贺第九

【原文】

景公探雀鷇①，鷇弱，反之。晏子闻之，不待时而入见景公。公汗出惕然②，晏子曰：“君何为者也？”

公曰：“吾探雀鷇，鷇弱，故反之。”

晏子逡巡③北面再拜而贺曰：“吾君有圣王之道矣！”

公曰：“寡人探雀鷇，鷇弱，故反之，其当圣人之道者何也？”

晏子对曰：“君探雀鷇，鷇弱，反之，是长幼也。吾君仁爱，曾禽兽之加焉，而况于人乎！此圣王之道也。”

【注释】

①雀鷇（kòu）：需要母雀哺食的幼雀。

②惕（dàng）然：这里用为警惕、戒惧之意。

③逡（qūn）巡：因为有所顾虑而徘徊不前或退却的样子。

【译文】

景公去鸟巢探取等待哺食的幼雀，取出来之后，发现幼雀太弱小了，又将幼雀放了回去。晏子听说了这件事后，不等到上朝期间就入宫拜见景公。到了宫中后，晏子看见景公满头大汗，而且看上去很戒惧的样子。

晏子问景公：“主公您是做了什么触动心怀的事吗？”

景公说：“我去鸟巢探取等待哺食的幼雀，发现幼雀太弱小了，所以我就将幼雀放了回去。”

晏子恭敬向前又向后退了几步，然后向着北面拜了两拜而祝贺说：“我家主公真是具有圣贤之王的德行啊！”

景公说：“我去鸟巢探取等待哺食的幼雀，发现幼雀太弱小了，所以我就将幼雀放了回去，这怎么能算作具有圣贤之王的德行呢？”

晏子答道：“主公您去鸟巢探取等待哺食的幼雀，发现幼雀太弱小了，所以就将幼雀放了回去，您这是懂得长幼的表现啊。我家主公的仁爱之心，都能如此施加于飞禽走兽，何况是对待人民呢！这就是圣明的君王所具有的德行啊。”

景公睹乞儿于途晏子讽公使养第十

【原文】

景公睹婴儿有乞于涂[①]者，公曰：“是无归矣[②]！”

晏子对曰：“君存，何为无归？使[③]吏养之，可立而以闻。”

【注释】

①涂：同“途”，道路之意。

②是：代词，这里代指沿途乞讨的小孩。无归：无家可归。

③使：命令，遣使。

【译文】

景公目睹了有在道路上乞讨的小孩子，景公说：“这一定是无家可归的孤儿了！”

晏子答道：“有君王您在，而且加以关心过问，他们怎么会成为无家可归的人呢？主公您命令官吏抚养他，到他能自立时，让官吏通知您。”

景公惭刖跪之辱不朝晏子称直请赏之第十一

【原文】

景公正昼，被发[①]，乘六马[②]，御妇人以出正闺[③]，刖跪[④]击其马而反之，曰：“尔非吾君也。”公惭而不朝。晏子睹裔款[⑤]而问曰：“君何故不朝？”对曰：“昔者君正昼，被发，乘六马，御妇人以出正闺，刖跪击其马而反之，曰：‘尔非吾君也。’公惭而出反，不果出，是以不朝。”

晏子入见。景公曰：“昔者寡人有罪，被发，乘六马，以出正闺，刖跪击马而反之，曰：‘尔非吾君也。’寡人以天子大夫之赐，得百姓以守宗庙[⑥]，今见戮[⑦]于刖跪，以辱社稷，吾犹可以齐于诸侯乎？”

晏子对曰："君勿恶焉[8]。臣闻下无直辞[9]，上有隐君，民多讳言，君有骄行。古者，明君在上，下多直辞；君上好善，民无讳言。今君有失行，刖跪直辞禁之，是君之福也，故臣来庆。请赏之，以明君之好善；礼之，以明君之受谏。"

公笑曰："可乎？"晏子曰："可。"于是令刖跪倍资无征，时朝无事也。

【注释】

①昼：白天。被发：披散着头发。被：古通"披"，披着。

②乘六马：坐着用六匹马拉的车，古代帝王驾车都是用六匹马来拉。

③御妇人：这里指景公的妃子们。正闺：宫中的小门。

④刖（yuè）跪：受过刖刑而断足的人。刖刑，又称剕刑，中国古代一种酷刑，指砍去受罚者左脚、右脚或双脚。

⑤裔（yì）款：齐国的大夫，生平不详。

⑥宗庙：本意是王室的祖庙，这里代指国家基业。

⑦戮（lù）：此处用作羞辱、侮辱。

⑧君勿恶焉：君王不要怨恨他们。

⑨直辞：耿直的谏辞。

【译文】

景公大白天披散着头发，坐着用六匹马拉的车，带领着后宫的嫔妃们从宫中的小门欢笑着出去，到了宫门口，一个受过刖刑的守门人用手拍打着景公的马而让他们返回，高声说："你这样不像是我们的国君，我不能放你过去。"景公听了顿时感到很惭愧，回去之后一直不去上朝理政。晏子看见裔款后便问他："我们的主公是什么缘故不上朝理政呢？"裔款回答："几天前，我们的主公大白天披散着头发，坐着用六匹马拉的车，带领着后宫的嫔妃们从宫中的小门出去玩，途中，一个受过刖刑的守门人用手拍打着景公的马而让他们返回，高声说：'你这样不像是我们的国君，我不能放你过去。'主公听完后觉得很惭愧，就回来了，自从回来到现在一直不出门，也不上朝理政了。"

晏子因此入宫求见景公，景公说："前些日子我做错了一件事，大白天披着头发，坐着用六匹马拉的车从宫中的小门出去，一个受过刖刑的守门人用手拍打着我的马让我们返回，并对我说：'你这样不像是我们的国君，我不能放你过去。'我以周天子为效法，又因受到先生您和诸位卿大夫的教诲，才得以率领百姓而守住基业宗庙，如今我却被一个受过刖刑的守门人羞辱，让江山社稷蒙羞，

以后我还怎么和那些诸侯们平起平坐呢？”

晏子说：“请主公不要怨恨他。我听说，如果下面的人不能直言谏辞，那么高居在上的君主就会昏庸；百姓如果多有忌讳而不能直言劝谏，那么君王的行为就会骄纵横行。古代的时候，如果是明君在上，那么他的臣下大多都会直言谏辞；君王喜好善言，那么民众就没有所忌讳的言行。如今主公您有失于合宜的行为，一个受过刖刑的守门人能够直言劝谏而禁止你们通行，这是君王您的福气啊，所以我是来向您庆贺的。请您赏赐那个受过刖刑的守门人，以此来彰显主公您圣明君王的善行；您要对他以礼相待，以表示主公您能接受直言劝谏。”

景公笑着说：“这么做可以吗？”晏子答道：“当然可以。”于是景公下令赐予那个受过刖刑的守门人双倍的俸禄而不用缴纳赋税，那一段时期朝中也很太平，没有发生事端。

景公夜从晏子饮晏子称不敢与第十二

【原文】

景公饮酒，夜移于晏子，前驱款[①]门曰：“君至！”晏子被玄端，立于门曰：“诸侯得微有故乎？国家得微有事乎？君何为非时而夜辱？”公曰：“酒醴[②]之味，金石之声[③]，愿与夫子乐之。”晏子对曰：“夫布荐席[④]，陈簠簋[⑤]者，有人，臣不敢与焉。”

公曰：“移于司马穰苴[⑥]之家。”前驱款门，曰：“君至。”穰苴介胄操戟立于门曰：“诸侯得微有兵乎？大臣得微有叛者乎？君何为非时而夜辱？”公曰：“酒醴之味，金石之声，愿与将军乐之。”穰苴对曰：“夫布荐席，陈簠簋者，有人[⑦]，臣不敢与焉。”

公曰：“移于梁丘据之家。”前驱款门，曰：“君至！”梁丘据左操瑟[⑧]，右挈竽[⑨]，行歌而去。公曰：“乐哉！今夕吾饮也。微此二子[⑩]者，何以治吾国；微此一臣[⑪]者，何以乐吾身。”

君子曰：“圣贤之君，皆有益友，无偷乐之臣，景公弗能及，故两用之，仅得不亡。”

【注释】

①款：敲，叩之意。

②酒醴（lǐ）：泛指各种酒。

③金石之声：这里指各种乐器演奏的乐曲。

④席：座席。

⑤簠簋（fǔ guǐ）：古代两种宴饮专用的器皿。簠：方形的器皿。簋：外圆内方的器皿。

⑥司马穰苴：司马：官名。穰苴：这里指田穰苴（生卒年不详），春秋末期齐国人，田完（陈完）的后代。曾率齐军击退晋、燕入侵之军，因功被封为大司马，后因齐景公听信谗言，田穰苴被罢黜，抑郁发病而死。

⑦有人：谓有杰出的人物。

⑧瑟：中国传统拨弦乐器。形状似琴，有二十五根弦，弦的粗细不同。每弦瑟有一柱。按五声音阶定弦。

⑨竽：古簧管乐器，形似笙而较大，管数亦较多。战国至汉代曾广泛流传。原三十六管，后减至二十三管。

⑩二子：这里指晏子和穰苴。

⑪一臣：这里指梁丘据。

【译文】

景公在宫中饮酒，喝到夜深人静之时依然兴致不减，于是景公乘兴移驾到晏子家中，到了晏子家门前，先行的侍卫敲门说："君王驾到！"晏子听到后连忙披上了套头的黑色礼服，站在门前说："莫不是哪个诸侯国有什么变故了吗？莫不是我们国家发生什么紧急的事了吗？主公为什么不是白天却在大半夜屈尊到臣下家中来呢？"景公说："宫中有各种香醇的美酒，多种乐器演奏的美妙乐曲，我愿与先生一同享受这些。"晏子回答："那酒筵所铺设的都是诸侯国进献的华丽座席，陈列在桌上宴饮专用的贵重器皿，这些只有功业杰出的人物才能享用，微臣我不敢与君王共同享用。"

景公说："那就移驾到司马穰苴的家中去。"到了司马穰苴家门前，先行的侍卫敲门说："君王驾到！"司马穰苴听到后，迅速披上铠甲，戴上头盔，手里拿着兵器站在门前，说："是不是哪个诸侯国对我们发动兵马征伐了呢？莫不是朝中的大臣有哪个叛变了吗？主公为什么不是白天却在大半夜屈尊到臣下家中来呢？"景公说："宫中有各种香醇的美酒，多种乐器演奏的美妙乐曲，我愿与先生一同享受这些。"司马穰苴回答道："那酒筵上所铺设的诸侯国进献的华丽

座席，陈列在桌上宴饮专用的贵重器皿，这些只有功业杰出的人物才能享用，微臣我不敢与君王共同享用。”

景公说：“那就移驾到梁丘据的家中去。”到了梁丘据家门前，先行的侍卫敲门说：“君王驾到！”梁丘据听到后，左手拿着瑟，右手拿着竽，一边唱着歌一边走出来迎接景公。景公笑着说：“真是快乐啊！”如果没有晏子和司马穰苴这两个人的辅佐，我凭借什么能治理好我的国家；今天晚上我饮酒娱乐没有梁丘据这个臣子的陪伴，怎么能使我的身心得到快乐啊。”

君子说：“圣贤的君王，都有增益于自己的好友，没有只顾自己偷偷享乐的臣子，景公做不到这些，所以他两种臣子都任用，只落得能保全自己的国家不灭亡。”

景公使进食与裘晏子对以社稷臣第十三

【原文】

晏子侍于景公，朝寒，公曰：“请进暖食。”

晏子对曰：“婴非君奉馈之臣①也，敢辞。”

公曰：“请进服裘②。”

对曰：“婴非君茵席之臣③也，敢辞。”

公曰：“然夫子之于寡人何为者也？”

对曰：“婴，社稷之臣也。”

公曰：“何谓社稷之臣？”

对曰：“夫社稷之臣，能立社稷，别上下之义，使当其理；制百官之序，使得其宜；作为辞令，可分布于四方。”自是之后，君不以礼，不见晏子。

【注释】

①奉馈之臣：侍奉君王饮食的臣子。馈：饮食。

②裘：指皮衣。

③茵席之臣：指侍奉于皇帝左右负责起居的近臣。茵席：指褥垫，草席。

【译文】

晏子陪侍在景公身边，因为早上天气有些凉，景公对晏子说："请先生给我送一些暖热的食物来。"

晏子回答："我不是负责侍奉君王饮食的臣子啊，所以恕我斗胆推辞而不能从命。"

景公对晏子说："那么请先生给我拿一件御寒的裘皮衣来。"

晏子回答："我不是侍奉于皇帝左右负责起居的近臣，所以恕我斗胆推辞而不能从命。"

景公对晏子说："那么先生您对我来说是做什么的呢？"

晏子回答："我是治理国家的社稷之臣。"

景公对晏子说："什么是治理国家的社稷之臣？"

晏子回答："所谓社稷之臣，就是主管国家社稷的大臣，能够建立国家政事，区别上下尊卑的礼仪，使这些礼仪恰当合理；能够制定朝中百官的次序，使他们遵照次序而各得其所；能够独立拟定公文法令，使这些公文法令能够得到推广而分布四方。"自从这件事之后，景公认为自己不符合礼仪规范之时，都不会见晏子。

晏子饮景公止家老敛欲与民共乐第十四

【原文】

晏子饮景公酒，令器必新，家老①曰："财不足，请敛于氓②。"

晏子曰："止！夫乐者，上下同之。故天子与天下，诸侯与境内，大夫以下各与其僚③，无有独乐。今上乐其乐，下伤其费，是独乐者也，不可！"

【注释】

①家老：这里指晏子家中的仆从。

②敛：收敛，征集。氓（méng）：古代称民（特指外来的），指平民百姓。

③僚：僚属，指贵族或大官的随员或职员。

【译文】

晏子准备请景公到家里饮酒，吩咐仆从所用酒具一定要新的，晏子家中的老仆说："家中的钱财不足以买新酒具，请您向百姓征集一些吧。"

晏子说："不可以！所谓的快乐，应该是上下共同享受它，所以天子应当与天下的百姓一同享乐，各个诸侯应当与境内的人一同享乐，卿大夫应当与他们的僚属一同享乐，没有独自享乐的人。如今身居高位的人只知道享受自己的快乐，而下面的百姓却要为他们劳心费力，损耗钱财，这是独自享乐的行为啊，万万不可以这样做！"

晏子饮景公酒公呼具火晏子称诗以辞第十五

【原文】

晏子饮景公酒，日暮，公呼具火①，晏子辞曰："《诗》云：'侧弁之俄②'，言失德也。'屡舞傞傞'③，言失容也。'既醉而出，并受其福'，宾主之礼也。'醉而不出，是谓伐德'，宾之罪也。婴已卜④其日，未卜其夜。"

公曰："善。"举酒祭之，再拜而出。曰："岂过我哉，吾托国于晏子也。以其家贫善寡人，不欲其淫侈⑤也，而况与寡人谋国⑥乎！"

【注释】

①具火：准备点燃灯火。具：准备、备办之意。

②侧弁（biàn）之俄：帽子歪着戴，酒杯倾斜着。这里形容醉汉。弁：古代贵族的一种尊贵的帽子。俄：倾斜。

③傞（suō）傞：醉酒的形态。

④卜：选择。

⑤不欲其淫侈：不想酒宴过于奢侈。淫：过度。

⑥谋国：谋划治国策略。

【译文】

晏子请景公喝酒，天黑了，景公呼唤下人去点燃灯火，晏子推托说："《诗经》中说：'帽子歪着戴，手里的酒杯斜着拿'，说的是酒后失去了饮酒的德行。'酒喝多了就屡次歪歪斜斜地跳舞'，说的是酒后失去正常仪态了。'既喝醉了就告辞离去，双方都受福'，说的是宾主之间的礼节。'喝醉酒了还不离开，可以称作损伤德行'，这就是客人的过失了。所以我之前选择在白天请您喝酒，而没有选择在晚上请您喝酒。"

景公说："好。"景公举起了酒杯表示敬意，称赞晏子准备的酒食很美味，然

后再次拜谢晏子转身出门离去。说："我怎么能过分而不守规律呢？我把治理国家的重任都托付给晏子了。虽然他的家里不富裕，却能很好地以他家中的财货款待我，不想让酒宴太过于奢侈，这种情形才是真正与我谋划如何治国的人啊。"

晋欲攻齐使人往观晏子以礼侍而折其谋第十六

【原文】

晋平公欲伐齐，使范昭[①]往观焉。景公觞[②]之，饮酒酣，范昭起曰："请君之弃樽。"公曰："酌寡人之樽，进之于客。"范昭已饮，晏子曰："撤樽，更之。"樽觯[③]具矣，范昭佯醉，不说而起舞，谓太师[④]曰："能为我调成周之乐[⑤]乎？吾为子舞之。"太师曰："冥臣[⑥]不习。"范昭趋而出。

景公谓晏子曰："晋，大国也，使人来将观吾政，今子怒大国之使者，将奈何？"晏子曰："夫范昭之为人也，非陋而不知礼[⑦]也，且欲试吾君臣，故绝之[⑧]也。"景公为太师曰："子何以不为客调成周之乐乎？"太师对曰："夫成周之乐，天子之乐也，调之，必人主舞之。今范昭人臣，欲舞天子之乐，臣故不为也。"

范昭归以报平公曰："齐未可伐也。臣欲试其君，而晏子识之；臣欲犯其礼，而太师知之。"于是辍伐齐谋。

仲尼闻之曰："善哉！不出尊俎[⑨]之间，而折冲于千里之外，其晏子之谓也。而太师其与焉。"

【注释】

①范昭：晋国的大臣，生平不详。

②觞：古代的一种酒器，这里指向人敬酒。

③樽：古代盛酒器具。觯（zhì）：古代传统礼器中的一种，做盛酒用。流行于商朝晚期和西周早期。

④太师：官名。辅助和教育君王的官员，这里指演奏乐曲的人。

⑤成周之乐：为周天子演奏的乐曲。

⑥冥臣：愚昧的大臣。

⑦陋而不知礼：见识浅陋而不知礼法。

⑧绝之：回绝。

⑨尊俎（zǔ）：古代盛酒肉的器皿。这里代指宴席。尊：古同"樽"，酒器。

【译文】

晋平公想攻打齐国，于是派范昭前往齐国打探虚实。景公设宴请范昭饮酒，酒兴正浓的时候，范昭说："请君王允许我使用您用过的酒器饮酒。"景公说："把我的酒器斟满酒，进献给客人。"范昭举杯一饮而尽后，晏子说："把桌子上的酒器撤了，全部换成新的酒器。"新的酒器换完之后，范昭假装喝醉酒，不高兴地拂袖而跳起舞来，并对奏乐的太师说："能不能为我演奏成周时期的乐曲？我要给你们跳一支舞。"太师说："恕我愚昧，我不会演奏这种曲子。"范昭很不高兴地转身快步走了出去。

景公见状对晏子说："晋国，是各诸侯国中势力比较强大的国家，如今他们派人来探察我们的政事，先生您却惹怒了大国的使者，我们接下来将要怎么办呢？"晏子说："那范昭的为人十分谨慎，并不是见识浅陋而不知礼法的人，他出使我国是想试探我们君臣的，所以我回绝了他。"景公又对奏乐的太师说："你为什么不为范昭演奏成周的乐曲呢？"太师回答："那成周的乐曲，是周天子专用的乐曲，演奏这种乐曲，只有贵为天子之身才能舞蹈。今天那范昭只不过是一个臣子，却还想舞蹈天子专享的乐曲，所以我不能为他演奏。"

范昭回到晋国后，向晋平公禀告说："齐国尚且还不可以攻伐。我想试探他们的国君，但是被晏子识破了我的意图；我想触犯他们的礼乐，而那太师也知道了我的企图。"于是中止了伐齐的计划。

孔子听说了这件事以后，说："好啊！无须离开酒器与肉食器皿之间，就能影响千里之外的事，这句话说的就是晏子啊。太师也在这件事上协助了他。"

景公问东门无泽年穀而对以冰晏子请罢伐鲁第十七

【原文】

景公伐鲁，傅许，得东门无泽①，公问焉："鲁之年穀②何如？"对曰："阴冰凝，阳冰厚五寸。"不知，以告晏子。

晏子对曰："君子也。问年谷而对以冰，礼也。阴③冰凝，阳冰厚五寸者，寒温节④，节则刑政平，平则上下和，和则年谷熟。年充众和而伐之，臣恐罢民弊兵，不成君之意。请礼鲁以息吾怨⑤，遣⑥其执以明吾德。"公曰："善。"乃不伐鲁。

【注释】

①傅：《小尔雅》"傅，近也。"这里用为靠近、迫近之意。东门无泽：鲁国的大臣，姓东门，生平不详。

②穀（gǔ）：本意是一种乔木，这里指粮食的收成。

③阴：泛指北面。

④寒温节：寒暑变化有规律。

⑤息吾怨：消除对我们的怨恨。

⑥遣：释放，遣送。

【译文】

景公攻伐鲁国，逼近许国的时候，齐国俘获了鲁国的大臣东门无泽，景公问东门无泽："你们鲁国每年粮食的收成怎么样啊？"东门无泽答道："北面的背阴之地，结成坚冰，阳光充足的南面，冰雪有五寸厚。"景公没听懂这句话的意思，将这句话说给晏子听。

晏子听后，对景公说："东门无泽真是一个君子。主公您问他鲁国粮食的年收成情况而他以冰冻情况来回答您，这是知礼。北面的背阴之地，水源短缺，阳光充足的南面，冰雪有五寸厚，他这句话指的是鲁国寒暑变化有规律，有规律就意味着刑罚政治比较平稳，刑罚政治比较平稳也就意味着鲁国君民和谐，上下一心，君民和谐就意味着每年的谷物丰产。如今鲁国谷物充足，君民和谐，

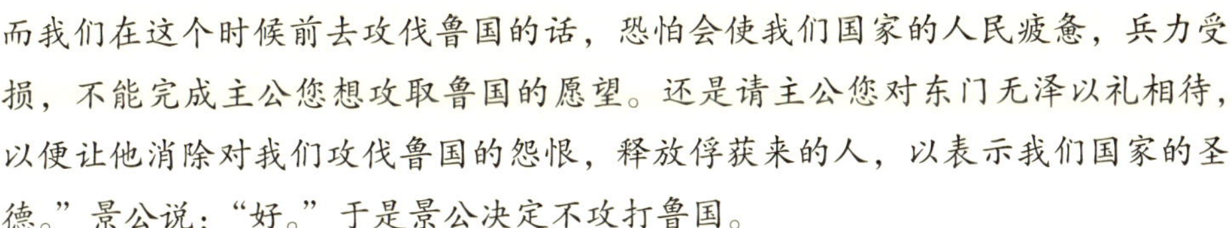
而我们在这个时候前去攻伐鲁国的话，恐怕会使我们国家的人民疲惫，兵力受损，不能完成主公您想攻取鲁国的愿望。还是请主公您对东门无泽以礼相待，以便让他消除对我们攻伐鲁国的怨恨，释放俘获来的人，以表示我们国家的圣德。”景公说：“好。”于是景公决定不攻打鲁国。

景公使晏子予鲁地而鲁使不尽受第十八

【原文】

景公予鲁君地，山阴数百社①，使晏子致之，鲁使子叔昭伯②受地，不尽受也。晏子曰：“寡君献地，忠廉也，曷为不尽受？”子叔昭伯曰：“臣受命于君曰：‘诸侯相见，交让，争处其卑，礼之文也；交委③，多争受少，行之实也。礼成文于前，行成章④于后，交之所以长久也。’且吾闻君子不尽人之欢，不竭人之忠，吾是以不尽受也。”

晏子归报公，公喜笑曰：“鲁君犹若是乎。”晏子曰：“臣闻大国贪于名，小国贪于实，此诸侯之通患⑤也。今鲁处卑而不贪乎尊，辞实而不贪乎多，行廉不为苟得，道义不为苟合，不尽人之欢，不竭人之忠，以全其交⑥，君之道义，殊于世俗，国免于公患。”

公曰：“寡人说鲁君，故予之地，今行果若此，吾将使人贺之。”晏子曰：“不！君以欢予之地，而贺其辞，则交不亲，而地不为德矣。”

公曰：“善。”于是重鲁之币毋比诸侯，厚其礼毋比宾客。君子于鲁，而后明行廉辞地之可为重名也。

【注释】

①山阴数百社：这里指泰山。山阴：山的北面。山北为阴，山南为阳。社：古时二十五家为一社。

②子叔昭伯：鲁国的大臣，生平不详。

③委：赠送。

④章：古同“彰”，彰明，显著。

⑤通患：通病。

⑥以全其交：保全两国的正常交往。

【译文】

景公准备把泰山北面几百社的土地赠还给鲁国的国君，于是派遣晏子前去做这件事，鲁国的使者子叔昭伯奉命前来接受景公赠与的土地，但是没有全部接受。晏子很奇怪地问道："我家主公献出土地赠与你们，这是真诚而无私的，你为什么不全部接受呢？"子叔昭伯说："我领受我家主公的命令时，他说：'诸侯国相会见时，应该互相礼让，争相处在其间的卑微之位，这是礼仪的文明规范；交往时多赠与对方东西，少接受对方赠与的东西，这是真诚的行为。礼仪的文明规范形成在前，真诚的行为彰明在后，这样的交往才能保持长久。'况且，我听说君子不能全部拿走别人喜欢的东西，也不能竭尽别人给予的真诚，这就是我之所以没有全部接受景公所赠与的土地的原因。"

晏子回到齐国后，将这件事禀告给了景公，景公笑着说："鲁国的国君还这样知礼数啊。"晏子回答："我听说大国贪图名义，小国贪图实惠，这是各个诸侯国的通病。如今鲁国地位卑微却不贪恋尊贵，辞谢实惠而不贪婪多取，行为廉洁无私而不愿苟且去获得，遵守道德仁义而不苟且附合，不全部拿走别人喜欢的东西，也不竭尽别人给予的真诚，以这样的方式保全相互之间的交往关系，鲁国国君的道德仁义不同于世俗，这也许就是鲁国免于共有祸患的原因吧。"

景公说："我很喜欢鲁国的国君，所以才会赠与他土地，今天他的行为果然没辜负我对他的喜欢，我准备派人去祝贺他们。"晏子说："不能这样做，主公您因为喜欢鲁国国君才会赠与他土地，如今您要祝贺鲁国推辞您所赠与的土地，那么就会显得我们两国之间交往不亲密，也就显不出您赠送土地的德义所在了。"

景公说："好。"于是景公加重赏赐鲁国金币，远远超过了赠与其他诸侯的金币数量，对鲁国人都是厚礼相待，远远超过了对待其他国家的宾客。君子们通过鲁国这件事，才明白行为无私、真诚辞让赠地，原来可以使自己的国家地位变高、名望更重。

景公游纪得金壶中书晏子因以讽之第十九

【原文】

景公游于纪①，得金壶，乃发②视之，中有丹书③，曰："无食反鱼，勿乘驽马④。"公曰："善哉！知若言⑤，食鱼无反，则恶其鳈⑥也；勿乘驽马，恶其取道不远也。”

晏子对曰：“不然。食鱼无反，毋尽民力乎！勿乘驽马，则无置不肖于侧乎！”

公曰：“纪有书，何以亡也？”

晏子对曰：“有以亡也。婴闻之，君子有道，悬之闾[7]，纪有此言，注之壶，不亡何待乎！”

【注释】

①纪：纪国，商朝东方的诸侯国，位于山东半岛中北部。

②发：打开。

③丹书：用红色的毛笔写的书。

④反：古通“翻”，覆之意。驽马：劣马。

⑤知若言：知道这言辞里所说的意思。

⑥鱢（sāo）：鱼腥味。

⑦闾：门。原指里巷的大门，后指人的聚居处。

【译文】

景公到纪国游览，得到了一个金壶，于是将金壶打开，发现金壶里有一个用红色字体书写的字笺，上面写着：“吃鱼时不要翻动它，不要骑劣马。”

景公说：“好啊！我知道这言辞里所说的意思，就是说吃鱼的时候不要翻动它，否则你会厌恶鱼腥味；不要骑劣马，是说你会厌恶它走不了遥远的路途。”

晏子答道：“不是这样的，吃鱼时不要翻动它，指的是不要过度耗费民力！不要骑劣马，就是说不要将卑劣之人安置在君王的身边！”

景公说：“既然纪国有这种醍醐灌顶的好书，为什么还会亡国了呢？”

晏子答道：“亡国也是有原因的啊。我听说，君子有遵循道法自然的规律，而且会把它悬挂在里巷的大门，而纪国有如此好书，却将它放在了金壶里，那么它不等待亡国还能等待什么呢！”

景公贤鲁昭公去国而自悔晏子谓无及已第二十

【原文】

鲁昭公①失国走齐，齐公问焉，曰："子之年甚少，奚道至于此②乎？"

昭公对曰："吾少之时，人多爱我者，吾体不能亲；人多谏我者，吾志不能用；好则内无拂而外无辅，辅拂无一人，谄谀我者甚众，譬之犹秋蓬③也，孤其根而美枝叶，秋风一至，根且拔矣。"

景公辩其言，以语晏子，曰："使是人反其国，岂不为古之贤君乎？"

晏子对曰："不然。夫愚者多悔，不肖者自贤，溺者不问队，迷者不问路。溺而后问队，迷而后问路，譬之犹临难而遽④铸兵，临噎⑤而遽掘井，虽速亦无及已。"

【注释】

①鲁昭公：鲁昭公（公元前560~公元前510），春秋时期鲁国第二十四位国君。公元前517年，鲁国因斗鸡而发生内乱，鲁昭公先后逃亡到齐国、晋国。公元前510年，鲁昭公在晋国去世，终年五十一岁。

②奚道至于此：什么原因沦落到这个地步？奚：文言疑问词，哪里，什么，为什么。

③秋蓬：秋天的飞蓬。飞蓬：一年生或多年生草本植物。

④遽（jù）：立刻，马上，仓促。

⑤噎：噎住。这里指食物堵住喉咙。

【译文】

鲁昭公因鲁国发生内乱而舍弃王位逃到了齐国，齐景公问鲁昭公，说："你现在还如此年少，是什么原因让你沦落到这种地步呢？"

鲁昭公答道："我年少之时，爱戴我的人众多，可我却没有亲近他们而以礼相待；那时候劝谏我的人很多，可我却没有采纳他们的意见而一意孤行；喜欢我的人渐渐远离，导致后来朝廷内没有帮助我的人，而朝廷外没有一个可以辅佐我的人，可以帮助辅佐我治理国家的人一个都没有，而对我阿谀奉承的人却有很多，就像秋天的飞蓬一样，虽然枝叶很美，根却很孤独，当秋风来到之时，它的根就会动摇甚至被连根拔起了。”

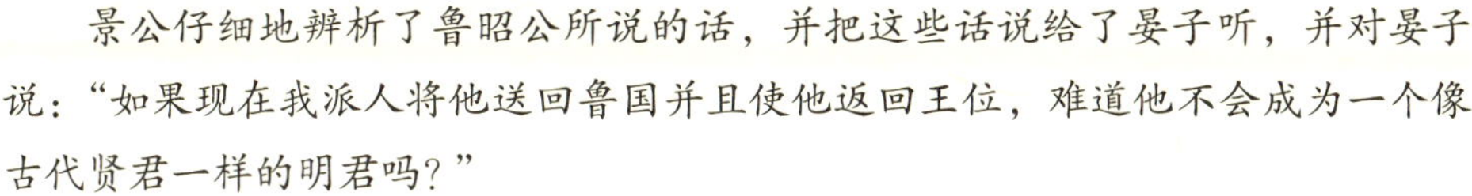

景公仔细地辨析了鲁昭公所说的话，并把这些话说给了晏子听，并对晏子说：“如果现在我派人将他送回鲁国并且使他返回王位，难道他不会成为一个像古代贤君一样的明君吗？”

晏子答道：“不会这样的，那些愚昧的人大多爱后悔，不贤明的人大多认为自己很贤明，溺水的人大多是不先去询问水的深浅，迷路的人大多是事先不问路的。等到溺水之后再问水的深浅，迷路了之后才想起去问路，这就像灾难来临了才知道立刻去铸造兵器，被食物噎住了喉咙才仓促地去挖井一样，即使行动再快，也已经来不及了。”

晏子使鲁有事已仲尼以为知礼第二十一

【原文】

晏子使鲁，仲尼命门弟子往观，子贡[①]反，报曰：“孰谓晏子习于礼乎？夫《礼》曰：‘登阶不历[②]，堂上不趋，授玉不跪。’今晏子皆反此，孰谓晏子习于礼者？”

晏子既已有事于鲁君，退见仲尼，仲尼曰：“夫礼，登阶不历，堂上不趋，授玉不跪。夫子反此，礼乎？”

晏子曰：“婴闻两楹[③]之间，君臣有位焉，君行其一，臣行其二，君之来速，是以登阶历堂上趋以及位也。君授玉卑，故跪以下之，且吾闻之，大者不逾闲[④]，小者出入可也。”晏子出，仲尼送之以宾客之礼。反，命门弟子曰：“不法之礼，维晏子为能行之。”

【注释】

①子贡：这里指端木赐（公元前520~公元前456），复姓端木，字子贡，春秋末年卫国（今河南鹤壁市浚县）人。孔子的得意门生，孔门十哲之一。

②历：超过。

③楹：门下的横木，亦称门坎，门限之意。

④逾：超越，胜过。闲：这里为规范、限制等意思。

【译文】

晏子出使鲁国，孔子得知消息后派遣弟子前去观看。子贡从宫中回来后，向孔子禀报说："是谁说晏子通晓礼仪呢？《礼记》中曾说过：'登台阶不能超过两级，在殿堂上不可以快步行走，交接玉器时不能下跪参拜。'今天晏子的行为全部与《礼记》中相反，是谁说晏子是通晓礼仪呢？"

晏子参见鲁国国君的事情已经完成，退朝后便前来拜见孔子，孔子说："礼仪的规范为，登台阶不能超过两级，在殿堂上不可以快步行走，交接玉器时不能下跪参拜，今天先生的行为违反这些规范了，合乎礼仪吗？"

晏子答道："我听说，东西大殿两个门槛之间，国君和臣子各有各的位置，国君走一步，臣子就要走两步，因为你们的国君走过来的速度很快，所以我登台阶才会跨越一级，这是为了能够快步跟上君王以便及时到位啊。你们的国君授受玉器时身子是向下低伏的，所以我才会跪下来以保持比他稍低的位置。况且我听说，在大的方面，是不能超越礼仪规范的，但在小的方面，是可以有一些出入的。"晏子从孔子家中出来，孔子恭敬地以宾客的礼仪相送，回去后，孔子对弟子们说："不过度计较而拘泥于常规的最佳行为方式，只有晏子才能从容地施行。"

晏子之鲁进食有豚亡二肩不求其人第二十二

【原文】

晏子之鲁，朝食进馈膳，有豚[①]焉。晏子曰："去其二肩[②]。"

昼者进膳，则豚肩不具。侍者曰："膳豚肩亡[③]。"

晏子曰："释之矣。"侍者曰："我能得其人。"

晏子曰："止。吾闻之，量功而不量[④]力，则民尽；藏余不分，则民盗。子教我所以改之，无教我求其人也。"

【注释】

①豚：指小猪。

②去：藏。肩：这里指小猪的两个前腿。

③亡：消失不见。

④量：衡量，考虑。

【译文】

晏子出使鲁国，在早晨吃饭的时候，有人送来膳食，其中有小猪。晏子说：

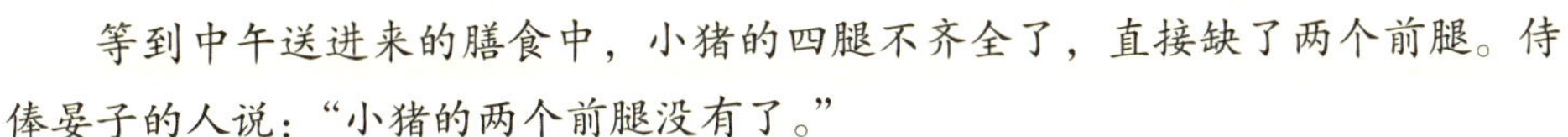

“把它的两个前腿卸下来吧。”

等到中午送进来的膳食中，小猪的四腿不齐全了，直接缺了两个前腿。侍俸晏子的人说：“小猪的两个前腿没有了。”

晏子说：“放下这件事吧。”侍俸晏子的人说：“我能找到偷猪腿的人。”

晏子说：“不必了。我听说，只衡量功绩而不考虑民力，那么就会使百姓的民力耗尽；将多余的财物收藏到自己囊中却不分给百姓，那么就会使民间出现贼盗。先生只教导我要如何改变眼前的状况，而不是教导我如何找到那个偷猪腿的人。”

曾子将行晏子送之而赠以善言第二十三

【原文】

曾子①将行，晏子送之曰：“君子赠人以轩②，不若以言。吾请以言乎？以轩乎？”

曾子曰：“请以言。”

晏子曰：“今夫车轮，山之直木也，良匠揉之③，其圆中规，虽有槁暴④，不复嬴矣。故君子慎隐揉。和氏之璧⑤，井里之困也，良工修之，则为存国之宝，故君子慎所修。今夫兰本，三年而成，湛之苦酒，则君子不近，庶人不佩；湛之麋醢⑥，而贾⑦匹马矣。非兰本美也，所湛然也。愿子之必求所湛。婴闻之，君子居必择邻，游必就⑧士，择居所以求士，求士所以避患也。婴闻汩常移质，习俗移性，不可不慎也。”

【注释】

①曾子：曾子（公元前 505~公元前 435），名参（shēn），字子舆，春秋末年鲁国南武城人。中国著名的思想家，孔子的晚期弟子之一，儒家学派的重要代表人物。

②轩：古代的一种前顶较高又有帷幕的车子。

③揉之：用火烤使它变得弯曲。

④槁暴（gǎo pù）：风吹日晒而干枯。槁：枯槁。

⑤和氏之璧：这里指和氏璧。和氏璧是中国历史上著名的美玉，又称和氏之璧、荆玉、荆虹，为天下奇宝。

⑥麋醢（mí hǎi）：麋：同“麇”，麇鹿。醢：肉酱。

⑦贾：古通“价”，价钱，价值。

⑧就：靠近，接近。

【译文】

曾子将要离开远行了，晏子前去送别对他说：“君子都认为赠送别人车子，不如赠给他几句话，请问要我送给你一些良言，还是赠送你一辆车子呢？”

曾子说：“请赠给我一些良言吧。”

晏子说：“现在那些车子的车轮，原本都是山上笔直的树木，而手艺精巧的工匠用火烤这些树木就能让它变得弯曲，烤成后的圆形符合圆规，即使在风吹日晒的伤害下而干枯，也不会再松懈而变回笔直了，所以，君子要小心那种隐蔽本性的事情。和氏璧，本是埋没在市井之中一块普通的玉石，经过手艺精巧的工匠细心雕琢，就变成了镇国之宝，所以，君子应该谨慎对待自身的修为。现在再看那兰和本，这两种植物要历时三年才能长成，用苦酒浸泡过后，那么君子就不再接近它，平民百姓也不再佩戴它；用麇鹿做的肉酱去浸泡后，那么它的价值就能跟商人换一匹马了。这并非是兰和本自身质地美，而是它们所浸泡过它的东西让它们变得昂贵了。希望您的前程必然能寻求到所能浸泡自身的东西。我听说，君子选定住所之时必然先去选择邻居，交游之时必然会去接近贤明之人，选择邻居的原因就是寻求贤士，寻求贤士就是因为与贤士相处能避免灾祸。我听说，扰乱常规通常能改变人的本质，调节习俗就会改变人的性情，这些话语你不能不谨慎对待呀。”

晏子之晋睹齐累越石父解左骖赎之与归第二十四

【原文】

晏子之晋，至中牟①，睹敝冠反裘负刍②，息于涂侧者，以为君子也。使人问焉，曰：“子何为者也？”对曰：“我越石父③也。”晏子曰：“何为至此？”曰：“吾为人臣，仆于中牟，见使将归。”晏子曰：“何为为仆？”对曰：“不免冻饿之切吾身，是以为仆也。”晏子曰：“为仆几何！”对曰：“三年矣。”晏子曰：“可得赎乎？”对曰：“可。”遂解左骖④以赠之，因载而与之俱归。

至舍，不辞而入，越石父怒而请绝。晏子使人应之曰：“吾未尝得交夫子也，子为仆三年，吾乃今日睹而赎之，吾于子尚未可乎？子何绝我之暴也。”越石父对之曰：“臣闻之，士者诎[5]乎不知己，而申乎知己，故君子不以功轻人之身，不为彼功诎身之理。吾三年为人臣仆，而莫吾知也。今子赎我，吾以子为知我矣：向者子乘，不我辞也，吾以子为忘；今又不辞而入，是与臣我者同矣。我犹且为臣，请鬻[6]于世。”

晏子出，请见曰：“向者见客之容，而今也见客之意。婴闻之，省行者不引其过，察实者不讥其辞，婴可以辞而无弃乎！婴诚革之[7]。”乃令粪洒改席，尊醮而礼之[8]。越石父曰：“吾闻之，至恭不修途，尊礼不受摈[9]。夫子礼之，仆不敢当也！”晏子遂以为上客。君子曰：“俗人之有功则德，德则骄，晏子有功，免人于厄，而反诎下之，其去俗亦远矣。此全功之道也。”

【注释】

①中牟：古代城邑名，在今河南省。

②敝：衰败。这里是破旧之意。负刍（chú）：背柴草的人。刍：喂养牲畜的草。

③越石父：春秋时齐国的贤人。越石父原来是一个奴隶，晏子觉得他是个人才，就花钱为他赎身，并与之结交。可是越石父却因为晏子对自己怠慢无礼而要求绝交，晏子于是赔礼道歉并改正错误，对他更加敬重。

④左骖（cān）：古代驾车的马匹中最左边的马。

⑤诎（qū）：古通“屈”，弯曲；委屈。

⑥鬻（yù）：卖。

⑦革之：改正错误。

⑧粪：这里用为扫除之意。醮（jiào）：古代的一种仪式。尊者为卑者酌酒，卑者接受敬酒后饮尽，不需回敬。

⑨摈（bìn）：古同“傧”，这里指傧相，是古时候替主人接引宾客和赞礼的人。

【译文】

晏子去晋国，到了中牟的时候，看见一个头上戴着破帽子、反穿着裘皮衣、背着畜草的人，坐在路的一侧休息，晏子认为他是个君子，于是派人前去询问他说：“先生叫什么名字？”那个人答道：“我叫越石父。”晏子问他：“你为什么坐在这里？”越石父答道：“我是个奴隶，在中牟给富人家当奴仆，现在，他们命令我回去。”晏子说：“你因为什么成为了别人的奴仆？”越石父答道：“我忍受不了受冻挨饿对我身体的深切侵害，所以就给人家当奴仆了。”晏子又问：

“你当奴仆多久了？”越石父答道：“三年了。”晏子问：“我能为你赎身吗？”越石父答道：“当然可以。”于是晏子将自己车前三匹马中最左边的马解下来，赠给了越石父，越石父用这匹马为自己赎了身，就这样，晏子同越石父一起乘着马车回到了齐国。

到了晏子的家中，晏子没有跟越石父打招呼就独自进去了，越石父很愤怒，于是请求跟晏子断绝关系而离去，晏子急忙派人回应越石父说：“我以前从未与先生交往过，你当了三年的奴仆，我在今天看到了你而解马赎你回来，并赋予你自由之身，我对你难道还有什么不好之处吗？你为何这么快就暴躁地要与我断交而离去呢？”越石父答道：“我听说，士人可以屈身于不理解自己的人，而在知己面前是挺直腰板平等相处的，所以君子从不因为有功于人而轻视对方，也没有因他人有功于自己而丧失尊严屈居人下的道理。我给别人当了三年的奴仆，而没有人能理解我。现在先生赎我来到这里，我以为先生能成为那个理解我的人了；之前与先生一同乘车回来之时，没有跟我打招呼说话，我以为是先生忘记打招呼了；现在进入先生的家中，先生还是没跟我说话就径直进入房门，就像是没有同我一起回来一样了。看来还是把我当成一个奴隶了，既然还是把我当奴隶，那就请把我送到世俗的集市上卖了吧。”

晏子听到这番话后走出来，拜见越石父说：“先前我只是看到了您的外表仪容，而今我又见到了你内在的思想意志。我听说，能够反省自己行为过错的人就不要去追究他的过错了，审察出实情的人就不要再讥讽他之前说过的话了，我可以向您辞罪而您不要跟我断交好吗？我会诚心诚意改正我的过错。”说完，晏子命令下人打扫门庭，重新摆设筵席，对越石父以醮礼相待。越石父说：“我听说，最恭敬的礼节不过是打扫街路，最隆重的礼节也不过是用傧相接引。先生如此礼待我，仆从我不敢当啊！”此后，晏子一直把越石父尊为座上宾。君子说："世俗的人，以为自己有功劳便以为自己有好的德行，以为自己有好的德行就会骄傲，晏子有替人赎身的功劳，他帮助别人脱离了困境，可自己反过来却对他帮助过的人以礼相待，那世俗的人与晏子的差距简直太大了，这也许就是晏子能保全功绩的方法吧。"

晏子之御感妻言而自抑损晏子荐以为大夫第二十五

【原文】

晏子为齐相，出，其御之妻从门闲而窥，其夫为相御，拥大盖[①]，策驷马，意气扬扬[②]，甚自得也。

既而归，其妻请去。夫问其故，妻曰："晏子长不满六尺，相齐国，名显诸侯。今者妾观其出，志念深矣[③]，常有以自下者[④]。今子长八尺，乃为人仆御，然子之意，自以为足，妾是以求去也。"

其后，夫自抑损[⑤]。晏子怪而问之，御以实对，晏子荐以为大夫。

【注释】

①大盖：一种用绢做的伞。

②意气扬扬：得意忘形的神态。

③志念深矣：指志向远大。

④自下者：自己谦逊，对下人以礼相待。

⑤抑损：抑制而改正了自己的缺点。

【译文】

晏子担任齐国的宰相，有一天，在出门的时候，他的车夫的妻子闲暇时透过门缝看到他们，她看见丈夫正在为晏子驾车，只见他张开车上的大伞，赶着四匹马，意气风发，一副得意忘形、悠然自得的样子。

不久，车夫驾车回来，他的妻子请求离他而去。车夫很诧异地问他的妻子其中的缘故，他的妻子说："晏子先生身高不足六尺，他作为齐国的宰相，在各诸侯之间早已名声显赫。今天妾身在门缝中看到他乘车出门，看上去依然一副志向深远的样子，而且还能保持着谦逊、对下人以礼相待的态度。而今再看你，身高八尺，只是一个给人家驾车的车夫罢了，然而你的心中毫无大志，却还能得意扬扬而以此为满足，所以我请求离你而去。”

自从这件事以后，她的丈夫开始抑制而改正自己的缺点。晏子感觉很奇怪，就问车夫为何而变化这么大，车夫便将事情的经过如实告诉了晏子，晏子听后，觉得他是一个知错就改的人，就推荐他成为齐国大夫。

泯子午见晏子晏子恨不尽其意第二十六

【原文】

燕之游士①，有泯子午②者，南见晏子于齐。言有文章，术③有条理，巨可以补国，细可以益晏子者，三百篇。睹晏子，恐慎而不能言。晏子假④之以悲色，开之以礼颜，然后能尽其复也。客退，晏子直席而坐，废朝移时。在侧者曰：“向⑤者燕客侍，夫子胡为忧也⑥？”

晏子曰：“燕，万乘之国也；齐，千里之涂也。泯子午以万乘之国为不足说，以千里之途为不足远，则是千万人之上也。且犹不能殚⑦其言于我，况乎齐人之怀善而死者乎！吾所以不得睹者，岂不多矣！然吾失此，何之有也？”

【注释】

①游士：古代从事游说活动的人。

②泯子午：燕国人，生平不详。

③术：思想，理论，策略。

④假：宽容；宽饶。引据《北史·魏世祖纪》：“大臣犯法，无所宽假。”

⑤向：刚才。

⑥胡：相当于“何”“怎样”，表疑问。忧：忧虑。

⑦殚（dān）：竭尽，用尽。

【译文】

在燕国从事游说活动的人中，有一个名叫泯子午的人，他从燕国一直向南走，来到齐国以后前去拜见晏子。泯子午的言辞很有文采，思想和策略也很有条理，大的方面可以补益国家，小的方面可以对晏子有所帮助，文章就有三百篇。当泯子午见到晏子时，因为畏惧晏子的名望而谨慎地不敢说话了。晏子见状，便开始以慈悲温和的神色看着他，用彬彬有礼的态度开导他要放松心态，之后泯子午不那么紧张了，也能够尽情地说出自己想要表达的见解了。泯子午

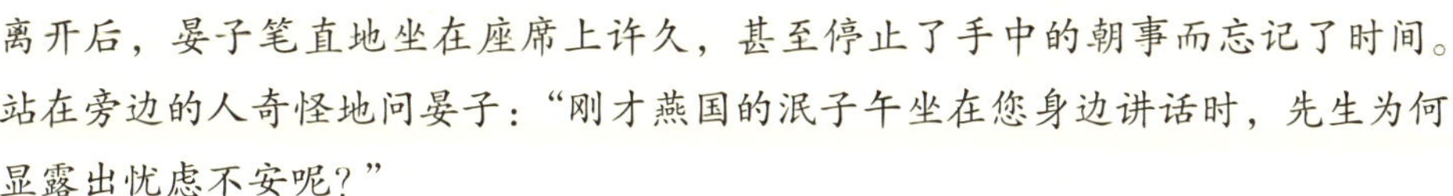

离开后，晏子笔直地坐在座席上许久，甚至停止了手中的朝事而忘记了时间。站在旁边的人奇怪地问晏子："刚才燕国的泯子午坐在您身边讲话时，先生为何显露出忧虑不安呢？"

晏子答道："燕国，是拥有万辆战车的大国；齐国，是拥有千里疆土的强国。泯子午认为拥有万辆战车的燕国不足以游说，而不远千里地来到我们国家，那么他堪称是千万人之上的人了。而他刚见到我之时尚且不能对我说所有想说的话，更何况齐国那些怀才不遇而到死也没得到任用的人呢！我因此不能亲眼看到那些有才能的人，岂不是太多了！然而我们失去了这些有才能的人，还能有什么成就呢？"

晏子乞北郭骚米以养母骚杀身以明晏子之贤第二十七

【原文】

齐有北郭骚[①]者，结罘罔[②]，捆蒲苇[③]，织萉履，以养其母，犹不足。踵门[④]见晏子曰："窃说先生之义，愿乞所以养母者。"

晏子使人分仓粟府金而遗之，辞金受粟。有间，晏子见疑于景公，出奔，过北郭骚之门而辞。北郭骚沐浴而见晏子曰："夫子将焉适？"晏子曰："见疑于齐君，将出奔。"北郭骚曰："夫子勉之矣！"晏子上车，太息而叹曰："婴之亡岂不宜哉？亦不知士甚矣！"

晏子行，北郭子召其友而告之曰："吾说晏子之义，而尝乞所以养母者焉。吾闻之，养及亲者身伉[⑤]其难，今晏子见疑，吾将以身死白之。"

著衣冠，令其友操剑，奉笥[⑥]而从。造[⑦]于君庭，求复者曰："晏子，天下之贤者也，今去齐国，齐必侵矣。方见国之必侵，不若死，请以头托白晏子也！"因谓其友曰："盛吾头于笥中，奉以托。"退而自刎。

其友因奉托而谓复者曰："此北郭子为国故死，吾将为北郭子死。"又退而又自刎。

景公闻之，大骇，乘驲[⑧]而自追晏子，及之国郊[⑨]，请而反之。晏子不得已而反，闻北郭子之以死白己也，太息而叹曰："婴之亡，岂不宜哉？亦愈不知士甚矣！"

【注释】

①北郭骚：人名，生平不详。

②罘罔（fú wǎng）：即罘网，一种捕猎用的网。

③蒲苇：蒲草与芦苇，古时用于编制坐席之类。

④踵（zhǒng）门：亲自上门。踵：至；亲到。

⑤伉（kàng）：抵挡。

⑥笥（sì）：古代一种放置衣物的方形竹器。

⑦造：这里为“到”之意。

⑧驲（rì）：这里指古代驿站专用的车，后也指驿站的马。

⑨国郊：国家的边界。

【译文】

齐国有个叫北郭骚的人，他替别人编织捕猎用的网，捆扎蒲草与芦苇，编织麻鞋，以此来供养自己的母亲，虽然辛苦，但还是不足以维持生计。一天，北郭骚亲自上门拜访晏子，对晏子说：“我私下里听说先生您是仁义之人，倡导最佳的行为方式，我希望向您乞求一些能够赡养我母亲的东西。”

晏子听后，自知家中贫穷拿不出多余的钱粮相送，于是就派人从官府仓库中拿来一些金钱和粮食赠给他，北郭骚辞谢了金钱而只拿了粮食回家。过了一段时间，景公听到谣言便开始怀疑晏子，晏子发现后决定逃出齐国，途中经过北郭骚的家门便进去辞行。北郭骚沐浴之后出来见晏子，对晏子说：“先生准备去哪里？”晏子答道：“我现在被齐国的君王怀疑，准备逃出齐国。”北郭骚说：“先生您应该努力解释一下这件事，争取让齐王重新信任您吧！”晏子上车后长叹一声，说道："难道我不应该出逃吗？也许是我太不了解士人了！"

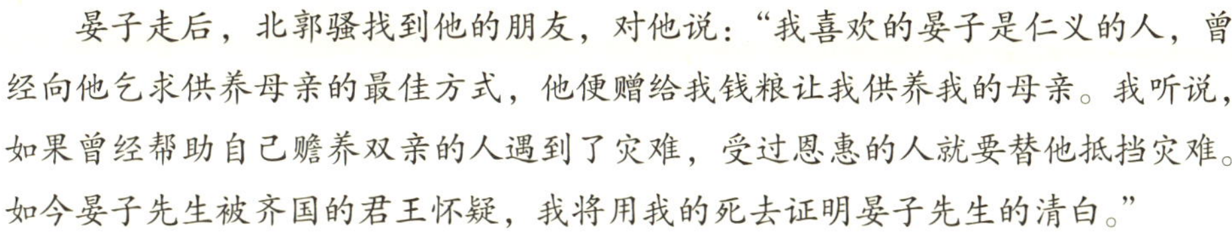

晏子走后，北郭骚找到他的朋友，对他说："我喜欢的晏子是仁义的人，曾经向他乞求供养母亲的最佳方式，他便赠给我钱粮让我供养我的母亲。我听说，如果曾经帮助自己赡养双亲的人遇到了灾难，受过恩惠的人就要替他抵挡灾难。如今晏子先生被齐国的君王怀疑，我将用我的死去证明晏子先生的清白。"

于是，北郭骚整理好衣服和帽子，让他的朋友拿着剑，捧着竹篮跟在他后面。等到了宫门前，北郭骚请求负责通报的守门人说："晏子先生，是天下间最贤明的人，曾拿出钱粮让我赡养母亲，如今他离开齐国，齐国必定会遭受他国侵犯，与其眼睁睁地看着齐国被侵犯，我还不如死了算了，就用我的头颅来证明晏子先生的清白吧！"北郭骚又对他的朋友说："请将我的头颅放在竹篮中，拜托你将我的人头捧给君王。"说完这些话，北郭骚就退身自刎而死了。

他的朋友将装有头颅的竹篮亲手奉上，然后对守门人说："北郭骚是为忧虑国家而死的，我将为朋友北郭骚而死。"说完这些话，也退身自刎而死了。

景公听说了这件事，非常震惊，于是亲自乘着驿站专用的马车去追赶晏子，一直追到齐国的疆界才追上，景公请求晏子返回齐国。晏子不得不返回，当他听到北郭骚以死来证明自己的清白时，不禁一声长叹，而后说道："我难道不应该出逃吗？看来，我也真的是太不了解士人了！"

景公欲见高纠晏子辞以禄仕之臣第二十八

【原文】

景公问晏子曰："吾闻高纠与夫子游①，寡人请见之。"

晏子对曰："臣闻之，为地战者，不能成②其王；为禄仕者，不能正其君。高纠与婴为兄弟久矣，未尝干婴之行，特禄之臣③也，何足以补君乎！"

【注释】

①高纠：晏子的侍臣，生平不详。游：交游，交往。

②成：成就。

③特禄之臣：只拿俸禄没有作为的臣子。特：单独，特地。

【译文】

景公问晏子说："我听说你和高纠交往很深，我想见见他。"

晏子回答道："我听说，为了争夺土地而发动战争的人，不能成就他的帝王功业；为了俸禄而出仕为官的人，不能匡正他的国君。高纠与我称兄道弟多年了，从来没有干预指正过我的行为，所以说，他只是一个特地拿着俸禄却没有什么作为的臣子罢了，有什么能补益主公的可取之处呢！"

高纠治晏子家不得其俗乃逐之第二十九

【原文】

高纠事晏子而见逐①，高纠曰："臣事②夫子三年，无得，而卒③见逐，其说何也④？"

晏子曰："婴之家俗有三，而子无一焉。"

纠曰："可得闻乎？"

晏子曰："婴之家俗，闲处从容不谈议，则疏⑤；出不相扬美，入不相削行，则不与；通国事无论，骄士慢知者，则不朝也。此三者，婴之家俗，今子是无一焉。故婴非特食馈之长也，是以辞。"

【注释】

①见逐：被驱逐。见：表示被动形态，相当于"被"。

②事：侍奉。

③卒：急速，仓促。

④其说何也：这怎么解释。

⑤疏：疏离，分开。

【译文】

高纠侍奉晏子很久了，如今却要被驱逐出门，高纠不解地对晏子说："我侍奉先生三年了，什么也没有得到，还要被你如此仓促地逐出家门，请问这怎么解释啊？"

晏子答道："我家的习俗有三条，而你一条都没有做到。"

高纠问晏子："可以让我听听都是什么习俗吗？"

晏子答道："我家的习俗是，闲暇时从容懒散而不探讨议论政事的，那么就

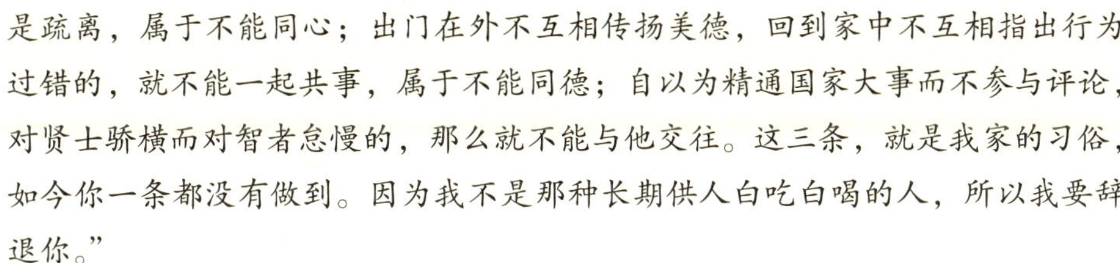

是疏离，属于不能同心；出门在外不互相传扬美德，回到家中不互相指出行为过错的，就不能一起共事，属于不能同德；自以为精通国家大事而不参与评论，对贤士骄横而对智者怠慢的，那么就不能与他交往。这三条，就是我家的习俗，如今你一条都没有做到。因为我不是那种长期供人白吃白喝的人，所以我要辞退你。”

晏子居丧逊畣家老仲尼善之第三十

【原文】

晏子居晏桓子①之丧，粗衰②，斩③，苴绖带④，杖⑤，菅屦⑥，食粥，居倚庐⑦，寝苫⑧，枕草⑨。其家老曰：“非大夫丧父之礼也。”

晏子曰：“唯卿⑩为大夫。”

曾子以闻孔子，孔子曰：“晏子可谓能远害矣。不以己之是驳人之非，逊辞以避咎，义也夫。”

【注释】

①晏桓子：这里指晏弱，又称晏桓子，春秋时期齐国的大夫，晏子的父亲。

②粗衰：古代的一种丧服，用粗麻布做成。

③斩：剪裁，特指丧服不缝下边。这里指斩衰，粗麻布丧服，不缝边，是五种丧服中最重的，服丧期三年。

④苴绖（jū dié）带：用稻草做成的草绳，系在腰间。苴绖：古代服重丧者所束的麻带。

⑤杖：这里指丧杖。丧杖是古代丧葬礼仪时期的一种物件，类似于拐杖，多用柳木所做，上面用黄表纸加麻线缠上。

⑥菅屦（jiān jù）：古代服丧时穿的一种用菅草编织的草鞋。

⑦倚庐：守丧时住的屋子。

⑧寝苫（shān）：用茅草编织的草席。

⑨枕草：用草当枕头。

⑩卿：古代官名，比大夫高一级。西周以后先秦诸侯国中，在国君之下有卿、大夫、士三级。大夫世袭，有封地。卿也是官名。士，是作为封建社会中最基础的贵族，也是最高级的百姓。

【译文】

晏子正居于父亲晏桓子的丧期，在守孝期间，晏子穿着用很粗的麻布做成的丧服，这是五种丧服中最重的，要服丧期三年。他把用稻草做成的草绳系在腰间，手里拿着丧杖，穿着菅草编织的草鞋，每天只喝粥，住在草庐中，躺在用茅草编织的草席上，用草当枕头。这完全是平民百姓守孝所用的礼仪，而不像当时有些大夫借口国事有意缩短守孝期的那种仪式。因此晏子家中的老臣说："这可不是身为大夫为父亲服丧的礼仪啊。"

晏子说："只有卿才是大夫。"

曾子将这件事说给了孔子听，孔子说："晏子是那种能够远离灾祸的人。他不用自己的对去反驳别人的错，而是用谦逊的话语来避开责怪，这种逊辞以避咎的智慧，就是最佳的行为方式啊。"

《晏子春秋》·卷六·内篇杂（下）

灵公禁妇人为丈夫饰不止晏子请先内勿服第一

【原文】

灵公好[1]妇人而丈夫饰者，国人尽服之，公使吏禁之，曰："女子而男子饰者，裂[2]其衣，断其带。"裂衣断带相望，而不止。

晏子见，公问曰："寡人使吏禁女子而男子饰，裂断其衣带，相望而不止者何也？"

晏子对曰："君使服之于内，而禁之于外，犹悬牛首于门，而卖马肉于内也。公何以不使内勿服，则外莫敢为也。"

公曰："善。"使内勿服，逾月[3]，而国莫之服。

【注释】

①好：喜欢，喜好。

②裂：撕坏。

③逾月：过了一个月。

【译文】

齐灵公喜欢看女子穿戴男子服饰的样子，所以宫内的女子都穿上了男子的服饰，而全国的女子也都效仿而穿上了男子的服饰，齐灵公派官吏前去禁止她们，说："宫外女子穿男子服饰的，如有遇见，就撕裂她们的衣服，扯断她们的衣带。"因此，被撕裂衣服和扯断腰带的女子不计其数，但还是无法制止。

晏子入宫拜见灵公，灵公问晏子："我派官吏前去制止宫外的女子穿戴男子服饰，被撕裂衣服和扯断腰带的女子不计其数，却还是无法制止，你说这是什么原因呢？"

晏子回答："主公您让宫内的女子穿戴男子服饰，却禁止宫外的女子穿戴男子服饰，这就好比把牛头挂在门前，而在屋内卖马肉一样。主公您为何不先去命令宫内的女子不许穿戴，那么宫外的女子也就不敢穿戴了。"

灵公说："好。"于是灵公下令宫内的女子不许穿戴男子服饰，过了一个月，全国就再也没有出现女子穿戴男子服饰的现象了。

齐人好毂击晏子绐以不祥而禁之第二

【原文】

齐人甚好毂击①，相犯②以为乐，禁之不止。晏子患之，乃为新车良马，出与人相犯也，曰："毂击者不祥，臣其祭祀③不顺，居处不敬乎？"下车而弃去之，然后国人乃不为。

故曰："禁之以制④，而身不先行，民不能止。故化其心，莫若教也。"

【注释】

①毂（gǔ）击：指战国时齐国人的一种活动，让两辆车的轮子相撞。毂：泛指车轮。

②相犯：互相撞击。

③祭祀：华夏礼典的一部分，是儒家礼仪中的主要部分，礼有五经，莫重于祭，是以事神致福。祭祀对象分为三类：天神、地祇、人神。天神称祀，地祇称祭，宗庙称享。

④制：法令，制度。

【译文】

齐国人喜欢两辆车的轮子相撞的游戏，并以这种互相撞击为乐趣，因为这种活动很危险，所以齐国下令禁止这种行为，但仍然屡禁不止。晏子对这种情况很担忧，于是，晏子制作了一辆新车，并用骏马驾车，他刚出去就与别人的车轮相撞了，晏子说："车轮被撞击的人不吉祥，我祭祀神灵也不会顺利，居住的府邸也不会受到恭敬了吧？"然后，晏子下了马车而将马车丢弃在那里就步行回家了，从此以后，齐国人也都不再以毂击为乐了。

所以说："用法令制止别人的行为时，若自己不率先执行，那么就不能制止民众。所以，想要教化他们的心性，不如言传身教。"

景公梦五丈夫称无辜晏子知其冤第三

【原文】

景公畋[①]于梧丘，夜犹早，公姑坐睡[②]，而梦有五丈夫北面韦庐[③]，称无罪焉。公觉，召晏子而告其所梦。公曰："我其尝杀无罪耶？"

晏子对曰："昔者先君灵公畋，有五丈夫来骇[④]兽，故并断其头而葬之。命曰：'五丈夫之丘'，此其地耶？"

公令人掘而求之，则五头同穴而存焉。公曰："嘻！"令吏厚葬之。

国人不知其梦也，曰："君悯白骨，而况于生者乎，不遗余力矣，不释[⑤]余知矣。"故曰："君子之为，善易矣。"

【注释】

①畋（tián）：打猎。

②坐睡：坐着打瞌睡。

③韦庐：出猎时临时搭的帐篷。

④骇：惊骇。

⑤释：舍弃。

【译文】

景公到梧丘一带去打猎，离天黑还早，景公暂且坐在那里打瞌睡，继而景公梦到有五个男子在北边面向这个临时的帐篷，并且声称自己无罪。景公猛然惊醒，马上传召晏子，并把所梦到的情景告诉了晏子。景公说："我是不是曾经滥杀过无辜，诛连过无罪的人？"

晏子答道："当年先君灵公也曾到这里打猎，有五个男子因为布网而惊动了野兽，所以灵公就把他们全部杀死了，并砍下他们的头埋葬在一起。叫作：'五丈夫之坟'，难道这里就是安葬他们的地方吗？"

景公命人马上挖地寻找，真的挖到了五个人头同在一个坑穴埋着。景公哀叹道："唉！"然后景公便命令官吏好好地安葬他们。

齐国人不知道景公做过这个梦，都赞扬说："我们的君王连埋葬多年的白骨都如此怜悯，更何况我们这些活生生的人呢，所以，为了国君的千秋大业，我们要不遗余力，更要竭尽我们的智慧。”所以才说：“君子做善事，其实也是很容易的啊。”

柏常骞禳枭死将为景公请寿晏子识其妄第四

【原文】

景公为路寝之台，成，而不踊焉。柏常骞曰：“君为台甚急，台成，君何为而不踊焉？”公曰：“然！有枭昔者鸣①，其声无不为也，吾恶之甚，是以不踊焉。”

柏常骞曰：“臣请禳②而去之。”公曰：“何具？”对曰：“筑新室，为置白茅③焉。”公使为室，成，置白茅焉。柏常骞夜用事。明日问公曰：“今昔闻枭声乎？”公曰：“一鸣而不复闻。”使人往视之，枭当陛，布翼，伏地而死。公曰：“子之道若此其明，亦能益寡人之寿乎？”对曰：“能。”公曰：“能益几曰：“子之道若此其明，亦能益寡人之寿乎？”对曰：“能。”公曰：“能益几何？”对曰：“天子九，诸侯七，大夫五。”公曰：“子亦有征兆之见乎？”对曰：“得寿，地且动。”公喜，令百官趋④具骞之所求。

柏常骞出，遭晏子于途，拜马前辞，骞曰：“为君禳枭而杀之，君谓骞曰：‘子之道若此其明也，亦能益寡人寿乎？’骞曰：‘能。’今且大祭，为君请寿，故将往，以闻。”

晏子曰：“嘻！亦善矣，能为君请寿也。虽然，吾闻之，维以政与德而顺乎神，为可以益寿，今徒祭，可以益寿乎？然则福兆有见乎？”对曰：“得寿，地将动。”

晏子曰：“骞，昔吾见维星⑤绝，枢星⑥散，地其动，汝以是乎？”柏常骞俯，有间，仰而对曰：“然。”晏子曰：“为之无益，不为无损也。汝薄敛，毋费民，且无令君知之。”

【注释】

①有枭昔者鸣：总有鸮鸟在鸣叫。枭：通“鸮（xiāo）”，是我国古代对一类鸟的统称，认为鸮是不祥之鸟。昔：古通“夕”，夜晚。

②禳（ráng）：古时祭名，指祈祷消除灾殃、去邪除恶之祭。

③白茅：一种多年生草本植物，茎粗壮。

④趋：一作“趣”。

⑤维星：古代的一种星宿。

⑥枢星：即天枢星，天枢星是北斗七星之首。

【译文】

景公在寝宫正厅前修建了一座高台，修建完工后，景公却从没有登过高台。柏常骞问景公：“主公当初修建这座高台时非常紧急，现在路寝台已经建成，您为什么不登上路寝台呢？”景公说：“唉！是这样，每到夜晚，我总能听到不祥的鸮鸟在鸣叫，没有比这更难听的声音了，我非常厌恶它们，所以我就不想登上这座路寝台了。”

柏常骞说：“微臣请求您允许我在这里祭祀而让这些鸮鸟离去。”景公说：“你都需要准备什么东西？”柏常骞答道：“请主公为我修建一所新房子，只要能在房屋里放置一些白茅就可以了。”于是景公差使官吏为他修建了一个新房子，建成后，在房室里放置了一些白茅。柏常骞在夜里进行祭祀。第二天，柏常骞问景公：“主公昨天晚上听到鸮鸟的叫声了吗？”景公说：“只听见鸮鸟叫了一声之后，就再也没有听见叫声。”景公派人前去查看，发现鸮鸟倒在台阶上，两翼张开趴在那里，已经死去多时了。景公说：“你的道术原来如此高明，那能为我增加寿命吗？”柏常骞答道：“能。”景公问：“能增加多少？”柏常骞答道：“天子能增加九岁，诸侯能增加七岁，大夫能增加五岁。景公说：“你布道增加寿命后也会有什么征兆出现吗？”柏常骞答道：“增加寿命后，大地将会暂且震动一下。”景公非常高兴，于是命令百官赶快去准备柏常骞所需要的物品。

柏常骞出来后，在途中遇到了晏子，柏常骞在晏子的马前行礼揖拜，对晏子说：“我为君王摆设禳祭驱除鸮鸟叫声而使鸮鸟死亡，然后君王问我：‘你的道术竟然如此高明，你能为我增加寿命吗？’我说：‘能。’如今我姑且要为君王举行盛大祭祀仪式，为君王增加寿命，所以我将去准备，特此向先生禀告。”

晏子说：“好啊，你能为主公增加寿命啊。虽然如此，但是我听说，只有政治和德行顺应神灵，这样才能增加寿命，如今仅仅凭借虚空的祭祀，就可以增加寿命了吗？那么增寿后会有什么福兆出现吗？”柏常骞答道：“增加寿命后，大地将会暂且震动一下。”

晏子听后微微一笑说：“柏常骞，我昨晚看到夜空的维星消失，枢星散乱，这是将要地震的预兆，你是以此事作为福兆的吧？”柏常骞低头沉默了一会儿，然后抬起头来回答：“是的。”晏子说：“你做这件事没有什么益处，不做也没有什么损害。你借机告诉主公减少征敛赋税，不要耗费民力钱财就行了，姑且不要让君王知道这件事。”

景公成柏寝而师开言室夕晏子辨其所以然第五

【原文】

景公新成柏寝[①]之室，使师开[②]鼓琴，师开左抚宫[③]，右弹商[④]，曰：“室夕[⑤]。”公曰：“何以知之？”师开对曰：“东方之声薄，西方之声扬。”

公召大匠[⑥]曰：“立室何为夕？”大匠曰：“立室以宫矩为之。”

于是召司空曰：“立宫何为夕？”司空曰：“立宫以城矩为之。”

明日，晏子朝，公曰：“先君太公以营丘之封[⑦]，立城，曷为夕？”

晏子对曰：“古之立国者，南望南斗[⑧]，北戴枢星，彼安有朝夕哉！然而以今之夕者，周之建国，国之西方，以尊周也。”公蹴然[⑨]，曰：“古之臣乎！”

【注释】

①柏寝：齐国的一座高台，地址在今山东省高青县。

②师：乐师。开：乐师的名字叫开。

③左抚宫：左手弹“宫”调。宫：古代的音级，中国古代七声音阶中的七个级，即宫、商、角、清角（比角高半音）、徵、羽和变宫（比宫音低半个音），相当于现在简谱中的 1、2、3、4、5、6、7。

④右弹商：右手弹“商”音。

⑤室夕：房子的位置不正，偏向西方。“西”与“邪”同音，所以古代人觉得房屋朝西不吉利。

⑥大匠：古代负责修建宫室的官。

⑦营丘之封：公元前 11 世纪时齐国的师祖吕尚受到周王朝的分封而建立齐国，于营丘（今临淄）建立都城。

⑧南斗：这里指南斗星，因与北斗星相对，故称南斗星。

⑨蹴（cù）然：亦作“蹙然”。指惊惭不安的样子。

【译文】

景公新修建了一座高台，台上有宫殿，景公让乐师开在宫室内弹琴娱乐，只见乐师开左手抚琴弹奏宫调，右手弹奏商调，说：“这个宫室的位置不正，偏向西方。”景公问乐师开：“你是怎么知道的？”乐师开口答道：“弹琴时，偏向东方的琴声就会低沉，偏向西方的琴声就会高昂。”

景公召来负责修建的匠官，问：“你为什么把这宫室建成了偏向西方？”负责修建的匠官说：“我修建这柏寝台上的房室是按照宫室的规矩修建的。”

于是，景公又召见宫中的司空，说：“建立宫室有大忌，你为什么要偏向西而建？”司空回答：“我建立宫室时是按照都城的规矩修建的。”

第二天，晏子进宫拜见景公，景公对晏子说：“先君太公因受到周王朝的分封，建立齐国都城，可是他们为什么把都城建得偏向西方呢？”

晏子答道：“古代建立国家的人，喜欢在夜里向南仰望南斗星，向北顶着北斗星，那时候谁去顾及早晨与晚上房屋的朝向是偏东还是偏西呢！然而以当今的都城朝向偏西的现象来看，因为周王朝建立的都城在西方，齐国国都偏向西方，这么做是为了朝拜周天子以示尊敬啊。”景公露出惊惭不安的样子，答道：“我国的远古时代是周天子的臣民啊！”

景公病水梦与日斗晏子教占梦者以对第六

【原文】

景公病水[①]，卧十数日。夜梦与二日斗，不胜。晏子朝，公曰：“夕者吾梦与二日斗，而寡人不胜，我其死乎？”

晏子对曰：“请召占梦者。”出于闺[②]，使人以车迎占梦者。至，曰：“曷[③]为见召？”

晏子曰：“夜者，公梦二日与公斗，不胜。公曰：‘寡人死乎？’故请君占梦，是所为也。”占梦者曰：“请反具[④]书。”

晏子曰：“毋反书，公所病者，阴也；日者，阳也。一阴不胜二阳，公病将已。以是对。”

占梦者入，公曰：“寡人梦与二日斗而不胜，寡人死乎？”占梦者对曰：“公之所病，阴也，日者，阳也。一阴不胜二阳，公病将已。”

居三日，公病大愈，公且赐占梦者。占梦者曰：“此非臣之力，晏子教臣也。”公召晏子，且赐之。晏子曰：“占梦者以占之言对，故有益也。使臣言之，则不信矣。此占梦者之力也，臣无功焉。”

公两赐之⑤，曰：“以晏子不夺人之功，以占梦者不蔽人之能。”

【注释】

①病水：这里指水胀，古代的一种疾病，病症为腹中积水。

②闺：宫中的小门。

③曷（hé）：何，什么。

④反：古通“返”，此指返回。具：准备，备办之意。

⑤两赐之：对两个人都给予赏赐。

【译文】

景公得了水胀病，躺在床上几十天了也不见痊愈。有一天晚上，景公昏昏沉沉地梦见了自己与两个太阳搏斗，而自己没有获胜。第二天晏子入宫朝见，景公就对晏子说：“昨天晚上的梦里，我和两个太阳打斗，而我却不能取胜，我是不是将要死了呢？”

晏子回答：“请您传召占卜师来解梦吧。”然后，晏子从宫中的小门出去，派人用车去迎接占卜师来宫中解梦。占卜师很快就到了，便问晏子：“请问主公有什么事情传召我呢？”

晏子答道：“昨天晚上，主公梦到了自己与两个太阳打斗，最终没有获胜。主公问我：‘我是不是将要死了呢？’故而请您来为主公解梦，这就是请您到来的原因。”占卜师说：“请让我先回住处备齐有关占卜梦境的书再回来。”

晏子说：“你不用回家去拿卜书。主公所得的病属阴，而太阳属阳。一阴不能战胜两阳，所以这个梦预示着主公的病将要痊愈了。你这样回答就行了。”

占卜师入宫后，景公对占卜师说：“我梦见和两个太阳打斗，而我却不能取胜，我是不是将要死了呢？”占卜师回答道：“主公所得的病，属阴；太阳，属阳。一阴不能战胜两阳，所以，这个梦预示着主公的病将要痊愈了。”

三天后，景公的病果然痊愈了，景公准备赏赐占卜师，占卜师说：“这件事不是微臣的功劳，这些话都是晏子先生教我说的。”于是景公传召晏子上朝，而且准备赏赐晏子。晏子说：“因为占卜师以占卜解梦的语言回答您的疑虑，所以对主公您的病情有益。但如果让我说出这些话，那么恐怕主公您就不会相信了。所以这都是占卜师的功劳，我没有功劳。”

景公听完这些话后，对占卜师和晏子都给予了赏赐，并对天下人说：“我之所以赏赐他们，是因为晏子不抢夺别人的功劳，也因为占卜师不隐瞒别人的才能。”

景公病疡晏子抚而对之乃知群臣之野第七

【原文】

景公病疽①在背。高子、国子②请公曰：“职当抚疡③。”高子进而抚疡，公曰：“热乎？”曰：“热。”“热何如？”曰：“如火。”“其色何如？”曰：“如未熟李。”“大小何如？”曰：“如豆。”“堕者何如？”曰：“如屦④辨。”

二子者出，晏子请见。公曰：“寡人有病，不能胜衣冠以出见夫子，夫子其辱视寡人乎？”

晏子入，呼宰人具盥⑤，御者具巾，刷手温之，发席傅荐，跪请抚疡。公曰：“其热何如？”曰：“如日。”“其色何如？”曰：“如苍玉⑥。”“大小何如？”曰：“如璧。”“其堕者何如？”曰：“如珪⑦。”

晏子出，公曰：“吾不见君子，不知野人之拙也。”

【注释】

①疽（jū）：局部皮肤下发生的疮肿。一种皮肤肿胀坚硬而皮色不变的毒疮。

②高子、国子：高子和国子都是中国春秋时期齐国的大夫世族。

③抚：抚慰；轻轻地抚摩。疡（yáng）：疮、痈、疽、疖等通称。

④屦（jù）：本义指用麻、葛等制成的一种鞋，此处用为踩踏之意。

⑤宰人：掌管膳食的官员。亦泛指官员。具：准备。盥（guàn）：古代舂米或洗手的器皿。

⑥苍玉：青色的玉。

⑦珪（guī）：古时的一种玉器。长条形，上端呈三角形，下端呈正方形。

【译文】

景公的后背上长了一个毒疮，很痛苦。这一天，高子和国子请求觐见，对景公说：“卑职现在的职责应当是轻轻地抚摩您的毒疮。”高子走上前轻轻地抚摩景公的毒疮，景公问高子：“热吗？”高子回答说：“热。”景公问：“热到什么程度？”高子答道：“像火一样热。”景公问：“它的颜色是什么样的？”高子答道：“像没熟透的李子。”景公问：“大小怎么样？”高子答道：“像豆子那么大。”景公问：“下陷的地方什么样呢？”高子回答：“像踩踏过一样容易分辨。”

高子和国子出去后，晏子请求觐见。景公对晏子说：“我生病了，不能承受衣冠的摩擦而穿戴整齐出去会见先生了，先生您能屈尊来到我的床榻前看看我吗？”

晏子进入寝宫看了毒疮以后，便叫掌管膳食的官员准备一个洗手用的器具，御侍准备好手巾，晏子洗干净手后为景公温敷身子，然后离开座席，靠近景公躺着的床垫，跪下来请求轻轻抚摩景公的毒疮。景公问晏子：“毒疮热到什么程度？”晏子答道：“像烈日。”景公问：“它的颜色是什么样的？”晏子答道：“像青色的玉。”景公问：“大小怎么样？”晏子答道：“像玉璧那么大。”景公问：“下陷的地方什么样了呢？”晏子答道：“像珪一样。”

晏子起身退出以后，景公说：“一样的问题，回答起来截然不同，一种莫名其妙，一种浅显易懂。如果没有见过君子，那就真的不知道山野之人的笨拙了。”

晏子使吴吴王命傧者①称天子晏子详惑第八

【原文】

晏子使吴，吴王谓行人②曰：“吾闻晏婴，盖北方辩于辞，习于礼者也。命傧者，客见则称‘天子③请见。’”

明日，晏子有事，行人曰：“天子请见。”晏子蹴然④。行人又曰：“天子请见。”晏子蹴然。又曰：“天子请见。”晏子蹴然者三，曰：“臣受命弊邑⑤之君，将使于吴王之所，以不敏而迷惑，入于天子之朝，敢问吴王恶乎存⑥？”

然后吴王曰："夫差请见。"见之以诸侯之礼。

【注释】

①傧（bīn）者：负责接引宾客的人。

②行人：这里指负责外交掌管礼仪的官员名称。

③天子：本意指周王。这里指吴王夫差为人骄傲自大，企图羞辱晏子，若晏子用朝见天子之礼来朝见夫差，则齐国和吴国就变成君臣关系了。

④蹴（cù）然：吃惊不安的样子。

⑤弊邑（bì yì）：指偏僻的小城镇或者古代对自己的国家以及出生或出守之地的谦称。

⑥恶：疑问词，哪，何。存：在，存在。

【译文】

晏子出使吴国，吴王夫差对掌管礼仪的外交官员说："我听说这个晏子，大概是北方人中比较善于言辞和熟知礼仪的人。你告诉负责接引晏子的人，等晏子来拜见我的时候，就说'天子请见'。"

第二天，晏子上朝拜见吴王夫差，在殿外等候时，只听负责迎接的官员高呼："天子请见。"晏子很吃惊，随即表现出了局促不安的样子。负责迎接的官员又高呼："天子请见。"晏子依然表现出局促不安的样子。负责迎接的官员再高呼："天子请见。"晏子第三次表现出了局促不安的样子，然后大声说："我奉我家主公之命，前来出使吴王所在的地方，但因我愚昧而感到迷茫疑惑，难道我这是到了周天子的朝廷吗？那么请问吴王在哪儿呢？"

吴王听到这句话以后，只好说："夫差请晏子进见。"晏子这才进去，然后按照拜见诸侯的礼仪拜见了吴王。

晏子使楚楚为小门晏子称使狗国者入狗门第九

【原文】

晏子使楚，以晏子短，楚人为小门于大门之侧而延[①]晏子，晏子不入，曰：“使狗国者，从狗门入；今臣使楚，不当从此门入。”

傧者更道从大门入，见楚王，王曰：“齐无人耶，使子为使？”

晏子对曰：“齐之临淄三百闾[②]，张袂成阴[③]，挥汗成雨，比肩继踵[④]而在，何为无人？”

王曰：“然则何为使子？”

晏子对曰：“齐命使，各有所主，其贤者使使贤主，不肖者使使不肖主。婴最不肖，故宜使楚矣。”

【注释】

①延：假借为“引”。引入，迎接。

②临淄：齐国的城邑，在今山东省淄博市东部。闾：古代以二十五家为闾，亦泛指乡里。

③张袂（mèi）成阴：张开衣袖可以遮住太阳。袂：衣袖。

④比肩继踵：形容行人拥挤的景象。

【译文】

晏子出使楚国，因为晏子的身材矮小，楚国人为了羞辱他，就在大门旁边打开了一个小门以迎接晏子入内，晏子拒绝从小门进入，说：“只有出使狗国的人，才会从狗门进入；今天我奉命出使的是楚国，所以不应该从这个小门进入。”

于是迎接晏子的人只好改道从大门进入，晏子进宫见到楚王，楚王对晏子说：“齐国难道没有人了吗，为什么派出你这样的人为使节？”

晏子答道：“齐国的临淄城中有三百个乡里，每个人张开衣袖就可以遮住太阳，挥洒汗珠就能成为大雨，他们肩挨着肩脚挨着脚而安居自在，为什么会说没有人呢？”

楚王对晏子说：“既然齐国有这么多人，为什么派你来出使楚国呢？”

晏子答道："齐国派遣使臣，每个人分别出使不同的国家，贤明的人就派遣他出使贤明的国君，不贤明的人就派遣他出使不贤明的国君，在齐国人中，我是最不贤明的人，所以只能出使楚国了。"

楚王欲辱晏子指盗者为齐人晏子对以橘第十

【原文】

晏子将至楚，楚王闻之①，谓左右曰："晏婴，齐之习②辞者也，今方来，吾欲辱之，何以也？"

左右对曰："为其来也，臣请缚一人，过王而行，王曰：'何为者也？'对曰：'齐人也。'王曰：'何坐③？'曰：'坐盗。'"

晏子至，楚王赐晏子酒，酒酣，吏二缚一人诣④王，王曰："缚者曷⑤为者也？"对曰："齐人也，坐盗。"王视晏子曰："齐人固善盗乎？"

晏子避席对曰："婴闻之，橘生淮南则为橘，生于淮北则为枳⑥，叶徒相似，其实味不同。所以然者何？水土异也。今民生长于齐不盗，入楚则盗，得无楚之水土使民善盗耶？"王笑曰："圣人非所与熙也，寡人反取病⑦焉。"

【注释】

①楚闻之：楚王听到了这个消息。楚：楚王。

②习：通晓，熟悉，善于。

③何坐：犯了什么罪。坐：犯罪；定罪，由……而获罪。

④诣：到，来到。旧时特指到尊长那里去。

⑤曷（hé）：何，什么。

⑥枳（zhǐ）：别名枳实，枝有刺，通常为白色，果肉很酸也很苦，带涩味。亦称枸橘。

⑦病：耻辱；以……为羞辱。

【译文】

晏子将要出使楚国，楚王听到这个消息后，对身边的近臣说："这个晏子，是齐国人中通晓言辞善于辩论的人，今天将要到来，我想羞辱他，用什么办法呢？"

左右的近臣说："等他到来时，臣请求捆绑一个人，从大王您的面前走过去，大王您就说：‘这是什么人啊？’我们回答：‘是齐国罪人。’然后大王您说：‘他因为什么而获罪呢？’我们说：‘他因盗窃而获罪。’”

晏子到了齐国后，楚王赐晏子入座一同饮酒，酒意正浓时，楚国的两个官吏捆绑着一个人来到楚王面前，楚王问：“这捆绑着的是什么人？”官吏说：“一个齐国人，触犯了盗窃罪。”楚王故意看着晏子说：“难道齐国的人原本就是喜欢偷盗的吗？”

晏子离开座席站起来，回答说：“我听说，橘树如果生长在南方，结下的果实就称为橘子，如果生长在淮北，结下的果实就称为枳实，他们仅仅叶子相似，而结下的果实味道却大不相同。形成这样差异的原因是什么呢？那是因为水土不同啊。今天的这个人生长在齐国时不偷盗，而进入楚国就开始偷盗了，难道是楚国的水土驱使人善于偷盗吗？”楚王苦笑着自我解嘲地说：“看来不能轻易与圣人嬉戏，如今我反而是自取其辱了啊。”

楚王飨晏子进橘置削晏子不剖而食第十一

【原文】

景公使晏子于楚，楚王进橘，置削①，晏子不剖而并食之②。楚王曰：“橘当去剖。”

晏子对曰：“臣闻之，赐人主之前者，瓜桃不削，橘柚不剖。今者万乘③之主无教令，臣故不敢剖，不然，臣非不知也。”

【注释】

①置削：放置了一把削刀。削：削刀，古时一种长刃的小刀。

②不剖：不打开。食：吃，食用。

③万乘：指大国之诸侯，拥有兵车万乘。 战国时，诸侯国小的称“千乘”，大的称“万乘”。这里指楚王。

【译文】

景公派遣晏子出使楚国，其间，楚王命人进献一些橘子，并放置了一把削刀，而晏子没用削刀剖开橘子就连皮把橘子吃下去了。楚王对晏子说：“你应当剖开橘子去掉橘皮再吃。”

晏子答道：“下臣听说，在君王面前接受赏赐的人，瓜和桃子不削皮，橘子

和柚子不剖开。如今万乘之尊的楚王您没有下令让我剖开橘子皮，所以下臣不敢剖开，不是您以为的那样，也并不是下臣不知道橘子的吃法。”

晏子布衣栈车而朝田桓子侍景公饮酒请浮之第十二

【原文】

景公饮酒，田桓子侍，望见晏子，而复于公曰：“请浮[①]晏子。”公曰：“何故也？”无宇对曰：“晏子衣缁布之衣[②]，麋鹿之裘，栈轸之车[③]，而驾驽马以朝，是隐君之赐也[④]。”公曰：“诺。”

晏子坐，酌者奉觞进之，曰：“君命浮子。”晏子曰：“何故也？”

田桓子曰：“君赐之卿位以尊其身，宠之百万以富其家，群臣之爵莫尊于子，禄莫重于子，今子衣缁布之衣，麋鹿之裘，栈轸之车，而驾驽马以朝，则是隐君之赐也，故浮子。”

晏子避席曰：“请饮而后辞乎，其辞而后饮乎？”公曰：“辞然后饮。”

晏子曰：“君之赐卿位以尊其身，婴非敢为显受也，为行君令也；宠以百万以富其家，婴非敢为富受也，为通君赐也。臣闻古之贤臣，有受厚赐，而不顾其国族，则过之[⑤]；临事守职，不胜其任，则过之。君之内隶[⑥]，臣之父兄，若有离散，在于野鄙[⑦]，此臣之罪也，君之外隶，臣之所职，若有播亡[⑧]，在于四方，此臣之罪也；兵革之不完备，战车之不修，此臣之罪也。若夫弊车驽马以朝，意者非臣之罪乎？且臣以君之赐，父之党无不乘车者，母之党无不足于衣食者，妻之党无冻馁[⑨]者，国之闲士待臣而后举火者数百家。如此者，为彰君赐乎，为隐君赐乎？”

公曰：“善！为我浮无宇也。”

【注释】

①浮：通“罚”，此为罚酒。

②缁（zī）布之衣：这里指用黑布做的衣服。缁：黑色。

③麋鹿之裘：本义指用麋鹿皮做的外衣，这里指用粗糙的兽皮做成的皮衣。栈轸（zhàn zhěn）：指编排竹木而成的车厢，不张皮革。

④驽（nú）马：不能快跑的劣性马。隐君之赐：隐匿了君王的赏赐。

⑤过之：责罚他。

⑥内隶：宫内的官吏。

⑦野鄙：荒凉偏远的地方。

⑧播亡：流亡。

⑨馁（něi）：饥饿。

【译文】

景公设宴饮酒，田无宇也陪侍在旁边，当他看见晏子向这边走来时，便向景公禀复说："请主公您责罚晏子。"景公说："为什么呢？"田无宇答道："您看晏子穿着黑色的粗布衣服，披着用粗糙的兽皮做成的裘皮衣，乘坐用竹木编排车厢而制作的简陋马车，而且还是用劣马拉着来上朝，这是在故意隐藏君王您对他的赏赐啊。"景公说："说得对。"

晏子坐下后，侍奉大家饮酒的人捧给晏子一杯酒，说："主公命令对您罚酒。"晏子说："这是为什么呢？"

田无宇说："主公赐封给先生上卿的爵位以使您变得尊贵，恩施先生以百万俸禄使您家中富裕，满朝大臣的爵位没有谁比您更尊贵，没有谁的俸禄比您更多了。可如今先生来此赴宴却穿着黑色的粗布衣服，披着用粗糙的兽皮做成的裘皮衣，乘坐用竹木编排车厢而制作的简陋马车，而且还是用劣马拉着来上朝，这是在故意隐藏君王对您的赏赐啊，所以要罚您饮酒。"

晏子离开座席，恭敬地对景公说："请问主公您是让我先饮酒而后说明缘由，还是先说明缘由而后再饮酒呢？"景公说："你先说明缘由再饮酒吧。"

晏子说："主公您赐给我上卿的爵位使我变得尊贵，我不敢只为自身的显贵才去接受它，我这是在执行主公您的命令啊；主公您赏赐给我百万俸禄而使我家富裕，我也并不是为了自身富裕而去接受的，是为了传达主公您对臣下的恩惠啊。我听说古代的贤臣，受到君王丰厚的赏赐以后，却不顾及他的国家和家族的，那么就责罚他；治理政事职守官位，却不能胜任的，那么就责罚他。君王的宫内官吏，微臣的父母兄弟，如果有离散在荒凉偏远之地的，这是我的罪过。君王的宫外官吏，只要是在我职守范围之内的，如果有四处迁徙流亡的，这也是我的罪过。兵器甲胄不完善，损坏了的战车不能及时检查修缮，这也是我的罪过。像我乘坐这种劣马拉着简陋的车上朝，我想这不是我的罪过吧？况且，我凭借主公您给予我的赏赐，使我父亲一方的亲戚没有坐不上车的，使我母亲一方的亲戚也都丰衣足食了，使我妻子一方的亲戚也没有受冻挨饿的，国内闲散无业的读书人等待我的救济才能生火做饭的有几百家。类似这样的做法，是为了彰明主公您对我的赏赐，还是为了隐藏主公您对我的赏赐呢？”

景公说：“很好！现在请先生替我向田无宇罚酒。”

田无宇请求四方之学士晏子谓君子难得第十三

【原文】

田桓子见晏子独立于墙阴，曰：“子何为独立而不忧[①]？何不求四乡之学士可者而与坐？”

晏子曰：“共立似君子，出言而非也。婴恶[②]得学士之可者而与之坐？且君子之难得也，若华山然[③]，名山既多矣，松柏既茂矣，望之相相然[④]，尽目力不知厌。而世有所美焉，固欲登彼相相之上，仡仡然[⑤]不知厌。小人者与此异，若部娄[⑥]之未登，善，登之无蹊，维有楚棘[⑦]而已。远望无见也，俛[⑧]就则伤要，婴恶能无独立焉？且人何忧，静处远虑，见岁若月，学问不厌，不知老之将至，安用从酒[⑨]！”

田桓子曰：“何谓从酒？”

晏子曰：“无客而饮，谓之从酒。今若子者，昼夜守尊，谓之从酒也。”

【注释】

①忧：忧愁。

②恶（wū）：古同“乌”，疑问词，哪，何。

③若华山然：像美丽的高山一样。

④相相然：高耸的山峰相互观望的样子。

⑤仡仡（yì yì）然：壮勇的样子。形容勇敢。

⑥部娄：小山丘。

⑦楚棘：荆棘。

⑧俛（fǔ）：同“俯”。屈身，低头。

⑨从酒：“从”通“纵”，这里指纵酒。

【译文】

田无宇看见晏子独自一人站在墙角的阴凉处，便对晏子说：“先生您为何独自一人站在这里而不感到忧愁呢？为什么不在四乡的学士中找到有学识的人与您同坐呢？”

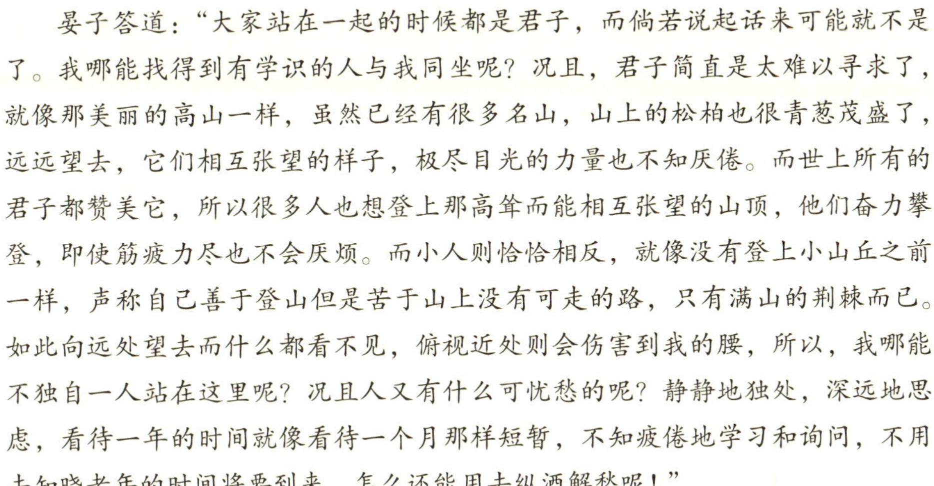

晏子答道：“大家站在一起的时候都是君子，而倘若说起话来可能就不是了。我哪能找得到有学识的人与我同坐呢？况且，君子简直是太难以寻求了，就像那美丽的高山一样，虽然已经有很多名山，山上的松柏也很青葱茂盛了，远远望去，它们相互张望的样子，极尽目光的力量也不知厌倦。而世上所有的君子都赞美它，所以很多人也想登上那高耸而能相互张望的山顶，他们奋力攀登，即使筋疲力尽也不会厌烦。而小人则恰恰相反，就像没有登上小山丘之前一样，声称自己善于登山但是苦于山上没有可走的路，只有满山的荆棘而已。如此向远处望去而什么都看不见，俯视近处则会伤害到我的腰，所以，我哪能不独自一人站在这里呢？况且人又有什么可忧愁的呢？静静地独处，深远地思虑，看待一年的时间就像看待一个月那样短暂，不知疲倦地学习和询问，不用去知晓老年的时间将要到来，怎么还能用去纵酒解愁呢！”

田无宇问晏子：“什么叫纵酒？”

晏子答道：“没有客人也要一个人喝酒，这就叫纵酒。就像你现在一样，不分白天黑夜地守着酒杯，这就叫纵酒。”

田无宇胜栾氏高氏欲分其家晏子使致之公第十四

【原文】

栾氏、高氏欲逐田氏、鲍氏①，田氏、鲍氏先知而遂攻之。高强曰：“先得君②，田、鲍安往？”遂攻虎门③。

二家④召晏子，晏子无所从也。从者曰：“何为不助田、鲍？”晏子曰：“何善焉，其助之也？”“何为不助栾、高？”曰：“庸愈于彼乎？”

门开，公召而入。栾、高不胜而出，田桓子欲分其家，以告晏子。晏子曰：“不可！君不能饬法⑤，而群臣专制，乱之本也。今又欲分其家，利其货⑥，是非制也。子必致之公。且婴闻之，廉者，政之本也；让者，德之主也。栾、高不让，以至此祸，可毋慎乎！廉之谓公正，让之谓保德，凡有血气者，皆有争心，怨利生孽⑦，维义为可以长存。且分争者不胜其祸，辞让者不失其福，子必勿取。”

桓子曰：“善。”尽致之公，而请老于剧。

【注释】

①栾氏：指栾施。高氏：指高强。田氏：指田无宇。鲍氏：指鲍国。四人都是齐国的大臣。

②先得君：先劫持国君。

③虎门：这里指景公宫室的正门。

④二家：指争夺的双方，栾氏和高氏为一伙，田氏和鲍氏为一伙。

⑤饬（chì）法：整顿法纪。饬：整顿，整治，使整齐。

⑥利其货：贪图他们的财物。

⑦孽：祸害。

【译文】

栾施和高强两大家族想把田无宇和鲍国两大家族驱逐出齐国，田无宇和鲍国提早知道了消息，他们二人决定先下手为强攻打栾氏和高氏家族。高强说："我们先劫持景公，只要景公在我们手里，田无宇和鲍国还能往哪儿跑？"

于是他们准备攻打景公宫室的正门。双方都想召晏子加入，但晏子没有顺从任何一方而坚定地拒绝了他们。晏子的侍从问他："您为什么不协助田无宇和鲍国呢？"晏子答道："他们有什么善行，值得我协助吗？"侍卫继续问："那您为什么不协助栾施和高强呢？"晏子答道："难道他们好于田无宇和鲍国吗？"

宫门打开，景公召他们入内。由于晏子在宫中早已设下防备，栾施和高强终因阴谋失败而逃出都城。事后，田无宇想瓜分栾施和高强的家族财产，并将这个想法告诉了晏子。

晏子说："不行！如果国君不能整顿法纪，而让群臣专权，这就是祸乱的根源。而现在您想要瓜分他们的家产，贪图他们的财物，这是不符合

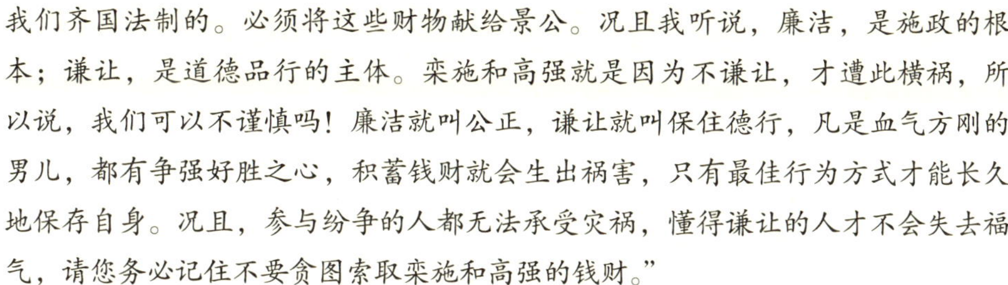

我们齐国法制的。必须将这些财物献给景公。况且我听说，廉洁，是施政的根本；谦让，是道德品行的主体。栾施和高强就是因为不谦让，才遭此横祸，所以说，我们可以不谨慎吗！廉洁就叫公正，谦让就叫保住德行，凡是血气方刚的男儿，都有争强好胜之心，积蓄钱财就会生出祸害，只有最佳行为方式才能长久地保存自身。况且，参与纷争的人都无法承受灾祸，懂得谦让的人才不会失去福气，请您务必记住不要贪图索取栾施和高强的钱财。”

田无宇说：“好的。”于是将栾施和高强的钱财都献给景公，然后向景公请求告老还乡，回到剧城去养老。

子尾疑晏子不受庆氏之邑晏子谓足欲则亡第十五

【原文】

庆氏[①]亡，分其邑，与晏子邶殿[②]，其鄙六十，晏子勿受。子尾[③]曰：“富者，人之所欲也，何独弗[④]欲？”

晏子对曰：“庆氏之邑足欲，故亡。吾邑不足欲也，益之以邶殿，乃足欲，足欲，亡无日矣。在外不得宰吾一邑，不受邶殿，非恶富也，恐失富也。且夫富，如布帛之有幅[⑤]焉，为之制度，使无迁也。夫民生厚而用利，于是乎正德以幅之，使无黜慢[⑥]，谓之幅利[⑦]，利过则为败，吾不敢贪多，所谓幅也。”

【注释】

①庆氏：这里指庆封。庆封（？～公元前538），春秋时齐国的大夫。

②邶（bèi）殿：春秋时为齐国的别都，战国齐国的七十二城池之一，后更名为都昌。故址在今山东省昌邑市市区北部。

③子尾：又称公孙虿（chài）。齐惠公之孙，子尾氏的始祖。春秋时期齐国的大夫。

④弗（fú）：不。

⑤幅：宽度，幅度。本意指布的宽度，引申为事物的限度。

⑥黜（chù）：废除，取消，去掉。慢：怠慢，懒惰。

⑦幅利：限度利益。使贪利之心有所节制。

【译文】

庆封的家族灭亡之后，景公将庆封的食邑分给其他人，把邶殿分给了晏子，其中还有六十座小城池，但晏子没有接受。子尾对晏子说："财富是每个人都想要的，为什么唯独先生您不要呢？"

晏子答道："庆封的食邑满足了他的欲望，所以他逃亡了。目前我的食邑不足以满足我的欲望，如果增加邶殿给我，那就足够满足我的欲望了，而欲望得到满足，也就离我逃亡的日子不远了。如果沦落到逃亡在外，就算有一座城池也不能主宰，不如只守护我现在所拥有的这些食邑，我不接受邶殿，不是因为我厌恶财富，恰恰是因为害怕失去财富啊。况且那财富，就像布帛一样是有一定宽度的，为它制定限度，就可以使它的宽窄规范不会随意改变。如果想让那些百姓的生活丰厚而且能长久地享用利益，那么就要用道德仁义来约束他们，使他们没有废除习俗、怠慢懒惰的思想，这就可以称为利益限度，限制他们追求私利的欲望，如果过度追求私利，人生就会失败，我不敢贪图过多，这就是所谓的自我限制了。"

景公禄晏子平阴与槀邑晏子愿行三言以辞第十六

【原文】

景公禄晏子以平阴与槀邑①，反市②者十一社。晏子辞曰："吾君好治宫室，民之力弊矣；又好盘游③玩好，以饬④女子，民之财竭矣；又好兴师，民之死近矣。弊⑤其力，竭其财，近其死，下之疾其上甚矣！此婴之所为不敢受也。"

公曰："是则可矣。虽然，君子独不欲富与贵乎？"

晏子曰："婴闻为人臣者，先国后家，先君后身；安国而度家，宗⑥君而处身，曷⑦为独不欲富与贵也！"

公曰："然则曷以禄⑧夫子？"

晏子对曰："君商渔盐，关市讥而不征；耕者十取一焉；弛刑罚，若死者刑，若刑者罚，若罚者免。若此三言者，婴之禄，君之利也。"

公曰："此三言者，寡人无事焉，请以从夫子。"公既行若三言，使人问大国，大国之君曰："齐安矣。"使人问小国，小国之君曰："齐不我加矣。"

【注释】

①平阴：地名，别称"玫城"，在今山东省省会济南市的市郊县。槀（gǎo）邑：地名，在今山东省。

②反市：反通“贩”，这里指贩卖物品的集市。

③盘游：游乐。

④饬（chì）：通“饰”，妆饰。

⑤弊：衰落，疲惫。

⑥宗：此处用为归向之意。

⑦曷（hé）：何，怎么，为什么。

⑧禄：俸给，俸禄，指君王赐予的赏赐物品。

【译文】

景公准备把平阴城与稾城赏赐给晏子，其中贩卖物品的集市有十一处。晏子辞谢景公，说：“我的君主喜好修建宫室，已经使齐国百姓精疲力竭了；您又喜欢游乐，爱好收集玩物，用来打扮宫中的女子，致使百姓的财物竭尽所有了；您又喜好兴师征伐，百姓都已濒临死亡了。如今城中的百姓精疲力竭、竭尽财物，濒临死亡，那百姓都非常怨恨君上您啊！这就是我不敢接受您赏赐的原因了。”

景公说：“这样说也可以。虽然是这样，难道君子就不想接受馈赠而拥有财富和尊贵吗？”

晏子答道：“我听说，作为臣子，要先顾及国而后再顾及家，要先忧虑君王而后再想到自己；只有国家安定了我们才能安居乐业，一心归向君王我们才能安身立命，我怎么会想独自拥有财富和尊贵呢！”

景公说：“既然这样，那么我拿什么俸禄来赏赐先生呢？”

晏子答道：“君王经营渔盐只需放宽税收，对于集市，只需盘查而不要征收税赋；耕作的百姓如果收获十成我们只取一成；放松刑罚，如果被判了死刑的就改判成徒刑，如果被叛了徒刑的就改判为处罚，如果被叛处罚的就改判成赦免。如果以上这三条所说的，作为我的俸禄，那么就能变成君王您的利益了。”

景公说：“这三条所说的，我没有做不到的，就依从先生的想法去办吧。”景公完成这三条谏言以后，派遣使者去大诸侯国询问，那些大诸侯国的国君纷纷说：“齐国安定了。”景公再派遣使者去小诸侯国询问，那些小诸侯国的国君纷纷说：“齐国不再欺凌我们了。”

梁丘据言晏子食肉不足景公割地将封晏子辞第十七

【原文】

晏子相齐，三年，政平民说①。梁丘据见晏子中食而肉不足，以告景公。

旦日②，封晏子以都昌，晏子辞不受，曰："富而不骄者，未尝闻之；贫而不恨者，婴是也。所以贫而不恨者，以若为师也。今封，易③婴子师，师已轻，封已重矣，请辞。"

【注释】

①说：通"悦"，喜悦。

②旦日：第二天。

③易：更换，改变。

【译文】

晏子担任齐国的辅相，已经三年了，在这三年里，政治清平，百姓喜悦。有一天，梁丘据看见晏子中午吃饭的时候，膳食简单而肉食不足，梁丘据便将这件事告诉了景公。

第二天，景公将都昌的土地赐封给晏子，晏子辞谢而没有接受，说："富有却不骄纵奢侈的人，我从来没听说过；但是贫穷却不怨恨的人，说的就是我。我之所以贫穷而不怨恨，是因为我把贫穷当

作我的老师了。如今，如果我接受封地而变得富有，那么就相当于更换了我的老师，这样一来，老师已经被轻视，封赏已被重视，那么晏婴只好请求辞官而去了。”

景公以晏子食不足致千金而晏子固不受第十八

【原文】

晏子方食，景公使使者至。分食食之[①]，使者不饱，晏子亦不饱。使者反，言之公，公曰：“嘻！晏子之家，若是其贫也，寡人不知，是寡人之过也！”

使吏致千金与市租[②]，请以奉宾客[③]。晏子辞，三致之，终再拜而辞曰：“婴之家不贫。以君之赐，泽覆三族[④]，延及交游，以振百姓，君之赐也厚矣！婴之家不贫也！婴闻之，夫厚取之君，而施之民，是臣代君君民也，忠臣不为也。厚取之君，而不施于民，是为筐箧[⑤]之藏也，仁人不为也。进取于君，退得罪于士，身死而财迁于它人[⑥]，是为宰藏也，智者不为也。夫十总[⑦]之布，一豆[⑧]之食，足于中免矣。”

景公谓晏子曰：“昔吾先君桓公，以书社[⑨]五百封管仲，不辞而受，子辞之何也？”

晏子曰：“婴闻之，圣人千虑，必有一失；愚人千虑，必有一得。意者管仲之失，而婴之得者耶？故再拜而不敢受命。”

【注释】

①分食食之：将自己的食物分给别人吃。

②市租：商人卖东西需要交的税。

③奉宾客：款待宾客。

④三族：指父族、母族和妻族。

⑤筐箧（qiè）：竹筐，竹箱子。

⑥它人：一作“他人”。指别人。

⑦总：古代布匹八十缕为一总。

⑧豆：古代计量单位，古代四升为一豆。

⑨书社：又称为“里社”。书社，即将社员之名籍书于社簿，它实际上是历来实行的一种基层行政管理制度。

【译文】

晏子刚准备吃饭的时候，偏巧景公派来拜访的使者到了。于是晏子把自己的食物分给使者一起吃，因为食物很少，所以使者没吃饱，晏子也没吃饱。使者回到宫中后，就对景公说了这件事。景公说："唉！晏子的家，竟然这样贫穷啊，我竟然不知道，这是我的过错啊！"

于是景公派官吏送给晏子千金以及从市井商人那里收敛的税赋，让晏子用这些钱来供养宾客。晏子辞谢而没有接受，景公派官吏连续给他送了三次，最后晏子再拜谢而推辞，说："我的家并不贫穷。以君王给我的赏赐，恩泽已经遍及了我的父、母、妻三族，而且还顺延到我交游的朋友，还能拿出一部分赏赐用来赈济百姓，足以证明君王对我的赏赐已经很丰厚了！所以说，我的家并不贫穷啊！我听说，从君王那里取得丰厚的财物，而将这些财物施恩给百姓，就是臣子在替国君统治百姓，忠臣是不会这样做的。如果从君王那里取得丰厚的财物，而不施舍给百姓，这就变成了储藏财物的竹箱子了，仁德之人是不会这样做的。进身朝廷就是为了从君王那里取得财物，退身民间后又得罪了士人，等到身死之后这些财物就会转移到别人手里，这就成为任人宰割的储藏了，智者是不会这样做的。那十总丝缕纺织而成的粗俗布衣，一豆的粮食，对于我安度晚年来说已经足够了，其他都可以免去。"

景公对晏子说："当年我的祖上齐桓公，将五百书社封地赏赐给管仲，他都没有推辞而接受，如今先生为什么要推辞呢？"

晏子答道："我听说，圣人千虑，必有一失；愚人千虑，必有一得。我想，管仲的失误之处，正是我所获得的地方吧？所以再次拜谢而不敢接受封赏。"

景公以晏子衣食弊薄使田无宇致封邑晏子辞第十九

【原文】

晏子相齐，衣十升之布[①]，食脱粟之食[②]，五卯、苔菜[③]而已。左右以告公，公为之封邑，使田无宇致台与无盐[④]。

晏子对曰："昔吾先君太公受之营丘，为地五百里，为世国长，自太公至于公之身，有数十公矣。苟能说其君以取邑[⑤]，不至公之身，趣齐搏以求升土，不得容足而寓焉。婴闻之，臣有德益禄，无德退禄，恶[⑥]有不肖父为不肖子为封邑以败其君之政者乎？”遂不受。

【注释】

①十升之布：指比较粗糙的布。升：古代八十缕为一升。

②脱粟之食：粗糙的食物。

③五卯：指古代用盐腌制的咸菜。苔菜：清淡的蔬菜。

④台与无盐：这里指台邑和无盐邑。

⑤苟：如果。说：古通“悦”，取悦。

⑥恶（wū）：古同“乌”，疑问词，哪，何。

【译文】

晏子作为齐国的辅相，穿的是比较粗糙的布衣，吃的也是十分粗糙的脱壳粮食，以及那些用粗盐腌制的咸菜和一些清淡的蔬菜而已。景公身边的侍臣将这件事告诉了景公，于是景公准备封赏食邑给晏子，并派田无宇将台邑和无盐邑分封给晏子。

晏子回复说：“当年我们的祖先太公受封到营丘，营丘之地绵延五百里，因此而成为当世诸侯国之首。从太公到我们现在的君王，其间经历了数十个国君了。如果说取悦君王的人就能得到封邑，那么还没轮到我们主公君临天下，来到齐国博取君王喜悦而求取土地的人就已经没有了立足之地了。我听说，臣子有德行才能增加俸禄，臣子无德行就要退还俸禄，哪有品行不好的父亲为品行不好的儿子取得封邑而败坏他们国君的政治呢？”于是晏子没有接受景公赐予的封邑。

田桓子疑晏子何以辞邑晏子答以君子之事也第二十

【原文】

景公赐晏子邑，晏子辞。田桓子[①]谓晏子曰：“君欢然[②]与子邑，必不受以恨君，何也？”

晏子对曰：“婴闻之，节受于上者，宠长于君，俭居于处者，名广于外。夫长宠广名，君子之事也。婴独庸能已乎[③]？”

【注释】

①田桓子：指齐国的大臣田无宇。

②欢然：高兴的样子。

③庸：岂，怎么。已：止，罢了。

【译文】

景公赐予晏子食邑，晏子不接受。田无宇对晏子说："我们主公高高兴兴地赏赐给你食邑，你却违背主公的意思固执地不接受而使君王怨恨，这是为什么？"

晏子答道："我听说，有节制地接受君王的赏赐，就能得到君王长久的宠信，生活节俭的人，他的美名就会远扬千里之外。那长期得到宠信而又被人们广泛传播美名，这是君子做的事，我又怎么敢不这样做呢？"

景公欲更晏子宅晏子辞以近市得求讽公省刑第二十一

【原文】

景公欲更晏子之宅，曰："子之宅近市，湫隘[①]嚣尘[②]，不可以居，请更诸爽垲[③]者。"

晏子辞曰："君之先臣容焉，臣不足以嗣[④]之，于臣侈矣。且小人[⑤]近市，朝夕得所求，小人之利也。敢烦里旅[⑥]！"

公笑曰："子近市，识贵贱乎？"

对曰："既窃利之，敢不识乎？"

公曰："何贵何贱？"是时也，公繁于刑，有鬻踊者[⑦]。故对曰："踊贵而屦贱。"公愀然[⑧]改容，公为是省于刑。

君子曰："仁人之言，其利博哉！晏子一言，而齐侯省刑。《诗》曰：'君子如祉，乱庶遄已[⑨]。'其是之谓乎。"

【注释】

①湫隘（jiǎo ài）：低洼狭窄，低下狭小。

②嚣尘：喧嚣不已，尘土飞扬。

③爽垲（kǎi）：地势高而干燥的地方。

④嗣（sì）：接续，继承。

⑤小人：这里是晏子的自谦之辞。

⑥里旅：指里有司，是春秋时期统帅五十人的军队的官职名称。

⑦鬻（yù）踊者：指当时因受到酷刑被砍去双脚的人。踊：古代受过刖刑的人穿的鞋。

⑧愀（qiǎo）然：面容严肃，忧愁、悲伤的样子。

⑨君子如祉（zhǐ），乱庶遄（chuán）已：君子就如同福祉，一旦出现，祸乱很快就会停止。祉：福。遄：快，急速。

【译文】

景公打算更换晏子居住的府宅，对晏子说：“先生您的府宅临近集市，那里地势低洼狭窄，喧嚣不已，尘土飞扬，实在是不能用来居住，请您更换到地势高而干燥的地方居住吧。”

晏子辞谢了景公，说：“我的祖先曾经就容身在这里，微臣不才，还不足以继承它，对于我来说，能住在这里已经很奢侈了。而且小人我住的地方靠近集市，早晚之间，片刻就能买到所需的东西，这是我住在这里的便利之处，哪敢劳烦里有司费心呢！”

景公笑着说：“你靠近集市，那你知道什么东西贵什么东西贱吗？”

晏子答道：“我既然私下里认为这里有利于我，我怎敢不知道这些呢？”

景公问：“那你说，什么东西贵，什么东西贱呢？”因为当时，景公制定的酷刑繁多，有很多受刑的人都被砍断了脚，因此集市上有很多卖这种特制鞋的。所以晏子答道：“受过刖刑的人穿的鞋贵，而正常人穿的鞋子便宜。”景公听到这句话后神情忧愁、脸变了颜色，景公还因为这件事而废除了很多酷刑。

城中的君子说："仁德之人说的话，其所带来的益处很大啊！晏子一句话，就使齐景公减少了很多酷刑。正如《诗经》中说的：'君子就如同福祉，一旦出现，那么祸乱很快就会停止。'看来，这句话中的君子，说的就是晏子啊。"

景公毁晏子邻以益其宅晏子因陈桓子以辞第二十二

【原文】

晏子使晋，景公更①其宅，反则成矣。既拜，乃毁之，而为里室，皆如其旧，则使宅人反②之，曰："谚曰：'非宅是卜③，维邻是卜。'二三子先卜邻矣，违卜不祥。君子不犯非礼，小人不犯不祥，古之制也。吾敢违诸乎？"

卒复其旧宅，公弗许④。因陈桓子以请，乃许之。

【注释】

①更：更改，改换。这里指重新修建。

②反：通"返"，返回。

③卜：选择。

④弗（fú）：不。许：准许，同意。

【译文】

晏子出使晋国期间，景公重新修建了晏子的住宅，等到晏子出使返回的时候，新的住宅已经完成了。晏子进宫拜谢景公，回来后就拆除了新宅，继而建成带有里巷的房室，全部跟原来旧宅的排列一样，然后又叫那些邻居迁回来，并对他们说："有一句谚语说'不要选择住宅，唯有选择邻居。'你们几位既然选好了邻居在先，如果强行违背这种选择是不吉利的。君子不触犯不合礼仪的事，小人不触犯不吉祥的事，这是自古以来就有的制度。我怎敢违背这些制度呢？"

最终，晏子恢复了原来住宅的样貌，但景公不允许他这样做。后来由于齐国的大臣田恒子一再陈辞请求，景公才同意。

景公欲为晏子筑室于宫内晏子称是以远之而辞第二十三

【原文】

景公谓晏子曰："寡人欲朝夕相见，为夫子筑室于闺内①，可乎？"

晏子对曰："臣闻之，隐而显，近而结，维至贤耳。如臣者，饰其容止，以待承令②，犹恐罪戾③也。今君近之，是远之也，请辞。"

【注释】

①闺内：宫内。

②承令：接受命令。

③罪戾（lì）：罪过。

【译文】

景公对晏子说："我想与您朝夕相见，所以我打算在宫中为您修建一处居室，可以吗？"

晏子答道："我听说，隐居避世而能声名显赫，亲近而能永久牢固，这只有圣贤之人才能做到。像我这样的人，需要好好装饰下自己的仪容举止，以便等待承接主公您的命令，即使这么做还唯恐有失犯下罪过。如今主公您为我修建居室是为了亲近我，实则是在疏远我啊，所以请求我推辞主公的美意。"

景公以晏子妻老且恶欲内爱女晏子再拜以辞第二十四

【原文】

景公有爱女，请嫁于晏子，公乃往燕①晏子之家，饮酒，酣，公见其妻曰："此子之内子②邪？"

晏子对曰："然，是也。"

公曰："嘻！亦老且恶矣。寡人有女少且姣[3]，请以满[4]夫子之宫。"

晏子违席而对曰："乃此则老且恶，婴与之居故矣，故及其少而姣也。且人固以壮托乎老，姣托乎恶，彼尝托，而婴受之矣。君虽有赐，可以使婴倍其托乎[5]？"再拜而辞。

【注释】

①燕：古同"宴"，宴饮。

②内子：内人。这里指晏子的妻子。

③恶：丑陋。姣：容貌美好。

④满：充实。这里指景公想把自己的女儿嫁给晏子。

⑤倍：背弃。托：寄托，依托。

【译文】

景公有一个十分宠爱的女儿，想把她下嫁给晏子，于是景公去往晏子家中宴饮，两个人喝得酒兴正浓时，景公看见晏子的妻子经过，景公问："这是你的妻子吗？"

晏子答道："是，是的。"

景公说："嘻，你的妻子又老又丑了，我有一个爱女年轻而且容貌娇美，请让她嫁过来以充实先生的内室吧。"

晏子听到景公的话后，连忙离开座席而躬身回答："我的妻子虽然现在又老又丑，但我与她已经一起生活多年了，在过去的时光里她也曾经是年轻貌美的。况且人生原本就是在年轻之中寄寓着衰老，美好容貌之中寄寓着丑陋，年轻的时候她便将终身都托付给了我，而我也接受了她的依托。主公您虽然对我有恩赐，可是，这能让我背弃曾经承诺妻子的托付吗？"晏子再次拜谢景公而推辞。

景公以晏子乘弊车驽马使梁丘据遗之三返不受第二十五

【原文】

晏子朝，乘弊车，驾驽马。景公见之曰："嘻！夫子之禄寡耶？何乘不佼之甚也？"

晏子对曰："赖君之赐，得以寿三族①，及国游士，皆得生焉。臣得暖衣饱食，弊车驽马，以奉其身，于臣足矣。"

晏子出，公使梁丘据遗之辂车乘马②，三返不受。公不说，趣③召晏子。晏子至，公曰："夫子不受，寡人亦不乘。"

晏子对曰："君使臣临百官之吏，臣节其衣服饮食之养，以先齐国之民④，然犹恐其侈靡而不顾其行也。今辂车乘马，君乘之上，而臣亦乘之下，民之无义，侈其衣服饮食而不顾其行者，臣无以禁之。"遂让不受。

【注释】

①三族：指父族、母族、妻族。

②辂（lù）车：这里指古时候帝王所乘的一种大马车。乘马：古代四匹马拉的车。

③趣：古通"促"，催促，立即，从速。

④先齐国之民：为齐国的人做出榜样。

【译文】

晏子上朝，每天都是乘坐一辆破旧的马车，拉车的马也是不能快跑的劣马。景公见到这种情况，说："唉！难道是我赐给先生的俸禄太少了吗？为什么先生会乘坐这么不堪胜任的破旧马车呢？"

晏子答道："我依赖君王的恩赐，才得以用俸禄福荫父、母、妻三族，惠及国内喜好交游的贤士，使他们都能得以生存。我每天都能吃饱穿暖，还有旧车和劣马载我出行，可以奉养自身，这一切对于我来说已经足够了。"

晏子出宫后，景公命令梁丘据从宫中选一辆有四匹好马的大车赠送给晏子，然而被晏子拒绝了，甚至连续送了三次晏子都没有接受。景公很不高兴，立即召见晏子。晏子到了以后，景公说："如果先生再不接受这辆马车，那么我以后也不乘坐马车了。"

晏子说："主公您遣使我成为治理百官的官员，我就应当节俭自身衣服饮食的供养，奉行节俭的风气，以便去顾及齐国国内的民众，然而即便如此，我还是唯恐自己有过于奢侈而没有顾及民众的行为。如今这有四匹好马驾驭的大车，主公您乘坐其上可以，而臣下也乘坐这样的马车行驶于君王之下，那么民众就会效法而做事不讲求最佳的行为方式，出现那些追求奢华的衣服和饮食浪费而不顾自己行为的人，如此下去，我将没有理由去禁止他们。"于是，晏子谦让而辞谢了景公，始终没有接受这个赏赐。

景公睹晏子之食菲薄而嗟其贫晏子称有参士之食第二十六

【原文】

晏子相景公，食脱粟[①]之食，炙三弋[②]、五卯、苔菜耳矣。公闻之，往燕[③]焉，睹晏子之食也。公曰："嘻！夫子之家如此其贫乎！而寡人不知，寡人之罪也。"

晏子对曰："以世之不足也，免粟之食饱，士之一乞也；炙三弋，士之二乞也；五卯，士之三乞也。婴无倍人之行[④]，而有参[⑤]士之食，君之赐厚矣！婴之家不贫。"再拜而谢。

【注释】

①脱粟：脱掉谷皮的粗糙粮食。

②弋：指禽鸟。

③燕：古同"宴"，宴饮。

④无倍人之行：没有比别人更强的能力。倍人：比别人加倍。

⑤参：古同"叁"，是三的大写。

【译文】

晏子作为景公的辅相，每天吃的仅仅是脱掉谷皮的粗糙粮食，烧烤禽鸟充当三餐肉食、食用粗盐腌制的咸菜以及煮食苔菜而已。景公听说这件事后，去往晏子家宴饮，目睹了晏子的食物。景公说："唉！先生的家境竟然如此贫穷啊！而我却不知道，这都是我的过错啊。”

晏子说：“因为世上的食物本来就不多啊，能吃到去掉谷皮的粗糙粮食就可以吃饱，这是士人的第一种乞求；能有烧烤的禽鸟吃，这是士人的第二种乞求；能吃到用粗盐腌制的咸菜，这是士人的第三种乞求啊。我没有比别人加倍的能力，却满足了士人所乞求的三种食物，所以说，君王您对我的赏赐已经很丰厚了！我的家也并不贫穷。”说完，晏子恭敬地再次拜谢景公。

梁丘据自患不及晏子晏子勉据以常为常行第二十七

【原文】

梁丘据谓晏子曰：“吾至死不及夫子矣！”

晏子曰：“婴闻之，为者常成①，行者常至②。婴非有异于人也，常为而不置③，常行而不休者，故难及④也。”

【注释】

①为者常成：只要肯作为，常常能取得成功。

②行者常至：只要有所行为，常常能达到目的。

③不置：不搁置，不放弃。

④及：达到。

【译文】

梁丘据对晏子说：“唉！恐怕我到死也赶不上先生您了！”

晏子说：“我听说，只要你肯作为，常常能够取得成功，只要你肯有所行为，常常能够达到目的。我并没有不同于别人的地方啊，只不过是经常作为而且不放弃，常常行动而不懈怠休止，这就是你认为赶不上我的原因吧。”

晏子老辞邑景公不许致车一乘而后止第二十八

【原文】

晏子相景公，老，辞邑①。公曰："自吾先君定公至今，用世多矣，齐大夫未有老辞邑者矣。今夫子独辞之，是毁国之故②，弃寡人也。不可！"

晏子对曰："婴闻古之事③君者，称④身而食。德厚而受禄，德薄则辞禄。德厚受禄，所以明上也；德薄辞禄，可以洁下也。婴老，德薄无能，而厚受禄，是掩上之明，污下之行，不可。"

公不许，曰："昔吾先君桓公，有管仲恤劳齐国，身老，赏之以三归⑤，泽及子孙。今夫子亦相寡人，欲为夫子三归，泽至子孙，岂不可哉？"

对曰："昔者管仲事桓公，桓公义高诸侯⑥，德备百姓。今婴事君也，国仅齐于诸侯，怨积乎百姓，婴之罪多矣，而君欲赏之，岂以为不肖父为不肖子厚受赏以伤国民义哉？且夫德薄而禄厚，智惛⑦而家富，是彰污而逆教也，不可。"公不许。

晏子出，异日朝，得间而入邑，致车一乘而后止。

【注释】

①邑：食邑。古代诸侯封赐所属卿、大夫作为世禄的田邑（包括土地上的劳动者在内）。又称采邑、采地、封地。因古代中国之卿、大夫世代以采邑为食禄，故称为食邑。其盛行于周。

②毁国之故：破坏国家固有的制度。

③事：侍奉。

④称：衡量，称量。

⑤三归：三处采邑，即三处封地。

⑥义高诸侯：大义高于各个诸侯。这里指当年齐桓公九合诸侯，匡扶周朝，为各诸侯盟主的事情。

⑦惛（hūn）：迷乱；糊涂，昏庸。

【译文】

晏子担任齐景公的辅相多年，在告老还乡的时候，晏子准备归还食邑，景

公说：“自从我祖上齐太公定国以来，出仕入朝为官的人很多，但是齐国大夫当中还没有一个告老还乡时归还食邑的。如今唯独先生您准备归还食邑，您这是在破坏国家固有的制度，要抛弃寡人啊。不可以！”

晏子说：“我听说古代那些侍奉国君的臣子，都是衡量自身的才能和德行而获得食邑的。道德品行深厚的才能接受俸禄，道德品行薄弱的就要归还俸禄。道德品行深厚的才能接受俸禄，所能以此彰明君上的圣明；而令道德品行薄弱的归还俸禄，可以使臣下廉洁。我现在已经年老体衰，德行薄弱而没有能力辅助君王治理民众，却依旧享受丰厚的俸禄，这是掩盖了君王的圣明，使下边的人变得贪婪，这样做不可以。”

景公不准许，说：“以前我的先君齐桓公，有管仲佐助他去治理齐国，管仲告老还乡的时候，先君封赐他三处采邑，得到的恩泽遍及子孙。如今先生您也是我的辅相，我也想赏赐先生您三处采邑，这难道不可以吗？”

晏子回答：“当年管仲侍奉齐桓公时，使桓公的德行道义高于各路诸侯而成为五霸之首，以德施行仁政使百姓受到恩惠。而如今我侍奉主公，齐国的国力与各个诸侯国仅能齐平，而且民间百姓积怨很深，我的罪过太多了，而君王您却要赏赐我，哪有让不贤明的父亲为不贤明的儿子接受丰厚的俸禄来伤害国家和百姓的道义呢？况且德行薄弱反而俸禄丰厚，心智迷乱愚昧的人反而家中富有，这是在表彰污行而违背圣人的教化啊，这是不可以的。”景公还是不准许。

晏子退出皇宫，过了一些日子再次入朝辞官，晏子抽空回到景公赐封给他的采邑，归还了一辆马车而后了结此事。

晏子病将死妻问所欲言云毋变尔俗第二十九

【原文】

晏子病，将死，其妻曰：“夫子无欲言①乎？”

晏子曰：“吾恐死而俗变②，谨视尔家，毋③变尔俗也。”

【注释】

①欲言：想要说的话。

②俗变：习俗改变。

③毋：不，不要。

【译文】

晏子得了重病，将要不久于人世，他的妻子对他说：“夫君没有什么想要说的话吗？”

晏子说：“我恐怕死后家中的习俗会有所改变，你要要谨慎看守家中的规矩，不要改变你的习俗啊。”

晏子病将死凿楹纳书命子壮示之第三十

【原文】

晏子病，将死，凿楹纳书焉①，谓其妻曰：“楹语②也，子壮而示之。”

及壮，发书，书之言曰：“布帛不可穷③，穷不可饰；牛马不可穷，穷不可服④；士不可穷，穷不可任；国不可穷，穷不可窃也。”

【注释】

①楹：厅前堂的柱子。书：这里指遗书，本句指晏子将遗书放进了厅堂前的柱子里。

②楹语：遗书。

③穷：穷尽，完结。

④服：从事，致力。这里指拉犁耕地。

【译文】

晏子得了重病，将要死去，晏子凿开厅堂的柱子将遗书放在里面，并对他的妻子说：“厅堂的柱子里藏着我的遗书，你等孩子们长大后再明示给他们看。”

孩子们长大后，从厅堂的柱子里取出了遗书，发现了遗书，遗书上说：“布匹和丝绸不能穷尽，因为穷尽了就会没有衣服装饰身体；牛和马不可穷尽，因为穷尽了就没有了从事耕种的工具；读书人的士气不可穷尽，因为穷尽了就不能被任用而自立；国家的气脉不能穷尽，因为穷尽了就会被人欺辱甚至亡国，那么也就不会有家园了。”

《晏子春秋》·卷七·外篇第七

景公饮酒命晏子去礼晏子谏第一

【原文】

景公饮酒数日而乐，释衣冠①，自鼓缶，谓左右曰："仁人亦乐是乎？"梁丘据②对曰："仁人之耳目，亦犹人也，夫奚为独不乐此也？"公曰："趣驾迎晏子。"

晏子朝服而至，受觞再拜。公曰："寡人甚乐此乐，欲与夫子共之，请去礼。"

晏子对曰："君之言过矣！群臣皆欲去礼以事君，婴恐君之不欲也。今齐国五尺之童子，力皆过婴，又能胜君，然而不敢乱者，畏礼义也。上若无礼，无以使其下，下若无礼，无以事其上。夫麋鹿维无礼，故父子同麀③。人之所以贵于禽兽者，以有礼也。婴闻之，人君无礼，无以临邦；大夫无礼，官吏不恭；父子无礼，其家必凶；兄弟无礼，不能久同。《诗》曰：'人而无礼，胡不遄④死。'故礼不可去也。"

公曰："寡人不敏，无良左右淫蛊寡人，以至于此，请杀之。"晏子曰："左右何罪？君若无礼，则好礼者去，无礼者至；君若好礼，则有礼者至，无礼者去。"公曰："善。请易衣革冠，更受命。"

晏子避走，立乎门外。公令人粪洒⑤改席，召晏子，衣冠以迎。晏子入门，三让，升阶，用三献⑥礼焉；嗛酒⑦尝膳。再拜，告餍⑧而出，公下拜，送之门，反，命撤酒去乐，曰："吾以彰晏子之教也。"

【注释】

①释衣冠：脱掉礼服，摘下帽子。

②梁丘据：春秋时齐国的大夫，很受齐国君主齐景公的信任，生平不详。

③维：以，因为。父子同麀（yōu）：这里指麋鹿父子共同占有一个母鹿。麀：母鹿。

④遄（chuán）：快，迅速。

⑤粪洒：洒扫。

⑥三献：古代祭祀时需献酒三次，第一次叫初献爵，第二次叫亚献爵，第

三次叫终献爵，这里指敬献景公饮酒三次。

⑦嗛（xián）酒：饮酒。嗛：古同“衔”，用嘴含。

⑧餍（yàn）：吃饱。

【译文】

景公一连几天都在宫中饮酒作乐，甚至脱掉礼服摘下帽子，亲自击缶奏乐，并对左右的侍臣说：“天下间的仁人也都是这样玩乐的吗？”梁丘据答道：“仁人的耳朵、眼睛也还是人的啊，他们有什么独特的，而不是这样取乐的呢？”景公说：“快去驾车把晏子接来。”

晏子穿着朝服来到这里，接受了赐酒之后又拜谢了一次。景公说：“我非常喜欢这样没有拘束的欢乐，想与先生共同享受这份欢乐，请先生也去掉这些烦琐的礼仪吧。”

晏子说：“主公您这话就有些过了！众位大臣们都想要去掉这些礼仪来侍奉您，恐怕身为君王的您不想去掉这些礼仪吧。如今齐国五尺高的孩童，力气都能超过我，当然也能胜过主公您，但是他们不敢犯上作乱的原因，就是因为畏惧礼仪啊。君上若不讲礼仪，就不足以役使他的臣下，臣下若不讲礼仪，就不足以侍奉他的君上。那麋鹿就因为是不讲礼仪的动物，所以麋鹿的父子共同占有一只母鹿。人之所以比禽兽高贵，就是因为人懂得礼仪。我听说，身为众人之上的君王如果不讲礼仪，就无法治理好自己的国家；朝中大夫如果不讲礼仪，官吏们就不会对他恭敬；父子之间如果不讲礼仪，他们的家中就必定会招致祸患；兄弟之间如果不讲礼仪，那么就不能长久和睦共处。《诗经》中说：‘为人而不讲礼仪，那还不如快点死去。’所以礼仪是绝对不可以舍去的。”

景公说：“我不是聪慧的人，没有良心的左右侍臣用淫邪的思想蛊惑我，才致使我像今天这样，请诛杀他们。”晏子说：“左右的侍卫有什么罪过呢？君王您如果不讲求礼仪，那么善于讲礼仪的人就会离你而去，而不讲礼仪的人就会到来；君王您若是善于讲礼仪，那么讲礼仪的人就会到来，而不讲礼仪的人就会自动离开。”景公说：“好，请等我改穿礼服、更换帽子，再来聆听您的教诲。”

于是，晏子回避退出，站在门外。景公命人洒扫地面，更换酒席，召唤内侍为他换好衣冠迎候晏子进见。晏子进门之后，礼让三次，登上台阶，向景公敬献三杯美酒；君臣快乐地细斟慢饮，品尝美味膳食，酒足饭饱后。晏子再次拜谢，并且行告别礼向景公辞行，景公回礼下拜，送晏子到门口后而返回，命人撤去酒席、停止饮酒作乐，并说：“我要用这样的行为来彰显晏子对我的教导。”

景公置酒泰山四望而泣晏子谏第二

【原文】

景公置酒于泰山之阳，酒酣，公四望其地，喟然[①]叹，泣数行而下，曰："寡人将去此堂堂国者而死乎？"左右佐哀而泣者三人，曰："臣，细人也，犹将[②]难死，而况公乎？弃是国也而死，其孰可为乎？"

晏子独搏其髀[③]，仰天而大笑曰："乐哉！今日之饮也。"公怫然[④]怒曰："寡人有哀，子独大笑，何也？"晏子对曰："今日见怯君一，谀[⑤]臣三人，是以大笑。"公曰："何谓谀怯也？"

晏子曰："夫古之有死也，令后世贤者得之以息，不肖者得之以伏。若使古之王者毋知有死，自昔先君太公至今尚在，而君亦安得此国而哀之？夫盛之有衰，生之有死，天之分也。物有必至[⑥]，事有常然，古之道也。曷[⑦]为可悲？至老尚哀死者，怯也；左右助哀者，谀也。怯谀聚居，是故笑之。"

公惭而更辞曰："我非为去国而死哀也。寡人闻之，彗星出，其所向之国君当之，今彗星出而向吾国，我是以悲也。"晏子曰："君之行义回邪[⑧]，无德于国，穿池沼，则欲其深以广也；为台榭，则欲其高且大也；赋敛如㧑夺，诛僇如仇雠[⑨]。自是观之，茀又将出。天之变，彗星之出，庸可悲乎！"于是公惧，乃归，寘[⑩]池沼，废台榭，薄赋敛，缓刑罚，三十七日而彗星亡。

【注释】

①喟（kuì）然：形容叹气的样子。

②细人：见识短浅之人；地位低下的人。犹将：仍然愿请求。

③髀（bì）：大腿，也指大腿骨。

④怫（fú）然：脸色突变，愤怒的样子。

⑤谀（yú）：谄媚，奉承。

⑥物有必至：任何生物都会有终老的那一天。

⑦曷（hé）：何，怎么，为什么。

⑧行义回邪：形容一个人品行不正。

⑨㧑（huī）夺：夺取，掠夺。诛僇（zhū lù）：诛戮。僇，通"戮"。

雠（chóu）：仇敌。

⑩寘（zhì）：同“置”，放置。

【译文】

景公在泰山的阳面摆酒设宴，酒兴正浓的时候，景公向四周眺望着自己的国土，哀声叹息，不禁潸然泪下，说：“未来有一天我将会离开这泱泱大国而死去吗？”景公的身旁有三个侍臣，也陪着景公哀伤而哭泣，一边哭一边说：“我们这些地位低下的人，尚且还请求不要那么容易就死去，而更何况主公您呢？主公您若抛弃这个国家而离去的话，那么谁来掌管这个国家，这怎么可以呢？”

景公身边唯独晏子没有哭，反而拍打着自己的大腿仰天大笑说：“真高兴啊！今天的宴饮真快乐。”景公听到这些话脸色突变，非常愤怒地说：“我有这么大的悲哀，你却在那里独自大笑，这是为什么？”晏子答道：“我今天见到了一个怯懦的国君和三个只知道阿谀奉承的臣子，所以才会大笑。”景公说：“什么叫怯懦，谁在阿谀奉承？你要说清楚。”

晏子说：“从古代的时候就有了死亡，才使后世贤德的人得以繁衍生息，不贤明的人得以伏法。如果古时候的君王不会死亡，从前齐国的先君太公到今天就会仍然健在，那么主公您又怎么能成为齐国的国君而在此悲哀呢？凡事有盛就有衰，有生就有死，一切都是上天注定的。任何生物都会有终老的那一天，事物的变化也都有自身的常态规律，这是自古以来的道理，有什么可悲哀的呢？到年老时尚且还为自己的衰老和死亡而感到悲哀的人，就是怯懦的人；而左右的侍臣竟然还跟着哭泣，如此助长悲哀的，就是阿谀奉承。看到怯懦的人和阿谀奉承的人聚在一起，所以我才会大笑。”

景公听完晏子的话后深感惭愧，改口说道：“我不是为死后离开了君王之位而悲哀。我听说，彗星出现，它所对应的这个国家的国君将承受这场灾祸，如今彗星出现而正好指向我齐国的上空，我是为此才感到悲哀的。”晏子说：“主公您现在的品行趋向邪僻，对国家人民不施以恩德，开凿池沼，则想要把它挖得又深又宽；修建高台亭榭，则想要把它们修得又高又大；征敛赋税如同强行掠夺，屠戮百姓就像屠杀仇敌一样。由这些事看来，预示灾难的茀星又快要出现了，如今天象有变，出现了彗星，难道有什么可值得悲哀的吗！”景公听了晏子的这些话有些害怕了，于是回去之后，下令停止开凿池沼，不再修建亭台楼阁，减少赋税，减轻刑罚，三十七天之后彗星便消失了。

景公梦见彗星使人占之晏子谏第三

【原文】

景公梦见彗星。明日，召晏子而问焉：“寡人闻之，有彗星者必有亡国。夜者，寡人梦见彗星，吾欲召占梦者使占之。”

晏子对曰：“君居处无节①，衣服无度，不听正谏，兴事无已，赋敛无厌，使民如将不胜，万民怼怨②，茀星③又将见梦，奚独彗星乎！”

【注释】

①节：节制。

②怼怨：怨恨，不满。

③茀（fú）星：这里指孛（bèi）星。一种光芒强盛的彗星。旧时中国星相术士也指灾厄之星。

【译文】

景公夜里在梦里看见了彗星。第二天早上，景公召来晏子，问他说：“我听说，有彗星出现的国家必然会亡国。昨天夜里，我在梦里看见了彗星，我准备召占卜师前来为我占卜梦境。”

晏子答道：“君王您的生活起居没有节制，缝制衣服没有限度，听不进去中正良言的劝谏，大肆兴建土木工事而没有休止，强行征敛税赋而贪得无厌，役使民力如同唯恐用之不尽，致使百姓苦不堪言，万民怨声载道，如果再这样下去，恐怕茀星也将要出现在您的梦中，哪里只是单单出现彗星呢！”

景公问古而无死其乐若何晏子谏第四

【原文】

景公饮酒，乐，公曰：“古而无死，其乐若何？”

晏子对曰：“古而无死，则古之乐也，君何得焉？昔爽鸠氏[①]始居此地，季萴[②]因之，有逢伯陵因[③]之，蒲姑氏[④]因之，而后太公因之。古若无死，爽鸠氏之乐，非君所愿也。”

【注释】

①爽鸠氏：古时的一个氏族。

②季萴（cè）：夏朝的一个诸侯。

③因：沿袭，承袭。

④蒲姑氏：蒲姑，殷周时期的一个诸侯。

【译文】

景公在宫中饮酒作乐，兴致高昂的时候，忽然问晏子：“你说，如果古代的人到现在都不会死去，他们将是何等的欢乐呢？”

晏子答道：“古代的人要是都不会死去，那么就是古代人的欢乐了，君王您又怎么能得到这种快乐呢？当年是爽鸠氏最先在这片土地上居住的，后来季萴承袭了这个地方，季萴之后又有逢伯陵承袭了这里，再后来，这块土地由蒲姑氏承袭了这里，而最后才是先君齐太公承袭了这块土地。如果古人不死，那么在这片土地上就都是爽鸠氏的欢乐了，这恐怕不是君王您所希望的了。”

景公谓梁丘据与已和晏子谏第五

【原文】

景公至自畋①，晏子侍于遄台②，梁丘据造焉。公曰："维据与我和夫！"

晏子对曰："据亦同也，焉得为和。"

公曰："和与同异乎？"

对曰："异。和如羹焉，水火醯醢③，盐梅以烹鱼肉，燀之以薪，宰夫④和之，齐之以味，济其不及，以泄其过，君子食之，以平其心。君臣亦然。君所谓可，而有否焉，臣献其否，以成其可；君所谓否，而有可焉，臣献其可，以去其否。是以政平而不干，民无争心，故《诗》曰：'亦有和羹，既戒且平；鬷嘏⑤无言，时靡有争。'先王之济五味，和五声也，以平其心，成其政也。声亦如味：一气、二体、三类⑥、四物、五声⑦、六律、七音⑧、八风、九歌⑨，以相成也；清浊、大小、短长、疾徐、哀乐、刚柔、迟速、高下、出入、周流，以相济也。君子听之，以平其心，心平德和。故《诗》曰：'德音不瑕。'今据不然，君所谓可，据亦曰可；君所谓否，据亦曰否。若以水济水，谁能食之？若琴瑟之专一，谁能听之？同之不可也如是。"

公曰："善。"

【注释】

①畋（tián）：打猎。

②遄（chuán）台：地名，位于今山东省淄博市临淄区齐都镇小王庄南约500米处，也称"歇马台""戏马台"。

③醯醢（xī hǎi）：鱼肉做成的酱。燀（chǎn）：烧。

④宰夫：古代掌管膳食的小吏；厨师。

⑤鬷（zōng）：古代的一种釜。这里通"奏"，进献之意。嘏（gǔ）：福。这里指神灵。

⑥三类：指风、雅、颂。《诗经》是我国第一部诗歌总集，内容分为风、雅、颂三个部分，与赋、比、兴合称"六义"。

⑦五声：指宫、商、角、徵、羽五个音级。

⑧七音：古代音乐术语，是指在宫、商、角、徵、羽五个音级上加上变徵和变羽两个音级，合称七音。

⑨九歌：相传为夏禹时的乐曲。

【译文】

景公自狩猎的地方回来，晏子随同侍奉到遄台，这时，梁丘据到这里拜见，景公说："现在满朝文武只有梁丘据与我最和谐了。"

晏子说："梁丘据只是与您相同而已，怎么能算得上是和谐。"

景公问："和谐与相同有什么不一样吗？"

晏子回答："不一样。和谐就像调羹汤一样，用水、火、鱼肉做成的酱，还有盐和梅子来烹调鱼肉，再用柴火来烧煮，由主管膳食的小吏调和配制，使菜肴的味道齐全，味道不够就增加，味道过了就减少，这样味道适中的食物，君子吃了之后，能够使他心情平和。君主和臣子的关系也是这样。国君认为可行的，可事实上有不可行的，那么臣子就要献言指出不可行之处，以成就可行之处。国君认为不可行的而有可行的，那么臣子就要献言指出可行之处，以去除不可行之处，只有这样，才能保证国家政治清平而又不互相冒犯，百姓也没有争夺之心。所以《诗经》中说：'只是有了美味调和却成了上好的羹汤，五味齐备有节制而味道和平；进献和谐的釜音悄悄感动着神灵，一时间万物肃静而没有纷争。'先王之所以配备五种味道，调和五声，就是为了平静自己的内心，成功治理自己的国家。声音也和这味道一样，是由一气、二体、风、雅、颂三类、四方之物、五声、六律、七音、八方之风、九曲之歌互相协调而组成的；是由清和浊、大和小、短和长、急速和缓慢、快乐和悲哀、刚和柔、快和慢、高和低、出和入、疏和密之间互相调节而成的。君子听了这些之后，以此内心平静，内心平和而德行道义就能和谐。所以就如同《诗经》上说的：'德音没有瑕疵。'可如今梁丘据却不是这样，主公您说可行的，他也说可行；主公您认为不可行的，他也认为不可行。如果用水来调剂水，

谁还会食用它？如果琴和瑟总是专注地弹奏同一个声音，谁还会去听它？相同与和谐的区别就同上边所说的，正是这个道理。”

景公说：“说得好。”

景公使祝史禳彗星晏子谏第六

【原文】

齐有彗星，景公使祝禳[1]之。

晏子谏曰：“无益也，祇取诬[2]焉。天道不谄[3]，不二其命，若之何禳之也！且天之有彗，以除秽[4]也。君无秽德，又何禳焉？若德之秽，禳之何损？《诗》云：‘维[5]此文王，小心翼翼，昭事上帝，聿[6]怀多福，厥德不回，以受方国。’君无违德，方国将至，何患于彗？《诗》曰：‘我无所监，夏后及商，用乱之故，民卒流亡。’若德回乱[7]，民将流亡，祝史之为，无能补也。”

公说，乃止。

【注释】

①祝：祝官，一种官称，主管祭祀事务。禳（ráng）：本意是祈祷消除灾祸，这里指景公命祝祭神除灾。

②祇：即“只”。诬：假话。

③谄：奉承，巴结。

④除秽：清除污秽。

⑤维：只有。

⑥聿（yù）：文言助词，无义，用于句首或句中。

⑦回乱：祸乱。

【译文】

齐国的上空出现了彗星，景公担心是不祥之兆，打算派遣祝史前去祭祀除灾。

晏子得知后进谏说：“主公您这样做没有任何益处，只是听到一些假话而已。出现彗星，这是天命，而天命不可质疑，而且上天也不会轻易改变它的旨意，像这样所谓的祭祀怎能消除它啊！况且天上有彗星出现，这是用来清除污秽的。主公您没有污秽的德行，又何必祈祷消除灾祸呢？倘若德行污秽了，用祭祀去消除它又能减少什么呢？《诗经》中说：‘众诸侯中，只有周文王，做事小心谨慎，以一颗明亮的心侍奉神灵，所以才会拥有那么多的福报，就算是昏厥晕倒，也不违背仁义德行，所以他才会受到八方邦国的尊敬。’如果君王没有违背德义的邪僻行为，各个邦国都将集中来膜拜你，彗星来了又有什么可以惧怕的呢？《诗经》中说：‘我们没有理由不以历史为鉴，从那夏桀再到商纣，只因为他们整日骄奢淫逸，不理朝政，最后导致人民流离失所，四处流亡。’如果德行邪僻到违背道义而骄奢淫乱，那么民众将会流离失所四处逃亡，即使祝史天天去祭神除灾，也不能弥补了。”

景公听后非常高兴，于是停止了祭神除灾的行为。

景公有疾梁丘据裔款请诛祝史晏子谏第七

【原文】

景公疥遂痁，期而不瘳[1]。诸侯之宾，问疾者多在。梁丘据、裔款[2]言于公曰：“吾事鬼神，丰于先君有加矣。今君疾病，为诸侯忧，是祝史之罪也。诸侯不知，其谓我不敬，君盍诛于祝固、史嚚以辞宾[3]。”

公说，告晏子。晏子对曰：“日宋之盟[4]，屈建问范会之德于赵武，赵武曰：‘夫子家事治，言于晋国，竭情无私。其祝史祭祀，陈信不愧；其家事无猜，其祝史不祈。’建以语康王[5]，康王曰：‘神人无怨，宜夫子之光辅五君[6]，以为诸侯主也。’”

公曰：“据与款谓寡人能事鬼神，故欲诛于祝史，子称是语何故？”对曰：“若有德之君，外内不废，上下无怨，动无违事，其祝史荐信，无愧心矣。是以鬼神用飨，国受其福，祝史与焉。其所以蕃祉[7]老寿者，为信君使也，其言忠信于鬼神。其适遇淫君，外内颇邪，上下怨疾，动作辟违，从欲厌私，高台深池，撞钟舞女，斩刈[8]民力，输掠其聚，以成其违，不恤后人，暴虐淫纵，肆行非度，无所还忌，不思谤讟[9]，不惮鬼神，神怒民痛，无悛[10]于后人，暴虐淫纵，肆行非度，无所还忌，不思谤讟，不惮鬼神，神怒民痛，无悛于心。其祝史荐信，是言罪也；其盖失数美，是矫诬也；进退无辞，则虚以求媚，是以鬼神不飨，其国以祸，祝史与焉。是以夭昏孤疾者，为暴君使也，其言僭嫚[11]于鬼神。”

【注释】

①疥（jiè）：这里指疥疮，是一种皮肤病。痁（shān）：疟疾的一种，多日一发。期：一整年。瘳（chōu）：病愈。

②裔款：齐国大臣，生平不详。

③盍：何，何不。祝：祝官，一种官称，主管祭祀事务。嚚（yín）：人名，齐国史官。

④宋之盟：这里指齐襄公二十七年时齐国与宋国的会盟。

⑤康王：这里指楚康王，楚康王（？~公元前545），芈姓，熊氏，名招，楚庄王之孙，楚共王之子，春秋时期楚国国君，公元前559~公元前545年在位。

⑥辅五君：辅助五个君王，这五个君王分别是晋文公、晋襄公、晋灵公、晋成公、晋景公。

⑦蕃祉：多福。

⑧斩刈（yì）：斩杀。

⑨谤讟（bàng dú）：怨恨和诽谤。

⑩悛（quān）：悔改。本义为停止、止息。

⑪僭嫚（jiàn màn）：欺诈轻侮。

【译文】

景公长了疥疮，随后又患了严重的疟疾，一整年了依然没有痊愈。各个诸侯派来探望病情的宾客大多还没有离开齐国。梁丘据和裔款对景公说："我们对鬼神非常尊敬，供奉的物品也比先王时期增加很多。而如今君王您患了严重的疾病却不见好转，引起了各个诸侯的担忧，这就是祝固、史嚚的罪过了。如今诸侯们不知实情，恐怕还会说我们对鬼神不敬，君王您何不将祝固、史嚚诛杀，以此来辞谢众位宾客们。"

景公听后很高兴，就把这件事告诉了晏子。晏子回答景公："当年齐国与宋国会盟时，屈建曾经向赵武询问范会的德行如何，赵武说：'范夫子会把家族中的事情处理得很好，在晋国说话，可以尽情言说而不用有所隐瞒，他的祝史祭祀鬼神的时候，可以向鬼神诉说实情而内心一点也不觉得惭愧；他治理家族中的事情坦荡而没有什么可猜疑的，所以能受到鬼神的庇佑，因而他的祝史不用费尽心思为他祈求。'屈建把这些话告诉给康王，康王说：'神灵和人民都没有怨言，能够光耀宗族辅佐五个国君的人，只有范夫子才是最合宜的，完全可以成为各路诸侯的盟主了。'"

景公说："梁丘据和裔款说我能举办盛大祭祀来使疾病痊愈，但疾病没有痊愈是与侍奉鬼神有关，所以才要诛杀祝史，而先生说这些话是什么用意呢？"晏子回答："如果是有德行的国君，朝廷内外的事都不会被荒废，全国的民众都没有怨恨，行动上都没有违背德义的事，他的祝史向鬼神祭献贡品陈说事实的时候，就没有什么愧对良心的了。所以鬼神都来享用他的祭品，国家也能受到神灵的福佑，这是祝史参与打理的。他们之所以能够子孙繁衍多福多寿，因为他们是诚实守信的国君遣使的啊，是他们对鬼神说出了诚实可信的话。如果他们恰巧遇到荒淫昏聩的君王，朝廷内外偏颇邪恶，举国上下相互怨恨疾恶，行动作为邪僻而违背常理，放纵欲望满足私心，建筑高台挖掘深池，整日沉浸于歌舞奏乐之中，随意斩杀摧残百姓而竭尽民力，搜刮聚敛掠夺百姓积蓄，以至于形成了违逆仁义的错误行为，不知体恤后人，暴虐百姓放纵淫欲，肆意行事不守法度，无所顾忌，不去思虑别人的怨恨和诽谤，不忌惮鬼神的报应，因此使鬼神愤怒，百姓痛恨，可他们心里却不知悔改。如果他的祝史向鬼神祭献说出真实的情况，这就是在述说君王的罪过；如果他们掩饰这些过失而只说君王的好事，那就是在欺骗鬼神了；进退两难之中真话假话都不能说，那就只好说一些空虚的话向鬼神讨好，鬼神有知，所以不会去享用他们的祭品，还会给他们的国家造成灾祸，这其中也有祝史的原因。所以他们的子孙后代就会出现夭折、愚昧、孤寡和多病的情况，他们有如此下场，是因为他们做了暴君的使者，他们所说的话是在欺诈轻侮鬼神。"

【原文】

公曰："然则若之何？"

对曰："不可为也。山林之木，衡鹿守之；泽之萑蒲[①]，舟鲛守之；薮之薪蒸[②]，虞候[③]守之；海之盐蜃[④]，祈望守之。县鄙之人，入从其政；偪介[⑤]之关，暴征其私；承嗣大夫，强易其贿；布常无艺，征敛无度；宫室日更，淫乐不违；内宠之妾肆夺于市，外宠之臣僭令[⑥]于鄙；私欲养求，不给则应。民人苦病，夫妇皆诅。祝有益也，诅亦有损，聊摄[⑦]以东，姑尤[⑧]以西，其为人也多矣！虽其善祝，岂能胜亿兆人之诅！君若欲诛于祝史，修德而后可。"公说，使有司宽政，毁关去禁，薄敛已责，公疾愈。

【注释】

①萑（huán）蒲：芦类植物。

②薮（sǒu）之薪蒸：荒野中的薪柴。薮：生长着很多草的湖泽。

③虞候：守山的官吏。

④蜃（shèn）：这里指大蛤蜊。

⑤偪介："偪"同"逼"，迫近，靠近。

⑥僭（jiàn）令：假传王命。

⑦聊摄：地名，今山东聊城。

⑧姑尤：地名，在齐国的边界处。

【译文】

景公说："既然如此，那么应该怎么办呢？"

晏子答道："没有可行的办法了。山林中的树木，由衡鹿负责看守；湖泽中的芦苇，由舟奴负责看守；荒野中的薪柴，由守山的官吏负责看守；海域中的粗盐牡蛎，有祈望负责看守。偏远地方的人，无法进入朝廷从事国家的政治；靠近城邑的关卡，暴敛强征百姓财物以中饱私囊；为了能够世袭大夫，强行改变政令而对官员进行贿赂；公布的法令没有常规准则，征收税赋没有节制；宫室建造经常更新，毫无节制地荒淫作乐；宫内的宠妾在集市上大肆掠夺财物，外边的宠臣在偏远的边境假传圣旨；这些人私欲膨胀，不断索取给养供求，不满足他们的要求就会被治罪。百姓的生活极度困苦艰难，不论男女都在诅咒他们。用祝史去祈祷消灾确实有益处，但诅咒的危害也很大。聊城的东面，姑尤的西面，那里居住着很多心中有怨恨的人啊！即使祝史再怎么善于祈祷消灾，又怎么能挡得住亿兆民众的诅咒呢？主公您如果真的想要诛杀祝史，只有等您修养德行之后才可以。"

景公听了之后不但没生气，反而很高兴，于是命令有司官员放宽政令，毁掉关卡，废除禁令，减轻赋税，免除百姓已经欠下的债务，就这样，没过多久，景公的病就痊愈了。

景公见道殣自惭无德晏子谏第八

【原文】

景公赏赐及后宫，文绣被台榭，菽粟食凫雁①。出而见殣②，谓晏子曰："此何为而死？"晏子对曰："此餧③而死。"

公曰："嘻！寡人之无德也甚矣。"对曰："君之德著而彰，何为无德也？"

景公曰："何谓也？"对曰："君之德及后宫与台榭，君之玩物，衣以文绣；君之凫雁，食以菽粟；君之营内自乐，延及后宫之族，何为其无德！顾[4]臣愿有请于君：由君之意，自乐之心，推而与百姓同之，则何殣之有！君不推此，而苟营内好私，使财货偏有所聚，菽粟币帛腐于囷府[5]，惠不遍加于百姓，公心不周乎万国，则桀纣之所以亡也。夫士民之所以叛，由偏之也，君如察臣婴之言，推君之盛德，公布之于天下，则汤武可为也。一殣何足恤哉！"

【注释】

①被：通"披"。菽粟（shū sù）：指豆和小米，泛指粮食。凫（fú）雁：凫：鸭子。雁：鹅。这里指家禽。

②殣（jìn）：饿死。

③馁（něi）：饥饿。

④顾：不过，但是。表轻微转折。

⑤囷（qūn）府：这里指储存粮食和财物的仓库。古时圆形的库叫"囷"，方形的库叫"仓"。

【译文】

景公的赏赐遍及整个后宫，宫中的亭台楼阁都披挂上了华丽的锦绣，就连鸭鹅之类家禽吃的也都是豆子和小米。有一天，景公出门看见一个饿死的人，景公问晏子："这个人是什么原因死的呢？"晏子答道："这个人是因为饥饿而死的。"

景公忧伤地说："唉！原来我已经无德到这种地步了。"晏子说："主公您的恩德显著昭彰，怎么能说自己无德呢？"

景公说："先生为什么这样说呢？"晏子说："主公您的恩德遍及后宫和亭台楼阁，您的把玩之物，都披上了华丽的锦绣；您的鸭子和鹅，都吃上了穷人吃不到的小米和大豆；您不仅自己在宫中享受，还遍延到后宫所有的人及其族属与您一同享受，您怎么能说自己无德呢！只是我想对主公您有

如下请求：请您将自己与后宫一同享乐的思想，推广到百姓身上而让百姓与您一同享乐，那么哪里还会有饿死的人呢！如果主公您不推广这种与民同乐的思想，而只顾与后宫与嫔妃同乐，嗜好私藏而使金钱和货物聚积一处，国家仓库里的粮食、钱币和布匹都已经腐烂，而恩惠却不能普遍地施舍与百姓，公众之心不能遍及各个诸侯国，这就是夏桀和商汤亡国的原因啊。士人贫民之所以叛离国家，就是因为国君独占财产，如果主公您能体察我所说的话，推行您深厚的美德，将您的恩德与公心遍布天下，您就会成为像成汤和周武王那样的明君了。而这一个饿死的人又有什么值得体恤的呢！"

景公欲诛断所爱橚者晏子谏第九

【原文】

景公登箐[①]室而望，见人有断雍门之橚[②]者，公令吏拘之，顾谓晏子："趣诛之。"晏子默然不对。公曰："雍门之橚，寡人所甚爱也，此见断之，故使夫子诛之，默然而不应，何也？"

晏子对曰："婴闻之，古者人君出，则辟道[③]十里，非畏也；冕前有旒[④]，恶多所见也；纩纮充耳[⑤]，恶多所闻也；泰带重半钧，舄履[⑥]倍重，不欲轻也。刑死之罪，日中之朝，君过之，则赦之。婴未尝闻为人君而自坐其民者也。"公曰："赦之，无使夫子复言。"

【注释】

①箐（qìng）：泛指竹木丛生的山谷 。

②橚（qiū）：这里指楸树。

③辟道：古代帝皇出行，先在道路上屏除行人，以防干扰、侵犯。

④冕前有旒（liú）：古代挂在王冠前方的玉串。

⑤纩纮（kuàng hóng）充耳：纩：丝棉。纮：古代冠冕上的带子。充：指王冠的纽带上系着用来塞耳的玉石。

⑥舄（xì）履：古代的一种鞋。

【译文】

景公登上竹木丛生的一处高大的楼台，向远方望去，看见有一个人把雍门旁边的一棵楸树砍断了，景公命令小吏拘捕那个人，回头对晏子说："速速前去杀了他。”晏子没有回答。景公说：“雍门前的那棵楸树，是我最喜爱的树了，今天看见它被人砍断，所以我才叫先生您去杀了他，而您却站在那里不回答，这是为什么？”

晏子答道：“我听说，古代的君王出门时，周围十里的人都要回避，以防干扰、侵犯，而不是畏惧；王冠前方垂下玉串，是为了避免自己所见的太多；王冠的纽带上系着用来塞耳的玉石，是为了避免自己所听的太多；束衣服的带子有半斤重，脚下的鞋有一斤重，是不想让它太轻。判了死刑的犯人，在正午被君王看到时，就会被赦免，我还从来没有听说过当国君的去处罚自己的百姓呢。”景公说：“赦免他吧，先生不要再说下去了。”

景公坐路寝曰谁将有此晏子谏第十

【原文】

景公坐于路寝①，曰：“美其室！其谁将有此乎？”晏子对曰：“其田氏乎，田无宇为埠矣②。”公曰：“然则奈何？”

晏子对曰：“为善者，君上之所劝③也，岂可禁哉！夫田氏，国门击柝④之家，父以托其子，兄以托其弟，于今三世矣。山木如市，不加于山；鱼盐蚌蜃，不加于海；民财为之归。今岁凶饥，蒿种芼敛不半⑤，道路有死人。齐旧四量而豆⑥，豆四而区，区四而釜，釜十而钟。田氏四量，各加一焉。以家量贷，以公量收，则所以籴⑦百姓之死命者泽矣。今公家骄汰⑧，而田氏慈惠，国泽是将焉归？田氏虽无德而施于民。公厚敛而田氏厚施焉。《诗》曰：‘虽无德与汝，式歌且舞。’田氏之施，民歌舞之也，国之归焉，不亦宜乎？”

【注释】

①路寝：齐国的一座亭台。

②田无宇：春秋时期齐国田氏家族首领之一，承袭父亲田文子担任田氏家族首领，历仕齐灵公、齐庄公、齐景公三代。埠（hàn）：同“岸”，这里指拦水的堤坝。

③劝：鼓励。

④柝（tuò）：古代打更用的梆子。

⑤蒿：一种草。芼（mào）：可供食用的水草或野菜。

⑥豆：通“斗”，豆、区、釜、钟，都是古时的计量单位。

⑦籴（dí）：本意是买米，此处是买入米粮的意思。

⑧骄汰：骄奢淫逸。

【译文】

景公坐在路寝台上，说：“我的帝王的宫室真美啊，将来谁会拥有这一切呢？”晏子答道：“很可能是田氏家族，现在田无宇正在修筑拦水的堤坝呢。”景公问：“既然这样，那么应该怎么办呢？”

晏子答道：“做善事，是主公您所劝勉奉行的，怎么能停止呢！那田氏家族，是齐国有名望的大家族，田家的产业由父亲传给儿子，哥哥传给弟弟，到现在已经三代了。山上的树木运到集市上，树木的价钱也没有增加；海里的鱼盐蚌蛎运到集市上，价钱也不比海边贵；有很多百姓的财物因为田氏家族的帮助才得以收回。今年赶上大饥荒，蒿和苇的收入不及去年的一半，道路之上经常有饿死的人。过去齐国的量具四量（升）为一豆，四豆为一区，四区为一釜，十釜为一钟。而田氏家族在四量的基础上，都比公家的量器大一倍，用自家的大量器借贷出去，再用公家的小量器具收回来，这样有很多快饿死的百姓到田氏家族去买入米粮，才保住了性命，因此他们都开始感念田家的恩泽了。如今，其他公卿大夫的家族个个骄奢淫逸，而只有田氏家族对百姓施以恩惠，未来齐国的河泽疆土不归田氏家族又能归谁呢？田氏家族虽然暂时还没有深厚的德行，却能对百姓施以恩惠。君王您一直在加重税赋，而田氏家族却一直在对百姓施以恩惠。《诗经》上说过：‘虽无恩德赠与你，快来唱歌与跳舞。’田氏家族对百姓的恩惠，能使百姓快乐地为他们载歌载舞，齐国未来将归于田氏家族所有，不也正合适吗？”

景公台成盆成适愿合葬其母晏子谏而许第十一

【原文】

景公宿于路寝之宫，夜分①，闻西方有男子哭者，公悲之。明日朝，问于晏子曰：“寡人夜者闻西方有男子哭者，声甚哀，气甚悲，是奚为者也？寡人哀之。”

晏子对曰：“西郭徒居布衣之士盆成适②也。父之孝子，兄之顺弟也，又尝

为孔子门人。今其母不幸而死，祔柩未葬[3]，家贫，身老，子孺，恐力不能合祔，是以悲也。”

公曰：“子为寡人吊之，因问其偏祔[4]何所在？”晏子奉命往吊，而问偏之所在。盆成适再拜，稽首而不起，曰：“偏祔寄于路寝，得为地下之臣，拥札掺笔，给事宫殿中右陛之下，愿以某日送，未得君之意也。穷困无以图之，布唇枯舌，焦心热中，今君不辱而临之，愿君图之。”

晏子曰：“然。此人之甚重者也，而恐君不许也。”盆成适蹶然[5]曰：“凡在君耳！且臣闻之，越王好勇，其民轻死；楚灵王好细腰[6]，其朝多饿死人；子胥忠其君，故天下皆愿得以为臣；孝己爱其亲，故天下皆愿得以为子。今为人子而离散其亲戚，孝乎哉？足以为臣乎？若此而得祔，是生臣而安死母也；若此而不得，则臣请挽尸车而寄之于国门外宇霤[7]之下，身不敢饮食，拥辕执辂[8]，木干鸟栖，袒肉暴骸，以望君悯之。贱臣虽愚，窃[9]意明君哀而不忍也。”

【注释】

①夜分：半夜。

②盆成适：孔子的学生，生平不详。

③祔（fù）柩未葬：祔：合葬。本句意为还没有与父母合葬。

④偏祔：此处指盆成适父亲的灵柩。

⑤蹶（jué）然：忽然，猛然之意。

⑥楚灵王好细腰：楚灵王：（？～公元前 529），楚共王的次子，公元前 541 年，自立为楚国国君，是春秋时代有名的昏暴之君。那句“楚王好细腰，宫中多饿死”，就是指他。所以朝中一班大臣把一日三餐减为只吃一餐。然后起床整装，先要屏住呼吸，然后把腰带束紧，扶着墙壁站起来。等到一年后，满朝文武官员的脸色都是黑黄黑黄的了。

⑦霤（liù）：通“溜”，檐下滴水处。

⑧拥辕执辂（lù）：抱住车辕拉着车辂。辂：车前的横木。

⑨窃：私下，暗自。

【译文】

景公住在路寝台的宫室里，半夜时分，忽然听到宫室西面有男子的哭声，声音哀痛，令景公也为他感到悲伤。第二天上朝的时候，景公问晏子：“我昨天夜晚听到路寝台西方有男子在哭泣，声音很是哀痛，气氛也很悲伤，是什么人在哭啊？我对此也感到很悲伤。”

晏子答道：“西边城郭处住着一个平民士子，他叫盆成适，他是父亲的孝子，是哥哥恭顺的好弟弟，也曾经是孔子的学生。如今他的母亲不幸去世，还没与他的父亲合葬，听说他家里贫穷，而且身体多病，孩子弱小，恐怕是没有能力让他的母亲和父亲合葬在一起，所以才会悲痛哭泣吧。”

景公说：“先生替我去吊唁一下他的母亲吧，顺便问问他父亲的灵柩葬在什么地方？”晏子奉景公之命前去吊唁，并询问他父亲的灵柩葬在哪里。盆成适再三拜谢，跪在地上叩头而不起来，说：“我父亲的灵柩就安葬在路寝台偏侧的墙基之下，得以成为齐国的地下臣子，我手拿笔墨和文书写下请求，恳请侍奉在君王右边的给事替我送到宫殿之上，希望某一天能将我母亲的灵柩送入与父亲合葬在一起，现在还不知道君王的心意如何。我穷困潦倒，没有能力去办理这件事，我已经急得唇干舌燥，焦虑万分的心就像热火中烧，今天您屈尊来到我的家中，恳请先生您替我完成这个心愿吧。”

晏子说：“好。你说的是人生中非常重要的一件事，但是我怕主公不肯同意啊。”盆成适猛然站起来，说：“凡事就依靠先生了！况且我曾听说，越王喜好勇力，所以他的臣民就都轻视死亡而不怕死；楚灵王喜欢细腰的美人，所以他国家里大多数人都饿死了；伍子胥忠于自己的君主，所以天下的人都希望得到伍子胥作为自己的臣子；孝顺亲爱自己的亲人，所以天下人都希望能有这样的孩子。而我现在作为人子，却让自己的父亲和母亲离散，我能说自己是孝顺的人吗？我还有什么脸面足以称为人臣呢？如果这次能使我的父母合葬在一起，我才能生存下去，我死去的母亲也能得到安息了；如果这次不能使我的父母合葬在一起，那么我就请求拉着灵车寄宿在国都城外屋檐下，自己不喝水不吃饭，抱住车辕拉着车辂，像树木一样慢慢干枯，任禽鸟在身上栖息，直到袒露肉身暴露尸骸，以此希望君王能够怜悯我。我虽然愚昧卑贱，但我心里仍然希望圣明的君王能于心不忍地怜悯我。”

【原文】

晏子入，复乎公，公忿然作色而怒曰：“子何必患若言而教寡人乎？”

晏子对曰：“婴闻之，忠不避危，爱无恶言。且婴固以难之矣。今君营处为游观[①]，既夺人有，又禁其葬，非仁也；肆心傲听，不恤民忧，非义也。若何勿听？”

因道盆成适之辞。公喟然太息曰：“悲乎哉！子勿复言。”乃使男子袒免[②]，女子发笄[③]者以数百，为开凶门，以迎盆成适。适脱衰绖[④]，冠条缨[⑤]，墨缘，以见乎公。公曰：“吾闻之，五子不满隅[⑥]，一子可满朝，非乃子耶！”盆成适于是临事不敢哭，奉事以礼，毕，出门，然后举声焉。

【注释】

①游观：游乐观赏的地方。

②袒免：脱掉上衣，露出胳膊。

③发笄（jī）：古代中国女子用以装饰发耳的一种簪子，用来插住挽起的头发，或插住帽子。在古代，中国女子十五岁称为“及笄”。

④衰绖（dié）：指丧服。古人丧服胸前当心处缀有长六寸、广四寸的麻布，名衰，因名此衣为衰；围在头上的散麻绳为首绖，缠在腰间的为腰绖。衰、绖是丧服的主要部分。

⑤冠条缨：丝条装饰的帽子。

⑥隅（yú）：角落。

【译文】

晏子回到王宫，把盆成适所说的话又重新说给景公听，景公听后脸色大变而愤怒地说：“先生为何要听从他那些令人厌恶的话而来教训我呢？”

晏子答道：“我听说，忠诚的人不回避危险，仁爱的人不会对他人恶言相加。况且我本来也认为这件事太难办了。如今主公您在这里营建一处作为游乐观赏的场所，已经抢夺了人家的地方，现在又禁止他们下葬，这已经是不仁了；您现在行事随心所欲而傲然地不听别人的劝谏，不体恤百姓的忧愁，这就是不义啊。您为什么就不愿意听从良言呢？”

因此晏子将盆成适所说的那些话又给景公说了一遍。景公不无感慨地长长叹息道：“真是悲痛啊！先生您不要再说了。”于是，景公叫了几百个赤裸着上身的男子和摘下发笄以麻束发的女子，下令开出了一道进入灵柩的门，以迎接盆成适和灵柩进来。盆成适脱掉了丧服，戴上丝条装饰的帽子，穿着染了黑边的衣服，来拜见景公。景公看到他后，说：“我听说，五个不好儿子的声誉都占不满一个角落，如今一个儿子就已经誉满朝堂，

这说的不就是你吗！”由于临近宫室，盆成适在母亲下葬时不敢哭，一切都按照下葬的礼仪规范办理，安葬完毕，盆成适走出宫门，此时再也忍不住悲痛的心情，放声大哭起来。

景公筑长庲台晏子舞而谏第十二

【原文】

景公筑长庲[①]之台，晏子侍坐。觞[②]三行，晏子起舞曰：“岁已暮矣，而禾不获，忽忽[③]矣若之何！岁已寒矣，而役不罢，惙惙[④]矣如之何！”

舞三，而涕下沾襟。景公惭焉，为之罢长庲之役。

【注释】

①长庲（lái）：地名。

②觞（shāng）：本义饮酒的酒器，这里指向人敬酒。

③忽忽：忧虑，惧怕。

④惙惙（chuò chuò）：忧伤的样子。

【译文】

景公正在长庲修筑一座高大的亭台，晏子侍奉在一旁，宴饮入座。晏子行君臣之礼向景公敬了三杯酒之后，起身跳起舞来，一边跳舞一边唱道：“一年的时光如同日暮一般就要结束了，而田地里的庄稼却没有收获，我忧虑啊，这件事该怎么办啊！到了年底天气越来越寒冷，可劳役却还未停息，我忧伤啊，这件事该怎么办啊！”

晏子且歌且舞了三遍，然后忍不住痛哭流涕，眼泪沾湿了衣襟。景公看到这种情景深感惭愧，为此而停止了修建长庲之台，解除了这里的劳役。

景公使烛邹主鸟而亡之公怒将加诛晏子谏第十三

【原文】

景公好弋[①]，使烛邹主鸟[②]，而亡之，公怒，诏吏杀之。晏子曰："烛邹有罪三，请数之以其罪而杀之。"公曰："可。"

于是召而数之公前，曰："烛邹！汝为吾君主鸟而亡之，是罪一也；使吾君以鸟之故杀人，是罪二也；使诸侯闻之，以吾君重鸟以轻士，是罪三也。"数烛邹罪已毕，请杀之。

公曰："勿杀！寡人闻命矣。"

【注释】

①弋（yì）：这里指将箭系在绳子上，用来射鸟。

②烛邹主鸟：烛邹：人名，齐国的大臣，生平不详。这里指让烛邹管理喂鸟的事。

【译文】

景公喜好将箭系在绳子上来射鸟，负责看管鸟的烛邹却不小心让鸟飞走了，景公大怒，下诏命令官吏处死烛邹。晏子说："烛邹有三条罪责，请让我一一列数他的罪行之后再处死他。"景公说："可以。"

于是景公将烛邹传召上来，晏子站到景公面前列数道："烛邹！你负责看管禽鸟却让鸟儿飞走，这是第一条大罪；你让我们的国君因为亡鸟而杀人，这是第二条大罪；如果让各诸侯听到这件事，他们都会以为我们的君王重视禽鸟而轻视宫中的士卒，这是第三条大罪。"晏子列数完烛邹的三条罪行之后，转身请求景公处死烛邹。

景公说："不要杀他了！寡人听从先生的教诲就是了。"

景公问治国之患晏子对以佞人谗夫在君侧第十四

【原文】

景公问晏子曰："治国之患亦有常乎？"对曰："佞人谗夫之在君侧者，好恶良臣①，而行与小人，此国之长患也。"公曰："谗佞②之人，则诚不善矣，虽然，则奚③曾为国常患乎？"

晏子曰："君以为耳目而好缪事④，则是君之耳目缪也。夫上乱君之耳目，下使群臣皆失其职，岂不诚足患哉！"公曰："如是乎！寡人将去之。"晏子曰："公不能去也。"公忿然作色不说，曰："夫子何小寡人甚也！"对曰："臣何敢挢⑤也！夫能自周于君者，才能皆非常也。夫藏大不诚于中者，必谨小诚于外，以成其大不诚。入则求君之嗜欲能顺之，公怨良臣，则具其往失而益之；出则行威以取富。夫何密近，不为大利变，而务与君至义者也？此难得其知也。"

公曰："然则先圣奈何？"对曰："先圣之治也，审见宾客，听治不留，患日不足群臣皆得毕其诚，谗谀安得容其私！"公曰："然则夫子助寡人止之，寡人亦事勿用。"对曰："谗夫佞人之在君侧者，若社之有鼠也，谚言有之曰：'社鼠不可熏去。'谗佞之人，隐君之威以自守也，是难去焉。"

【注释】

①好恶良臣：喜欢诽谤忠臣。

②谗佞（nìng）：指谗邪奸佞之人，说人坏话与用花言巧语谄媚之人。

③奚：为什么。

④缪（móu）事：谋事，指商量国事。

⑤挢（jiǎo）：傲然扬首貌。

【译文】

景公问晏子："治理国家时也有长期存在的祸患吗？"晏子答道："诸如奸佞小人和谄媚邪僻之人常在君王的身边，他们善于诽谤、陷害忠臣良将，而且行为与邪恶的小人一样，这就是国家长期存在的祸患了。"景公说："谗邪奸佞的人，看来确实不是善良的人啊，虽然如此，但是这些奸佞的小人为什么会是国家长期存在的祸患呢？"

晏子答道："这些奸佞的人因为会讨好君王，所以君王便会把他们当作自己的耳目而喜欢与他们商量国事，这样就会使君王的视听产生错误的判断。他们在上迷乱君王的视听，在下使群臣都迷失了自己的职责，难道这还不是真正十足的祸患吗！"景公说："如果是这样的话，那么我将杀了这群奸佞小人。"晏子说："主公您不能杀掉他们。"景公脸色变得很不高兴，生气地说："先生为何如此过度小看我！"晏子说："微臣怎敢小看主公您呢！那些能使自己完全受到君王重用的人，都有着不同寻常的才能。那些内心深藏极大不忠诚的人，平日里必定会在表面上小心谨慎地表现出一些小忠诚而去行事，善于伪装自己以成全自己极大不忠诚的目的。他们入朝后就会去寻找君王的嗜好欲求，想尽办法顺从君王的心意，如果主公怨恨哪些贤良的臣子，他们就会全力搜寻这些人以往的过失而去扩大事态；出了宫殿他们就开始施行淫威以便谋取不义之财，使自己变得富有。这些人怎么可能只为亲近君王，不为获取最大的利益，而专门是为了施行仁义之事呢？这种人是很难被识破而得以知道他们内心的啊。"

景公问："既然这样，那么以前那些圣明的君王是怎么应对的呢？"晏子答道："以前圣明的君王治理国家时，对会见宾客这件事很慎重，听政与处理政事时也不拖延搁置，唯恐时间不够，所以臣民们都能竭尽忠诚地效力于君王，根本没有谗邪阿谀之人的容身之地，哪里还容许他们结党营私！"景公说："既然这样，那么先生就协助我铲除这些小人吧，我也不想用这些人治理国事了。"晏子回答："这些谗谀奸佞之人在君王的身边，就像神社里有老鼠一样，有句谚语这样说：'神庙里的老鼠是不能用烟火熏走的。'这些谗谀奸佞的小人，通常隐藏得很深，他们会隐蔽在君王的威望之下以求得保护自身，是很难清除的。"

景公问后世孰将践有齐者晏子对以田氏第十五

【原文】

景公与晏子立曲潢之上，望见齐国，问晏子曰："后世孰将践有齐国者乎？"晏子对曰："非贱臣之所敢议也。"公曰："胡必然也①？得者无失，则虞、夏②常存矣。"晏子对曰："臣闻见不足以知之者，智也；先言而后当者，惠也。夫智与惠，君子之事，臣奚足以知之乎！虽然，臣请陈其为政③：君强臣弱，政之本智与惠，君子之事，臣奚足以知之乎！虽然，臣请陈其为政，君强臣弱，政之本也；君唱臣和[4]，教之隆也；刑罚在君，民之纪也。今夫田无宇二世有功于国，而利取分寡，公室兼之，国权专之，君臣易施，而无衰乎！婴闻之，臣富主亡。由是观之，其无宇之后为几，齐国，田氏之国也！婴老不能待公之事，公若即世[5]，政不在公室。”

公曰：“然则奈何？”晏子对曰：“维礼可以已之[6]。其在礼也，家施不及国，民不懈，货不移，工贾不变，士不滥，官不谄，大夫不收公利。”

公曰：“善。今知礼之可以为国也。”对曰：“礼之可以为国也久矣，与天地并立。君令臣忠，父慈子孝，兄爱弟敬，夫和妻柔，姑慈妇听，礼之经也。君令而不违，臣忠而不二，父慈而教，子孝而箴[7]，兄爱而友，弟敬而顺，夫和而义，妻柔而贞，姑慈而从，妇听而婉，礼之质[8]也。”

公曰：“善哉！寡人乃今知礼之尚也。”晏子曰：“夫礼，先王之所以临天下也，以为其民，是故尚之。”

【注释】

①胡必然也：为何必须这样呢？

②虞、夏：虞：虞朝，又称虞舜王朝，与唐尧建立的唐朝并称唐虞。夏：夏朝，是中国史书中记载的第一个世袭制朝代。

③陈其为政：陈述治国之道。

④君唱臣和：指国君和臣子间应互相配合，互相呼应。

⑤即世：去世。

⑥维：只有。已：停止。

⑦箴（zhēn）：规劝，告诫。

⑧礼之质：礼仪的实质。

【译文】

齐景公和晏子站在曲潢池的高冈上，远望齐国的广阔土地，景公问晏子：“你说后世的人中将有谁能占有齐国呢？”晏子答道：“这不是微臣敢议论的事。”景公说：“为什么一定要这样呢？如果得到了天下能永远不失去的话，那么虞舜和夏禹就会永远存在了。”晏子回答：“我听说，对于事情还没有显现足够的真相而就已经知道了结果的人，是聪明的人；先做出判断而后来经过证实确定自己的判断没有错误的人，是智慧的人。聪明和智慧，这是君子拥有的，我怎么可能知道那未来的事呢！虽然如此，但微臣还是请求陈述一些治国的道理：对于一个国家，国君强大，臣子弱小，这是治国的根本；国君和臣子之间应当像歌唱一样，君王主唱，臣子相和，这就是教化的兴隆；刑罚大权掌握在国君手中，这是百姓应该遵守的纲纪。如今田无宇家族中已经有两代曾为齐国建立了功勋，而他们从不居功自傲还能经常将钱财和粮食分给孤寡贫穷的人民，王室的权力收拢于帐下，国家的权柄也能专擅，作为臣子对百姓施舍的比国君还要多，君臣之势本末倒置，长此下去齐国能不衰亡吗！我听说，如果臣子富有，那么国君就会衰亡。由此来看，田无宇之后恐怕过不了多久，齐国就变成田氏的国家了！我晏婴老了，不能再侍奉君王治理国家政事了，倘若未来主公离世，齐国的政权恐怕就不会属于君王您的家族了。”

景公说：“那么应该怎么办啊？”晏子答道：“只有礼仪才能制止事态发生。在礼仪的规范下，大夫私家的施予不能超越封邑到达国家，引导百姓做事不能懈怠，钱财和货物不能随意更移变换，劳役行商的人不改变常业，士人不说虚空假话，官吏不傲慢骄横，大夫也不去侵占国家的利益。”

景公说：“好。现在我才知道礼仪可以治理国家。”晏子说：“礼仪可以治理国家已经是很久的事情，它与天地并立存在。国君下令臣子尽忠，父母慈爱儿子孝顺，兄弟之间互相敬爱，夫妻之间温柔和睦，婆婆仁慈媳妇顺从，这是礼仪的纲领。国君的命令不违背道德，臣子对国君忠心不二，父亲慈祥而能耐心教导，儿子孝顺而能自我规劝随时自省，兄长仁爱而对弟弟友好，弟弟对兄长恭敬而顺从，丈夫和气而大义，妻子温柔而贞洁，婆婆仁慈而从容，媳妇听从教诲而和顺温婉，这就是礼仪的实质了。”

景公说：“太好了！我今天才知道崇尚礼仪原来是这么重要。”晏子说：“礼仪是过去的君王能君临天下的原因，用它能很好地教化百姓，所以说它很重要，而且大家都去尊崇它。”

晏子使吴吴王问君子之行晏子对以不与乱国俱灭第十六

【原文】

晏子聘于吴，吴王问：“君子之行何如？”

晏子对曰：“君顺怀①之，政治归②之，不怀暴君之禄③，不居乱国之位，君子见兆则退，不与乱国俱灭，不与暴君偕亡④。”

【注释】

①怀：亲附；使……归顺。

②归：归附，归向。

③禄：俸禄。

④偕亡：一起灭亡。

【译文】

燕子出使吴国，吴国的君王问晏子：“你说，君子的行为是什么样的呢？”

晏子回答：“如果国君有美好的德行，君子就会归顺他，在治理政事上一心归附他，不贪恋暴君给予的俸禄，从不担任混乱国家的官位，当他们发现不祥之兆时就会退隐，不会与政治混乱的国家共同覆灭，也不会和残暴的君王一起灭亡。”

吴王问齐君僈暴君子何容焉晏子对以岂能以道食人第十七

【原文】

晏子使吴，吴王曰：“寡人得寄僻陋蛮夷之乡，希见教君子之行，请私而无为罪。”晏子蹴然①辟位。吴王曰：“吾闻齐君盖贼以僈，野以暴②，吾子容焉，何甚也？”

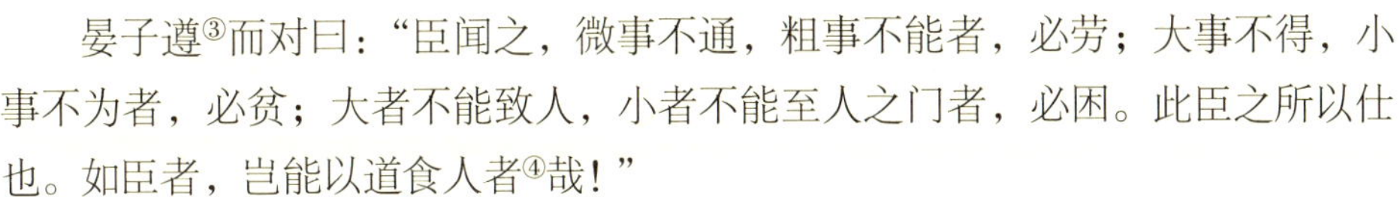
晏子遵[3]而对曰：“臣闻之，微事不通，粗事不能者，必劳；大事不得，小事不为者，必贫；大者不能致人，小者不能至人之门者，必困。此臣之所以仕也。如臣者，岂能以道食人者[4]哉！”

晏子出，王笑曰：“嗟乎，今日吾讥晏子，訾犹倮而高橛者也[5]。”

【注释】

①蹴（cù）然：惊惭不安的样子。

②贼以慢（màn）：强横而傲慢。野以暴：野蛮而残暴。

③遵：迟疑不决的样子。

④以道食人者：用美好的德行向别人乞讨衣服和食物的人。食人：向别人乞讨。

⑤訾（zǐ）：诋毁。倮（luǒ）：同“裸”，裸体。橛（jué）：疑为“撅”的误字，这里为“揭衣”“脱衣”之意。

【译文】

晏子出使吴国，吴王说：“我生活在这偏僻简陋的蛮夷之地，不知道君子的行为是什么样的，希望先生赐教，请求与您私下谈谈而不要怪罪。”晏子惊惭不安地离开座位站了起来。吴王继续说：“我听说齐国的国君大多强横而傲慢，野蛮而残暴，而先生您却能容忍他们这样做，这是什么原因呢？”

晏子迟疑不决地回答：“我听说，精细的事情弄不懂，粗笨的事情不会做的人，必定会劳苦一生；大事情做不到，小事情不愿意做的人，必定会遭受贫穷；地位显赫却不能招来客人，地位低下却又不愿意到别人门下屈就的人，必定会遭遇困顿。这就是我出仕做官的原因了。像我这种人，怎么能用美好的德行向别人乞讨衣服和食物呢！”

晏子从吴国出来后，吴王笑着说：“唉，我今天本想去讥讽晏子，可诋毁人家的结果就像裸露身体的人责备脱光衣服的人一样。”

司马子期问有不干君不恤民取名者乎晏子对以不仁也第十八

【原文】

司马子期[①]问晏子曰：“士亦有不干君，不恤[②]民，徒居无为而取名者乎？”

晏子对曰：“婴闻之，能足以瞻[③]上益民而不为者，谓之不仁。不仁而取名者，婴未得闻之也。”

【注释】

①司马子期：这里指楚平王的儿子公子结，字子期，司马是他的官名。

②恤：体恤。

③瞻：瞻奉，侍奉。

【译文】

司马子期问晏子：“出仕为官的人中有不为君王做事，不体恤百姓，独自居处过着无为的生活却能取得好名声的人吗？”

晏子答道：“我听说，如果一个人的才能足以侍奉君王而且有益于百姓，却不去作为，这种人就被称作不仁。不仁义的人取得过好名声的，我还从来没有听说过呢。”

高子问子事灵公庄公景公皆敬子晏子对以一心第十九

【原文】

高子[①]问晏子曰：“子事灵公、庄公、景公，皆敬子，三君之心一耶？夫子之心三也？”

晏子对曰：“善哉！问事君，婴闻一心可以事百君，三心不可以事一君。故三君之心非一也，而婴之心非三心也。且婴之于灵公也，尽复而不能立之政，所谓仅全其四支以从其君者也。及庄公陈[②]武夫，尚勇力，欲辟胜于邪，而婴不能禁，故退而野处。婴闻之，言不用者，不受其禄，不治其事者，不与其难，吾于庄公行之矣。今之君，轻国而重乐，薄于民而厚于养，藉敛[③]过量，使令过任，而婴不能禁，庸[④]知其能全身以事君乎！”

【注释】

①高子：中国春秋时期齐国的大夫世族，是齐文公之子公子高的后裔，是齐国二守之一。

②陈：排列。

③藉敛：登记征敛税赋。

④庸：岂，怎么。

【译文】

高子问晏子：“先生侍奉过齐灵公、齐庄公、齐景公三位君王，这三位君王对您都很敬重，是因为这三位君王的心是一样的呢，还是先生您有三颗不一样的心呢？”

晏子说：“好！你在问我侍奉君王的事。我听说一颗心可以侍奉一百个国君，但是三心却不能侍奉一个国君。所以三个国君的心不是一样的，而我的心也不是三心。况且我当初侍奉齐灵公时，只是尽力回答灵公问我的问题，却不能在治理国家上有所建树，所以当时我只能算作是为了保全自己而听从君王的吩咐罢了。我侍奉齐庄公的时候，朝堂之上站立的人都是武夫，因为庄公崇尚武力，总想用邪僻战胜邪恶，而我又不能禁止他这样做，所以后来我退隐到野外偏僻的地方居住。我听说，一个人的谏言如果不能被君王采用，他就不能接受君王给予他的俸禄，不为君王治理国家的政事，就不能和君王一起受难，我在庄公被崔氏弑杀的时候就是这样做的。我现在侍奉的君王齐景公，轻视国家治理而重视享乐，对百姓十分刻薄而对自己的给养却十分优厚，加重登记征敛赋税，役使民力已经超过了百姓承受的能力，而我却不能禁止，我岂能知晓自己能否保全自身而去侍奉君王啊！”

晏子再治东阿上计景公迎贺晏子辞第二十

【原文】

晏子治东阿①，三年，景公召而数之曰："吾以子为可，而使子治东阿，今子治而乱，子退而自察②也，寡人将加大诛于子。"晏子对曰："臣请改道易行而治东阿，三年不治，臣请死之。"景公许。

于是明年上计③，景公迎而贺之，曰："甚善矣！子之治东阿也。"晏子对曰："前臣之治东阿也，属托④不行，货赂⑤不至，陂池⑥之鱼以利贫民。当此之时，民无饥，君反以罪臣。今臣后之东阿也，属托行，货赂至，并重赋敛，仓库少内，便事左右，陂池之鱼入于权家。当此之时，饥者过半矣，君乃反迎而贺。臣愚不能复治东阿，愿乞骸骨，避贤者之路。"再拜，便僻⑦。景公乃下席而谢之曰："子强复治东阿，东阿者，子之东阿也，寡人无复与焉。"

【注释】

①东阿：古代城邑的名字，在今山东省聊城市。

②自察：自我审察。

③上计：呈上登记赋税收入的账簿。计：指账簿。

④托：托付。

⑤货赂：贿赂。

⑥陂（bēi）池：池塘。

⑦僻：离去。

【译文】

晏子负责治理东阿城，治理了三年后，景公将晏子召回都城并责备他说："当初我认为先生的能力可以，才派您前去治理东阿，可如今先生却越治越乱，您还是辞退回到都城而自我审察吧，而且我将要对你加重处罚。"晏子答道："臣请求君王先收回成命，再给臣一次机会，我将更改方法，改变自己的行为方式而重新治理东阿，如果三年内再治理不好东阿，臣甘愿被处死。"景公答应了晏子的请求。

于是，第二年晏子呈上了登记赋税收入的账簿，景公看了以后很高兴，便下令迎回晏子，并对他说："太好了！你把东阿治理得太好了。"晏子答道："我以前治理东阿的时候，不接受任何私人的请求和托付，也不收受贿赂，池塘中的鱼，我把它们送给贫穷的百姓，在那段时间，城中的百姓没有一个遭受饥饿，可君王您反而怪罪我。如今我重返东阿，就开始接受私人的请求和托付，也收了很多贿赂，并且加重了赋税征敛，这些赋税很少收入仓库，左右的人也方便趁机敛财，池塘中的鱼都进入了当地有权势的贵族家中。在这段时间里，城中饥饿的人超过了大半，而君王您反倒迎我回来并加以祝贺。恕臣愚昧，臣不能再治理东阿了，希望主公您允许我告老还乡，给那些贤人避让道路。"晏子说完，再次拜谢了景公，便转身离去。景公连忙走下座席拦住晏子并充满歉意地说："先生请您勉为其难再回去治理东阿吧，东阿是先生您的东阿，我再也不干预您治理的事了。"

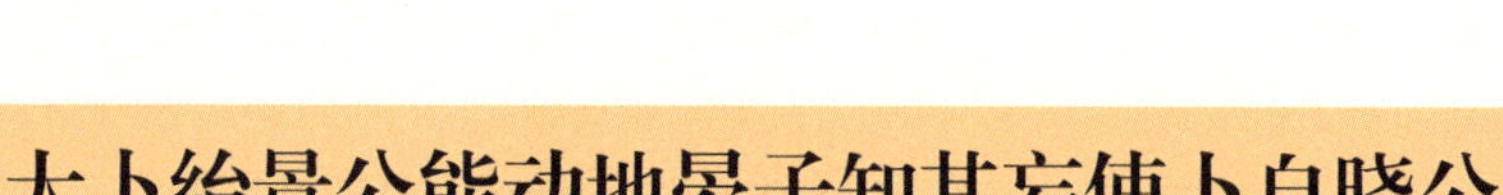

太卜绐景公能动地晏子知其妄使卜自晓公第二十一

【原文】

景公问太卜[①]曰："汝之道何能？"对曰："臣能动地。"公召晏子而告之，曰："寡人问太卜曰：'汝之道何能？'对曰：'能动地。'地可动乎？"

晏子默然不对[②]，出，见太卜曰："昔吾见钩星在四心之间[③]，地其动乎？"太卜曰："然。"晏子曰："吾言之，恐子之死也；默然不对，恐君之惶也。子言，君臣俱得焉。忠于君者，岂必伤人哉？"

晏子出，太卜走入见公，曰："臣非能动地，地固将动也。"陈子阳[④]闻之，曰："晏子默而不对者，不欲太卜之死也；往见太卜者，恐君之惶也。晏子，仁人也。可谓忠上而惠下也。"

【注释】

①太卜：古时主管占卜的官，负责帮助天子决定诸疑，观测国家的吉凶。

②默然不对：沉默不语。

③钩星：古时星宿的名称。四心：又称房星。房星为二十八星宿之一，由四颗星组成，故又称天驷。古代人认为钩星在房星的四颗星之间时，就会发生地震。

④陈子阳：齐国的大臣。

【译文】

景公问太卜说："你都有什么高超的道法？"太卜答道："臣能让地震动。"景公召见了晏子并把这件事告诉了晏子，说："我问太卜：'你有什么高超的道法？'他回答说：'我能让地震动。'你说，他真的能让地震动吗？"

晏子沉默而没有回答，出来后，见到太卜，说："昨夜我看见了钩星就在天驷的四颗星之间，这是发生地震的前兆，大地恐怕要震动了吧？"太卜答道："是的。"晏子说："我如果把实话告诉景公，恐怕你必死无疑；我刚才沉默不语没有回答君王，但又担心国君惶惑不安胡乱猜疑。所以，你现在亲口对君王说，君王和臣子都能得到好处。忠于国君的人，难道非要伤害他吗？"

晏子离开以后，太卜走进宫殿拜见景公，说："臣不能使地震动，而是从天象来看，地本来就要震动了。"齐国的大臣陈子阳听说这件事后，说："晏子在宫中没有揭露实情反而沉默不语的原因，是不想让太卜被处死；他去见太卜的原因，是恐怕国君受到他的迷惑。晏子真是一个仁德的人。晏子真可谓是既忠于国君又善待下属啊。"

有献书谮晏子退耕而国不治复召晏子第二十二

【原文】

晏子相景公，其论人也，见贤而进之，不同君所欲；见不善则废之，不辟君所爱①；行己而无私，直言而无讳。有纳书者②曰："废置不周于君前③，谓之专④；出言不讳于君前，谓之易⑤。专易之行存，则君臣之道废矣，吾不知晏子之为忠臣也。"公以为然。

晏子入朝，公色不说，故晏子归，备载⑥，使人辞曰："婴故老悖⑦无能，毋敢服壮者事。"

辞而不为臣，退而穷处，东耕海滨，堂下生藜藿⑧，门外生荆棘。七年，燕、鲁分争，百姓惛乱⑨，而家无积。公自治国，权轻诸侯，身弱高、国⑩。公恐，复召晏子。晏子至，公一归七年之禄，而家无藏。晏子立，侯诸忌其威，高、国服其政，燕、鲁贡职⑪，小国时朝。晏子没而后衰。

【注释】

①不辟君所爱：辟：回避。这里指晏子废除官吏不回避君王所喜欢的人。

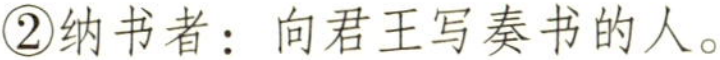

②纳书者：向君王写奏书的人。

③置：设置。指设立的法制等。周：调和，协调。

④专：专权，专断。

⑤易：属假借字，傲慢之意。

⑥备载：指用车装载家中所有物品。

⑦悖：惑乱，糊涂。

⑧藜藿（lí huò）：藜：一种多年生草本植物，叶细长，花呈紫色。有毒，可入药。藿：一种多年生草本植物，叶子呈心脏形，花蓝紫色，茎叶香气很浓，可入药。

⑨惛（hūn）乱：同“昏”，烦乱不安。

⑩高、国：这里指高氏和国氏，是齐国当时的两大姓氏。

⑪威：威力，威望。指使人敬畏的魄力。贡职：上贡，纳贡。

【译文】

晏子担任景公的辅相，他选拔人才时，发现是贤明的人就会举荐他，尽管有时候和景公的想法有所不同；看见品行不善的人，就会废除他，从不回避是不是景公所喜欢的人；他自身行事公正无私，劝谏时直言进谏而不忌讳。有人上书给景公说：“如果废黜或使用人才而不与君王商议协调，就是独断专行；如果在国君面前讲话不知忌讳，就是轻视傲慢。如果这种既独断专行又轻视傲慢的行为存在，那么君臣之间的道义就废弃了，我不知道具有如此品性的晏子居然还能被称为忠臣的原因。”景公认为他说的有道理。

于是，晏子上朝的时候，景公表现出很不高兴的样子，晏子似乎看透了景公的心思，所以就转身退下回家了，回到家以后，开始收拾所有的物品装载入车准备离开，然后派人向景公辞行说：“我已经年老糊涂没有能力了，也不敢去做那些青壮年做的事了。”

晏子辞官后不再做臣子，退隐到偏僻的地方居住，开始在东海之滨耕地种田，他的堂前阶下长满了藜藿药草，花香四溢，门外不远处长满了荆棘。七年后，燕国和鲁国之间关系分裂而相互征伐，致使百姓烦乱不安，而晏子家中贫困无所积蓄。在这个动乱的年代，景公也由于自己不擅长治理国家而使齐国政权被各个诸侯国轻视，自身的权威也被高氏和国氏的强盛而削弱了。景公十分惊恐，于是连忙重新恭敬地召回晏子。晏子回来后，景公一次归还了他七年的俸禄，可晏子并没有将这些财物藏在家中，而是全都用于赈济百姓了。晏子行事中正，堪称顶天立地，所以各个诸侯国畏惧晏子的威望，不再轻视齐国，高氏和国氏也重新服从他的政治，燕国和鲁国又恢复了向齐国纳贡，周围的小国也不时前来朝拜。在晏子死后，齐国就开始衰弱了。

晏子使高纠治家三年而未尝弼过逐之第二十三

【原文】

晏子使高纠治家，三年而辞焉。傧者[①]谏曰："高纠之事夫子三年，曾无以爵位而逐之，敢请其罪？"

晏子曰："若夫方立之人，维圣人而已。如婴者，仄陋之人[②]也。若夫左婴右婴[③]之人不举四维，四维[④]将不正，今此子事吾三年，未尝弼吾过[⑤]也。吾是以辞之。"

【注释】

①傧者：指接引宾客的人。

②仄陋之人：地位卑微的人。

③左婴右婴：晏子身边的人。

④四维：古代称礼、仪、廉、耻为四维。

⑤弼吾过：帮助我改正过失。弼：辅助。

【译文】

晏子让高纠负责管理他家中一些事物，三年后，晏子把高纠辞退了。接引宾客的人劝谏晏子说："高纠侍奉先生已经三年了，您不曾给过他任何爵位，如今却要驱逐他，请问他的过错是什么？"

晏子说："能以道立身的人，只有圣人而已。像我这样的，不过是地位卑微的人罢了，倘若那些跟随在我身边的人不能指出我的过失，那么我在礼、仪、廉、耻各个方面将会不正，如今高纠侍奉了我三年，未曾辅助我改正我的过失。所以我才会辞退他。"

景公称桓公之封管仲益晏子邑辞不受第二十四

【原文】

景公谓晏子曰："昔吾先君桓公，予管仲狐与縠[①]，其县十七，著之于帛[②]，

申之以策③，通之诸侯，以为其子孙赏邑。寡人不足以辱而先君，今为夫子赏邑，通之子孙。”

晏子辞曰：“昔圣王论功而赏贤，贤者得之，不肖者失之，御德修礼，无有荒怠。今事君而免于罪者，其子孙奚④宜与焉？若为齐国大夫者必有赏邑，则齐君何以共其社稷与诸侯币帛？婴请辞。”遂不受。

【注释】

①狐与穀（gǔ）：这里指狐城和穀城，当时是齐国的两个城池。

②著之于帛：写在锦帛之上。

③申之以策：用简策申明记录下来。申：说明，申明。策：简策。

④奚：文言疑问代词，相当于“胡”“何”，怎么、哪有之意。

【译文】

景公对晏子说：“我的先君齐桓公，曾经将狐邑和穀邑，以及其中的十七个县，都赏赐给了管仲，将这道诏命写在了锦帛之上，并用简策申明记录下来，通报给各个诸侯，以此作为管仲的子孙可以世袭继承的赏邑。我无法如此隆重地奖赏你的先祖而使他们福荫给你，但现在我可以郑重地赏赐先生城邑，以便你传给子孙后代继承。”

晏子躬身辞谢，说：“当年圣君齐桓公是评论功劳大小而进行奖赏，贤明的人得到赏赐，不贤明的人就会失去赏赐，增进德行和修养礼仪，一刻也没有荒废懈怠。如今我作为没有任何功劳，只是一个侍奉君主而免于被赐罪的人，我和我的子孙怎么适宜得到奖赏呢？如果成为齐国的大夫就有赏邑的话，那么齐国国君还用什么来祭祀社稷，以及与各个诸侯国进行钱币锦帛交往呢？所以我请求辞谢君王圣命。”最后，晏子没有接受景公封赏给他的城邑。

景公使梁丘据致千金之裘晏子固辞不受第二十五

【原文】

景公赐晏子狐之白裘①，元豹之茈②，其赀③千金。使梁丘据致之，晏子辞而不受，三④反。公曰："寡人有此二，将欲服之，今夫子不受，寡人不敢服。与其闭藏之，岂如弊之身乎？"

晏子曰："君就赐，使婴修百官之政，君服之上，而使婴服之于下，不可以为教。"固辞而不受。

【注释】

①狐之白裘：用白狐皮做成的裘衣。

②元豹之茈（zǐ）：用有花纹的大豹皮做成的衣襟。茈：茈草，这里借喻漂亮的花纹。

③赀（zī）：通"资"，价格。

④三：表示多次。

【译文】

景公赐给晏子一件用白狐皮做成的裘衣，这件裘衣的衣襟是用漂亮的大豹皮做成的，价值千金。景公派梁丘据送给晏子，可晏子辞谢而不接受，来来往往地送了多次还是被返回了宫中。景公不解地问道："我有两件这样的裘衣，天冷了，我准备穿它上朝，如今先生不接受这件裘衣，现在我也不敢穿上它了。与其把这件衣服收藏在府库之中，哪里比得上把它穿在身上直到破旧为好呢？"

晏子说："主公您现在给我的赏赐，是勉励我能继续在百官面前主持政事，而如果国君您在上面穿这件裘衣，让我在下面也穿同样的衣服，这不符合礼仪，就不能用来教化百官。"晏子坚决辞谢而不接受这件裘衣。

晏子衣鹿裘以朝景公嗟其贫晏子称有饰第二十六

【原文】

晏子相景公，布衣鹿裘以朝。公曰："夫子之家，若此其贫也，是奚衣之恶也①！寡人不知，是寡人之罪也。"

晏子对曰："婴闻之，盖顾人而后衣食者，不以贪昧为非②；盖顾人而后行者，不以邪辟为累。婴不肖③，婴之族又不如婴也，待婴以祀其先人者五百家，婴又得布衣鹿裘而朝，于婴不有饰乎！"再拜而辞。

【注释】

①奚：表疑问，怎么，为什么。恶：不好，粗劣。

②不以贪昧为非：把暗地里贪图衣食当作错误的事。昧：暗，不明。

③不肖：品行不好，没有出息。这里为晏子的自我谦称。

【译文】

晏子作为景公的丞相，上朝时也穿着粗布衣或者是普通鹿皮做的皮衣。景公说："先生的家怎么如此贫穷啊，这衣服怎么穿得这么破旧！我竟然还不知道，这是我的过错。"

晏子说："我听说，先看别人然后再决定自己穿衣吃饭的人，不把暗地里贪图衣食当成错误的事；先看别人如何行动而后自己再行动的人，不把邪恶乖僻的行为看成妨碍。我不是贤能的人，我家族中的人又都不如我，等待我的救济去祭祀他们先人的就有五百家，如今我能穿布衣鹿裘上朝辅助君王治理政事，对于我来说已经很华丽了啊！"晏子再次以礼敬拜景公后辞别而去。

仲尼称晏子行补三君而不有果君子也第二十七

【原文】

仲尼①曰："灵公汙②，晏子事之以整齐；庄公壮③，晏子事之以宣武④；景公奢，晏子事之以恭俭。君子也！相三君而善不通下，晏子细人[5]也。”

晏子闻之，见仲尼曰：“婴闻君子有讥[6]于婴，是以来见。如婴者，岂能以道食人者哉！婴之宗族待婴而祝其先人者数百家，与齐国之闲士待婴而举火者数百家，婴为此仕者也。如婴者，岂能以道食人者哉！”

晏子出，仲尼送之以宾客之礼，再拜其辱[7]。反，命门弟子曰：“救民之姓而不夸，行补三君而不有，晏子果君子也！”

【注释】

①仲尼：这里指孔子。孔子，字仲尼。

②汙（wū）：同“污”，污浊。这里指不守礼节，为所欲为。

③壮：通假“怯”，胆怯。

④宣武：威武。

⑤细人：见识短浅的人。

⑥讥：规劝。引自《广雅》“讥，谏也。”

⑦再拜其辱：这里指孔子再次拜谢晏子的光临。辱：谦词，承蒙光临。

【译文】

孔子说：“齐灵公行为放纵而不守礼节，晏子侍奉他时就用礼仪来规范使他规整；齐庄公行事胆小怯懦，晏子侍奉他时就宣扬智勇而使他威武；齐景公喜好奢侈，晏子侍奉他时就用节俭的方式来谦恭地劝谏他。晏子真是个君子，只可惜晏子侍奉了三个君王却没能将这些好的行为向下通达到百姓身上，晏子还真是一个目光短浅的人啊。”

晏子听到这些话，去拜见孔子，说：“我听说先生有规劝于我的话，所以我前来拜见。像我这样的人，怎么能用道法说教向别人乞求食物呢！我的家族中等待我的救济才能祭祀先人的就有几百家，还有齐国无业士人等待我的救济才能烧火做饭的也有几百家，我是为了他们才去做官的。像我这样的人，怎么可能是你说的那种用自己的德行说教向别人乞求食物的人呢！”

晏子退出而拜别，孔子用送别宾客的礼仪送别晏子，并再次拜谢晏子的光临。孔子返回之后，对他的弟子说：“晏子救济百姓的生命却从不夸耀，他用自己美好的德行补益所侍奉过的三个君主而不自以为有功劳，晏子果然是君子啊！”

《晏子春秋》·卷八·外篇第八

仲尼见景公景公欲封之晏子以为不可第一

【原文】

仲尼[①]之齐，见景公，景公说之，欲封之以尔稽[②]。以告晏子，晏子对曰："不可。彼浩裾自顺，不可以教下；好乐缓于民，不可使亲治；立命而怠事，不可守职[③]。厚葬破民贫国，久丧循哀费日，不可使子民。行之难者在内，而儒者无其外，故异于服，勉于容，不可以道众而驯百姓。自大贤之灭，周室之卑也，威仪加多，而民行滋薄；声乐繁充，而世德滋衰[④]。今孔丘盛声乐以侈世，饰弦歌鼓舞以聚徒；繁登降之礼，趋翔[⑤]之节以观众；博学不可以仪世，劳思不可以补民，兼寿不能殚其教[⑥]，当年[⑦]不能究其礼，积财不能赡其乐[⑧]。繁饰邪术以营[⑨]世君，盛为声乐以淫愚[⑩]民。其道也，不可以示世；其教也，不可以导民。今欲封之，以移齐国之俗，非所以导众存民[⑪]也。"

公曰："善。"于是厚其礼而留其封，敬见而不问其道，仲尼乃行。

【注释】

①仲尼：指儒家学派的创始人孔子。孔子，名丘，字仲尼。

②尔稽：古时候的地名。景公打算将尔稽分封给孔子。

③不可守职：一作"不可使守职"。不可：不能、不可以的意思。

④滋衰：日渐衰退。

⑤趋翔：疾行与腾跃。

⑥兼寿不能殚其教：即使增加寿命也不能学完他们的礼教。兼寿：此处指寿命加倍。殚：尽，竭尽。

⑦当年：此处指人到壮年的时候。

⑧赡（shàn）：供给；充足。乐：通"乐（yuè）"，此处指礼乐。

⑨营：蛊惑。

⑩愚：愚惑。

⑪导众存民：教育百姓，保存子民。

【译文】

孔子来到齐国，去拜见齐景公。景公看到孔子之后非常喜欢他，于是想把

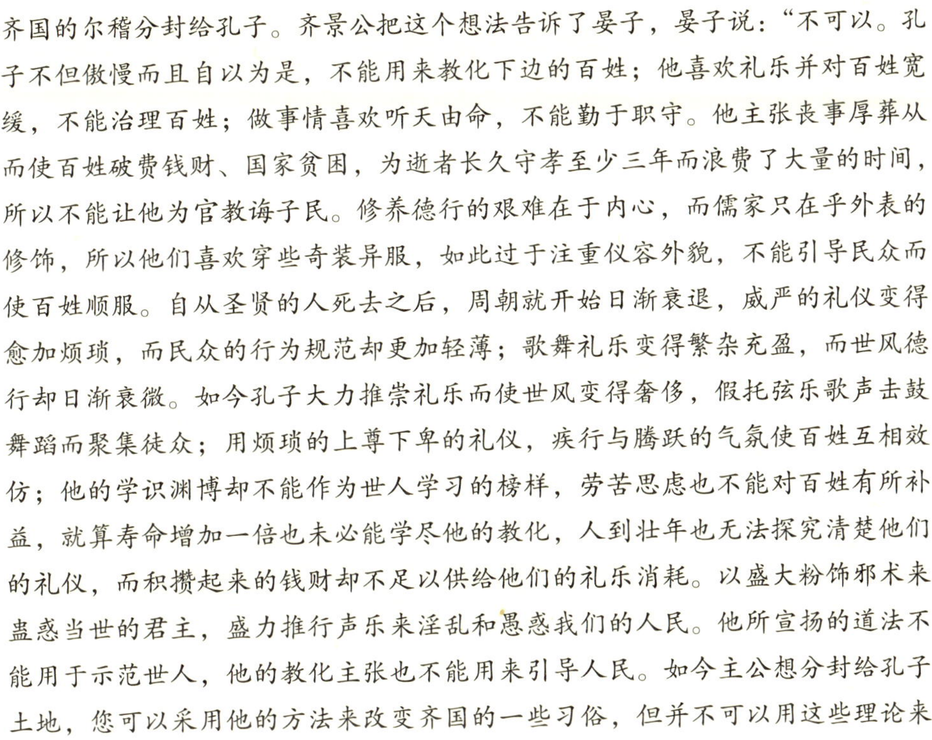
齐国的尔稽分封给孔子。齐景公把这个想法告诉了晏子，晏子说："不可以。孔子不但傲慢而且自以为是，不能用来教化下边的百姓；他喜欢礼乐并对百姓宽缓，不能治理百姓；做事情喜欢听天由命，不能勤于职守。他主张丧事厚葬从而使百姓破费钱财、国家贫困，为逝者长久守孝至少三年而浪费了大量的时间，所以不能让他为官教诲子民。修养德行的艰难在于内心，而儒家只在乎外表的修饰，所以他们喜欢穿些奇装异服，如此过于注重仪容外貌，不能引导民众而使百姓顺服。自从圣贤的人死去之后，周朝就开始日渐衰退，威严的礼仪变得愈加烦琐，而民众的行为规范却更加轻薄；歌舞礼乐变得繁杂充盈，而世风德行却日渐衰微。如今孔子大力推崇礼乐而使世风变得奢侈，假托弦乐歌声击鼓舞蹈而聚集徒众；用烦琐的上尊下卑的礼仪，疾行与腾跃的气氛使百姓互相效仿；他的学识渊博却不能作为世人学习的榜样，劳苦思虑也不能对百姓有所补益，就算寿命增加一倍也未必能学尽他的教化，人到壮年也无法探究清楚他们的礼仪，而积攒起来的钱财却不足以供给他们的礼乐消耗。以盛大粉饰邪术来蛊惑当世的君主，盛力推行声乐来淫乱和愚惑我们的人民。他所宣扬的道法不能用于示范世人，他的教化主张也不能用来引导人民。如今主公想分封给孔子土地，您可以采用他的方法来改变齐国的一些习俗，但并不可以用这些理论来治理国家和保存子民。"

景公说："好！"于是齐景公赐予孔子丰厚的礼物而保留了给予他土地的封赏，恭敬地会见了孔子却不询问他的学说，所以孔子很快就离开了齐国。

景公上路寝闻哭声问梁丘据晏子对第二

【原文】

景公上路寝，闻哭声，曰："吾若闻哭声，何为者也？"梁丘据对曰："鲁孔丘之徒鞠语[①]者也。明于礼乐，审[②]于服丧，其母死，葬埋甚厚，服丧三年，哭泣甚疾。"公曰："岂不可哉！"而色说之。

晏子曰："古者圣人，非不知能繁登降之礼，制规矩之节，行表缀[③]之数以教民，以为烦人留日，故制礼不羡[④]于便事；非不知能扬干戚钟鼓竽瑟[⑤]以劝众也，以为费财留工，故制乐不羡于和民；非不知能累世殚[⑥]国以奉死，哭泣处哀以持久也，而不为者，知其无补死者而深害生者，故不以导民。今品人饰礼烦事，羡乐淫民，崇死以害生[⑦]，三者，圣王之所禁也。贤人不用，德毁流俗[⑧]，故三邪得行于世。是非贤不肖杂，上妄说邪，故好恶不足以导众。此三者，路世[⑨]之政，道事之教也。公曷为不察，声受而色说之？”

【注释】

①鞠语：孔子的徒弟。

②审：审慎，慎重。

③表缀：表掇，仪度。

④羡：富足，足够而多余。此处指超出。

⑤扬干戚钟鼓竽瑟：这里指音乐和舞蹈。

⑥殚（dān）：竭尽。

⑦崇死以害生：尊重死人而损害活着的人。

⑧德毁流俗：美好的道德尽毁，奢侈的民风流行。

⑨路世：此处指孔子的学说，晏子认为儒家的学说是败国的学说。

【译文】

景公登上路寝之台，听到一阵哭声，便说：“我好像听到有人在哭，是什么人在哭啊？”梁丘据答道：“是鲁国孔子的弟子鞠语在哭，他明晓礼乐，对服丧的礼仪也很慎重，他的母亲死去时，他用隆重的仪式厚葬了他的母亲，已经服丧三年了，依旧哭泣得十分悲痛。”景公说：“难道这不值得称赞吗！”并且脸上流露出欣喜的神色。

晏子说：“自古以来的圣人，不是不知道要用烦琐的进退揖让之礼，来制定规范人们共同遵守的规则，推行各种仪度来教化民众，只是因为这些烦琐的礼仪让人劳累而且旷日持久，所以制定的礼仪不能超出人们行事方便的范畴；自古以来的圣人不是不知道要弘扬音乐和舞蹈的曼妙来规劝激励人们，只是因为它们太劳民伤财，所以制定音乐和舞蹈的标准不能超过和谐生活的标准；自古以来的圣人不是不知道要劳累身心竭尽国力来供奉死者，令处于服丧期间要长时间地悲痛哭泣，而不这样做的人，是因为知道这样对死者没有补益却是深深地伤害了活着的人，所以不能用这套理论来教导百姓。如今众人粉饰礼仪而不怕烦琐地去做这些事情，富足而多余的音乐、舞蹈使人民变得淫乱，崇尚厚葬死者而损害活着的人，这三点，正是圣人们所禁止的。有良好的德行和才能的人不能被任用，美好的道德尽毁，奢侈的民风流行，所以上述三种邪行才会流传于世上。好坏对错没有分别，贤良的人与小人混杂在一起，国君昏乱而崇尚邪行，所以无论是好是坏都不能正确教导百姓。这三点，是败国的政教学说，而不是有道理的教育。主公您何不去审视明察，听到了哭声怎么还能流露出喜悦之情呢？”

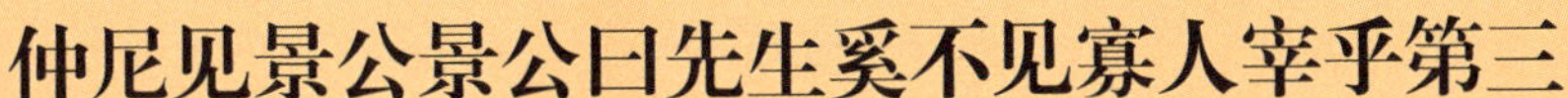

仲尼见景公景公曰先生奚不见寡人宰乎第三

【原文】

仲尼游齐，见景公。景公曰：“先生奚不见寡人宰①乎？”仲尼对曰：“臣闻晏子事三君而得顺焉，是有三心，所以不见也。”

仲尼出，景公以其言告晏子，晏子对曰：“不然！婴为三心，三君为一心故，三君皆欲其国家之安，是以婴得顺也。婴闻之，是而非②之，非而是之，犹非也。孔丘必据处此一心矣。”

【注释】

①宰：宰相，此处指齐国的宰相晏子。

②非：通“诽”，此处指诽谤的意思。

【译文】

孔子游说到齐国，来到宫中觐见齐景公。景公对他说：“先生为什么不拜见我的宰相晏子先生呢？”孔子回答：“我听说晏子辅佐三个君王都很顺利，看来他是有三心之人，所以我就不去拜见他了。”

孔子走了之后，景公把孔子说过的话告诉了晏子，晏子对齐景公说：“不是这样的！不是我有三颗心，而是因为三个君主都有同一个心意，三个君王都希望自己的国家和谐安定，所以我才能够辅佐顺利。我听说，把对的说成错的，错的说成对的，这就犹如诽谤他人了。看来孔子必然是占据了这一点而另有一颗心了。”

仲尼之齐见景公而不见晏子子贡致问第四

【原文】

仲尼之齐，见景公而不见晏子。子贡曰：“见君不见其从政者，可乎？”仲尼曰：“吾闻晏子事三君而顺焉，吾疑其为人。”

晏子闻之，曰：“婴则齐之世民①也，不维其行②，不识其过，不能自立也。婴闻之，有幸见爱，无幸见恶，诽誉③为类，声响相应，见行而从之者也。婴闻之，以一心事三君者，所以顺焉；以三心事一君者，不顺焉。今未见婴之行，而非其顺也。婴闻之，君子独立不惭于影，独寝不惭于魂④。孔子拔树削迹⑤，不自以为辱；身穷陈、蔡⑥，不自以为约；非人不得其故，是犹泽人⑦之非斤斧，山人之非网罟⑧也。出之其口，不知其困也。始吾望儒而贵之，今吾望儒而疑之。”

仲尼闻之，曰：“语有之：言发于尔，不可止于远也；行存于身，不可掩于众也。吾窃议晏子而不中夫人之过，吾罪几矣！丘闻君子过人以为友，不及人以为师⑨。今丘失言于夫子，讥之，是吾师也。”因宰我而谢焉，然仲尼见之。

【注释】

①齐之世民：齐国的世代子民。

②不维其行：不能长久地保持清正廉洁的行为。

③诽誉：诽谤和称誉。

④独立不惭于影，独寝不惭于魂：指君子光明正大，对自己的身影不感到惭愧；独自一人就寝，对自己的灵魂不感到愧疚。

⑤孔子拔树削迹：鲁哀公三年的时候，孔子与他的弟子在宋国的一棵大树下学习礼数，宋国为了驱逐孔子，拔掉了树，扫清了足迹。此处指春秋时鲁国的孔子在宋国遭到迫害驱逐之事。

⑥陈、蔡：此处指孔子被围困在陈国和蔡国之间断粮七日之事。

⑦泽人：住在水边的人。

⑧罟（gǔ）网：捕鱼及捕鸟兽的网。这里指渔网。

⑨不及人以为师：比不上别人就把那个人当作老师。

【译文】

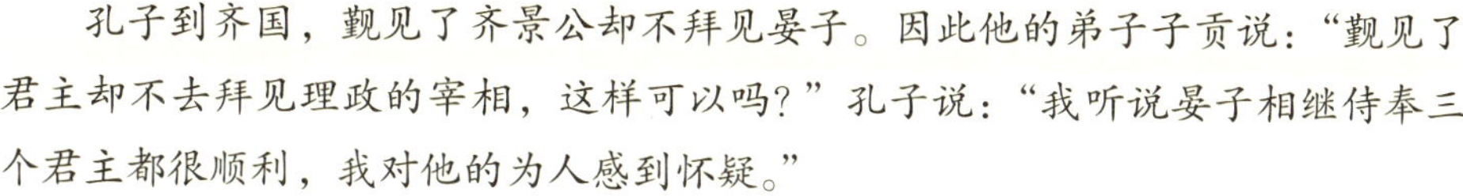

孔子到齐国，觐见了齐景公却不拜见晏子。因此他的弟子子贡说：“觐见了君主却不去拜见理政的宰相，这样可以吗？”孔子说：“我听说晏子相继侍奉三个君主都很顺利，我对他的为人感到怀疑。”

晏子闻听孔子说的这些话以后，说：“我不过是齐国世代普通的百姓罢了，但我知道，不能长久地保持自己清正廉洁的行为，不知道自己的过失，就不能在这世上自立。我听说，得到宠幸就会受到喜爱，得不到宠幸就会被厌恶，诽谤与赞誉都是一样的，发出的声音与回响是互相呼应的，这些都是根据行为得来的。我听说，用一种心思来辅佐三个国君，所能得到的就是顺利，用三种心思来辅助一个国君的，所能得到的就是不顺利。如今孔丘还没看到我的行为，却来非议我顺利辅佐三个国君之事。我听说，君子独立于天下而无愧于自己的身影，独自一人就寝而不觉得愧对自己的灵魂。去宋国讲学时，孔子遭遇被人拔掉习礼之树的驱逐，而他不以那件事为羞辱；困厄在陈国、蔡国之间，却不认为自己面临了穷困潦倒；非议别人而并不知道事情的内在缘故，这就像在水边居住的人非议刀斧，在山上居住的人非议渔网一样。那些话从他的口中说出来，竟然不知道自己的无知所造成的困扰。一开始的时候我看见儒家的人还很尊敬，现在我再看到儒家的人就要怀疑他们的人品了。”

孔子听到晏子的这番话后，说：“古语有这样的一段话：自己说出的话，不能禁止它传到远处；行为发生在自己的身上，不可能在众人面前掩盖。我私下里非议晏子而没有说中别人的过失，我的罪过真是太大了！我听说君子指出别人的过错是把对方当成了朋友，比不上那个人就把那个人当作自己的老师。如今我失言于晏子，晏子规劝我，他就是我的老师。”于是孔子让他的学生宰我向晏子表示歉意，然后孔子前去拜会晏子。

景公出田顾问晏子若人之众有孔子乎第五

【原文】

景公出田①，寒，故以为浑②，犹顾而问晏子曰：“若人之众，则有孔子焉乎？”晏子对曰：“有孔子，焉则无有？若舜③焉则婴不识。”公曰：“孔子之不逮舜为间矣④，曷为‘有孔子，焉则无有？若舜焉则婴不识’？”

晏子对曰："是乃孔子之所以不逮舜。孔子行一节[5]者也，处民之中，其过之识，况乎处君之中乎！舜者民处之中，则自齐乎士；处君子之中，则齐乎君子；上与圣人，则固圣人之林也。此乃孔子之所以不逮舜也。"

【注释】

①田：田猎，打猎。此处指齐景公外出打猎。

②浑：假借为"温"，取暖。

③舜：中国古代的皇帝，父系氏族社会后期部落联盟首领，姚姓，妫氏，名重华，字都君，建立虞国，治都蒲阪（今山西省永济县），被后世尊为帝，列入"五帝"，史称帝舜、虞舜、舜帝，故后世以舜称之。

④逮：及，赶得上。为间：此处是相差很远的意思。

⑤一节：事物的一端。

【译文】

齐景公外出田猎，天气很冷，所以只好停下来取暖，这时景公回头看向晏子问道："如果在很多人当中，那么还能看见孔子吗？"晏子回答："如果是有孔子的地方，又怎能看不到？但如果是舜站在那里，那我可就不能认出来了。"景公说："孔子比不上舜，而且和舜的差距太大了，什么是'如果是有孔子的地方，又怎能看不到？但如果是舜站在那里，那我可就不能认出来了'呢？"

晏子回答："这就是孔子之所以比不上舜的地方。孔子的行为是极端的，他身处百姓之中时，因为仪容举止与众不同，所以很容易就被认出，更何况是身处于君子之中呢！然而舜身处在百姓之中，就会要求自身与普通百姓平齐而保持一致；处于君子当中，就会平齐于其他君子而无异于他人；在上相同于圣人，因为本来就是圣人之林中的圣人了。这就是孔子比不上舜的地方。"

仲尼相鲁景公患之晏子对以勿忧第六

【原文】

仲尼相鲁[1]，景公患之，谓晏子曰："邻国有圣人，敌国之忧也。今孔子相鲁，若何？"

晏子对曰："君其勿忧。彼鲁君，弱主也；孔子，圣相[2]也。君不如阴重孔子，设以相齐[3]，孔子强谏而不听，必骄鲁[4]而有齐，君勿纳也。夫绝于鲁，无主于齐，孔子困[5]矣。”居期年，孔子去鲁之齐，景公不纳[6]，故困于陈、蔡之间。

【注释】

①仲尼相鲁：此处指孔子在鲁国做宰相。

②圣相：此处指才智和品德都非常卓越的宰相。

③设以相齐：此处指晏子献计让景公假许孔子任齐国宰相。

④骄鲁：骄：骄横、蛮横。此处指鲁国的国君为人骄横。

⑤困：困顿，窘迫。

⑥纳：接纳。

【译文】

孔子在鲁国担任宰相，景公很担心这件事，就对晏子说：“如果在邻国有圣人，就是与之敌对国家的忧患。如今孔子在鲁国担当宰相，这该怎么办？”

晏子答道：“君主您其实没有必要忧虑。鲁国的国君，是一个昏庸软弱的君主；孔子，是个才智和品德都非常卓越的宰相。君主您不如私下里表示对孔子很尊崇，然后假许他来做我们齐国的宰相，在这期间，孔子肯定会常常强行劝谏鲁国君王而不被听从，那么他必定会认为鲁国的国君骄傲蛮横而来到齐国，这时候君主您不要接纳他。这样一来，他自绝后路而无法回到鲁国，而在齐国又不被任用，那么孔子就困顿无依了。”过了一年以后，孔子果然离开鲁国来到齐国，但齐景公没有接纳他，所以孔子就困在陈国和蔡国之间了。

景公问有臣有兄弟而强足恃乎晏子对不足恃第七

【原文】

景公问晏子曰：“有臣而强，足恃[1]乎？”晏子对曰：“不足恃。”“有兄弟而强，足恃乎？”晏子对曰：“不足恃。”

公忿然作色曰：“吾今有恃乎？”晏子对曰：“有臣而强，无甚如汤[2]；有兄弟而强，无甚如桀[3]。汤有弑其君，桀有亡其兄，岂以人为足恃哉，可以无亡也！”

【注释】

①恃：依靠。

②汤：这里指商汤（约公元前1670~公元前1587），也叫成汤，商朝开国君主。

③桀：这里指夏桀，帝发之子，夏朝的最后一位君主，是历史上有名的暴君。

【译文】

景公问晏子："如果拥有能力很强的大臣，可以完全依靠他们吗？"晏子对景公说："不能完全依靠。"景公又问："如果有能力很强的兄弟，可以完全依靠他们吗？"晏子回答说："不能完全依靠。"

景公很气愤地问道："那我如今还有能依靠的人吗？"晏子答道："若说有能力强的臣子，没有谁能比得上商汤；若说有能力强的兄弟，没有谁能比得上夏桀。商汤最终杀死了他的国君桀，夏桀最终迫使他的兄弟逃亡。怎么能因为别人能力强就想完全依靠他呢？如果这样的话，那么就没有不灭亡的了！"

景公游牛山少乐请晏子一愿第八

【原文】

景公游于牛山，少乐，公曰："请晏子一愿[①]。"晏子对曰："不，婴何愿？"公曰："晏子一愿。"对曰："臣愿有君而见畏[②]，有妻而见归，有子而可遗。"

公曰："善乎！晏子之愿；载一愿[③]。"晏子对曰："臣愿有君而明，有妻而材[④]，家不贫，有良邻。有君而明，日顺婴之行，有妻而材，则使婴不忘[⑤]；家不贫，则不愠[⑥]朋友所识；有良邻，则日见君子，婴之愿也。"

公曰："善乎！晏子之愿也。"晏子对曰："臣愿有君而可辅，有妻而可去，有子而可怒[⑦]。"公曰："善乎！晏子之愿也。"

【注释】

①愿：愿望。

②见畏：受到尊敬。

③载一愿：载：通"再"。这里指景公让晏子再说一个愿望。

④材：通"才"，这里指才能。

⑤忘：通"妄"，这里是不守本分，胡乱作为的意思。

⑥愠：怨恨。

⑦怒：气势盛，奋发、奋起之意。

【译文】

景公到牛山游玩的时候，因为没有了宫中乐舞而感到缺少乐趣，便对晏子说：“请晏子先生说一个心愿吧。”晏子答道：“没有，臣下哪有什么心愿？”景公说：“先生还是说一个您的心愿吧。”晏子说：“我希望有一个受到臣子们尊敬的君主，有妻子天天相见而她的心能归向我，有儿子可以谨遵我的教诲而能世代相传。”

景公说：“好！先生的愿望真好，请您再说一个心愿。”晏子继续说：“我希望有君主而能圣明，有妻子而有才能，家里不贫穷，能有品行良好的人相邻而居。有国君而圣明，就会每天都能顺从君王心意行事；有妻子而有才能，就能督促我，使我不胡乱妄为；家里不贫穷，那么我就可以赈济身边的朋友，使他们没有怨恨；有品行良好的人相邻而居，就可以天天看见君子，这就是我的心愿。”

景公说：“好！先生的心愿真好啊。”晏子回答：“我希望有君王而可以让我辅佐，有妻子而可以让我放心离去，有儿子而能知道奋发向上。”景公说：“好啊！晏子的愿望真是太好了。”

景公为大钟晏子与仲尼柏常骞知将毁第九

【原文】

景公为大钟，将悬之。晏子、仲尼、柏常骞三人朝，俱曰：“钟将毁。”冲[①]之，果毁。

公召三子者而问之。晏子对曰：“钟大，不祀先君而以燕[②]，非礼，是以曰钟将毁。”仲尼曰：“钟大而悬下，冲之，其气下回而上薄，是以曰钟将毁。”柏常骞曰：“今庚申，雷日也，音莫胜[③]于雷，是以曰钟将毁也。”

【注释】

①冲：撞击。

②以燕：用来做宴饮取乐的乐器。燕：通“宴”，宴饮。

③胜：胜过，超过。

【译文】

景公铸造了一口大钟，准备将它悬挂起来。晏子、孔子和柏常骞三人入朝时，几乎不约而同地说：“这口钟将要毁坏。”等到撞击大钟的时候，果然毁坏了。

于是，景公召见他们三个人，问他们是怎么知道这口钟将要毁坏的。晏子答道："铸造大钟，不用来祭祀先祖却当作宴饮时取乐的乐器，不符合礼仪，所以说这口钟将会毁坏。"孔子说："这口钟很大，而且向下悬挂着的时候，撞击它时，钟声产生的强大气流传到地上时受到地面上的阻力而又向上回传压迫到钟里，这样大钟受到强大的气流冲击，所以说大钟将要毁坏。"柏常骞说："今天是庚申日，是天上打雷的日子，而钟声不能胜过雷声，所以说这口钟将会毁坏。"

田无宇非晏子有老妻晏子对以去老谓之乱第十

【原文】

田无宇见晏子独立于闺内，有妇人出于室者，发班①白，衣缁布②之衣而无里裘。

田无宇讥之曰："出于室为何者也？"晏子曰："婴之家③也。"无宇曰："位为中卿④，食田七十万，何以老为妻？"

对曰："婴闻之，去老者谓之乱，纳少者谓之淫。且夫见色而忘义，处富贵而失伦，谓之逆道。婴可以有淫乱之行，不顾于伦，逆古之道乎？"

【注释】

①班：通"斑"，这里指晏子的妻子两鬓斑白。

②缁（zī）布：实际上是一块黑布。古人好行冠礼，相传太古时代以白布为冠，若逢祭祀，就把它染成黑色，所以称为缁布冠。

③家：家室。这里指妻子。

④中卿：官名。周朝时诸侯国有上、中、下卿。

【译文】

田无宇前去拜访晏子，看见晏子独自站在屋子里，这时有一个老妇人从他的房室里走出来，看上去两鬓已经斑白，穿着用黑布缝制的衣服而里面没有穿裘衣。

田无宇讥笑晏子说："刚才从你屋子里出来的人是谁啊？"晏子答道："是我的妻子。"田无宇说："你现在官位居于中卿，田赋收入七十万，为什么还要以如此苍老的妇人作为妻子呢？"

晏子说："我听说，抛弃年老的妻子可以称为乱，纳娶过于年轻的女子可以称为淫。而且那种看见了美色就忘记了大义，处于富贵就失掉伦理的行为，叫作违逆道德。我可以有淫乱的行为，不顾及人性伦理，违逆自古以来的道德吗？"

工女欲入身于晏子晏子辞不受第十一

【原文】

有工女①托于晏子之家者，曰："婢妾，东廓之野人②也。愿得入身，比数于下陈③焉。"

晏子曰："乃今而后自知吾不肖④也！古之为政者，士农工商异居，男女有别而不通，故士无邪行，女无淫事。今仆托国主民⑤，而女欲奔仆，仆必色见而行无廉也。"遂不见。

【注释】

①工女：古代指从事蚕桑、纺织、缝纫等工作的女子。

②廓：同"郭"，指外城。野人：山野之人。

③下陈：泛指姬妾。

④不肖：指不正派，品行不好。

⑤托国主民：受托于国君主管国家的子民。

【译文】

有一个从事农工的女子想到晏子的家中做妾，托人传达说："我是一个卑贱的女子，是东城外的山野之人。今日甘愿托身到晏子先生的家里，能排列在姬妾当中充数就知足了。"

晏子说："直到今天我才知道自己原来是一个品行不端正的人！自古以来执掌朝政的人，都是让学士、农民、工人和商人分别居住在不同的地方，男女之间有所分别而互相不往来。所以士人没有邪恶的行为，女子不做淫乱的事情。如今我受国君所托管理国家的子民，却有女子私自奔来想做我的小妾，看来我一定是表现出好色和不知廉耻的行为了。"于是，晏子决定不见这个女子。

景公欲诛羽人晏子以为法不宜杀第十二

【原文】

景公盖姣①，有羽人视景公僭②者。公谓左右曰："问之，何视寡人之僭也？"羽人③对曰："言亦死，而不言亦死，窃姣公也。"公曰："合色寡人也？杀之！"

晏子不时而入，见曰："盖闻君有所怒羽人。"公曰："然。色寡人，故将杀之。"

晏子对曰："婴闻拒欲不道，恶爱不祥，虽使色君，于法不宜杀也。"公曰："恶然乎④！若使沐浴，寡人将使抱背⑤。"

【注释】

①盖姣：长得美丽。盖：本来，生来。

②僭（jiàn）：超越本分，不恭敬。

③羽人：官名。

④恶然乎：是这样啊。

⑤抱背：搓背。

【译文】

景公生来一副俊朗的容貌，有一个羽人用冒犯不敬的目光偷偷看着景公，景公觉得很不舒服，就对身旁的人说："你去问他，为什么这么不恭敬地看着我？"羽人答道："唉！说了也是死，而不说也还是死，我只是因为君王貌美才偷看的。"景公说："他为什么对我怀有色心？杀了他！"

晏子还未等到上朝的时间就迫不及待地入宫，面见景公说："听说君王您因为一个羽人而发怒了。"景公说："是的。他爱慕我俊朗的容貌，所以我要杀了他。"

晏子回答："我听说拒绝欲望没有道理，憎恶别人的爱慕是不吉祥的，他虽然爱慕君王您的美貌，但依照法治不该杀他啊。"景公听后，说："原来是这样啊！如果我想沐浴，将差使他给我搓背。"

景公谓晏子东海之中有水而赤晏子详对第十三

【原文】

景公谓晏子曰："东海之中，有水而赤，其中有枣，华而不实①，何也？"

晏子对曰："昔者秦缪公②乘龙舟而理天下，以黄布裹烝枣③，至东海而捐其布，破黄布，故水赤；烝枣，故华而不实。"

公曰："吾详④问子，何为对？"对曰："婴闻之，详问者，亦详对之也。"

【注释】

①华而不实：只开花不结果实。

②秦缪公：这里指秦穆公，秦穆公（公元前682~前621），也称秦缪公，春秋时期秦国的国君，前659~前621年在位。《史记》认定其为春秋五霸之一。

③烝枣："烝"通"蒸"，这里指蒸熟的枣。

④详：通"佯"，诈、假话之意。

【译文】

景公问晏子："在东海之中，有一部分水是红色的，这红色的水中有枣树，但这些枣树只开花不结果实，这是为什么呢？"

晏子答道："当年秦穆公乘坐龙舟治理天下的时候，用黄色的布将蒸熟的枣包裹起来，乘船来到东海的时候，将这些包裹着枣的布包投入海中，后来黄布破裂，枣子全部散落在海水之中，所以这部分水就变成了红色；因为枣子已经被蒸熟了，所以这些枣便只开花不结果。"

景公笑说："我在用不真实的假话问你，你为什么还要作答呢？"晏子回答："我听说，如果用不真实的假话来询问，也就用不真实的假话来回答啊。"

景公问天下有极大极细晏子对第十四

【原文】

景公问晏子曰："天下有极大物乎？"晏子对曰："有。北溟有鹏，足游浮云，背凌苍天，尾偃天间①，跃啄北海，颈尾咳②于天地乎！然而漻漻不知六翮之所在③？"

公曰："天下有极细乎？"晏子对曰："有。东海有蛊④，巢于蚊睫，再乳再飞，而蚊不为惊。臣婴不知其名，而东海渔者曰'焦冥'⑤。"

【注释】

①凌：迫近，逼近。偃（yǎn）：倒伏，倒下。这里指尾翼垂下来。

②咳：同"阂"，阻隔，分开。

③漻漻（liáo liáo）：张纯一校注引王念孙曰："漻漻：即寥寥，旷远之貌也。"六翮（hé）：鸟类双翅中的正羽，用以指鸟的两翼，有时指鸟。

④蛊（gǔ）：古代传说中的一种毒虫。

⑤焦冥：传说中的一种极其微小的虫子。

【译文】

景公问晏子："天下间有最大的东西吗？"晏子回答："有，北海的大鹏就是，它的双足能游荡在浮云之上，后背逼近苍天，硕大的尾翼垂于天际，腾跃翻飞于北海之中捕捉食物，它的头颈和尾翼能将天地分割开啊！然而在辽阔旷远的天地间却不知道它的两翼究竟能伸展到何处？"

景公说："天下间有最小的东西吗？"晏子答道："有。在东海有一种极其微小的虫子，它们在蚊子的眼睫里筑巢繁衍，在巢内哺乳长大，然后再飞走，长大后又到别的蚊子眼中筑巢，然后再飞走，如此反反复复，而蚊子却没有受到惊扰。我不知道这种虫的名字，只知道东海那一带的渔夫都叫它'焦冥'"。

庄公图莒国人扰绐以晏子在乃止第十五

【原文】

庄公阖门而图莒①，国人以为有乱也，皆操长兵而立于闾。公召睢休相②而问曰："寡人阖门而图莒，国人以为有乱，皆摽长兵而立于衢闾③，奈何？"

休相对曰："诚无乱而国以为有，则仁人不存。请令于国，言晏子之在也。"公曰："诺。"以令于国："孰谓国有乱者，晏子在焉。"然后皆散兵而归。君子曰："夫行不可不务也。晏子存而民心安，此非一日之所为也，所以见于前信于后者，是以晏子立人臣之位，而安万民之心。"

【注释】

①阖门：关闭城门。莒：这里指莒（jǔ）国：周朝的诸侯国，后来被楚国所灭，但是莒国的全境最后又被齐国占领。

②睢（suī）休相：齐国的大臣，姓睢，名休相。生平不详。

③摽（biāo）长兵：手里拿着长兵器。衢闾（qú lǘ）：街道里巷；当街的里巷门。

【译文】

齐庄公将城门关闭谋划策略准备前去攻打莒国，齐国的人以为城中发生了祸乱，于是都拿起长兵器站在里巷门外。齐庄公召来睢休相，问道："我关闭城门是为了商议准备攻打莒国，而国都里的人都以为城中发生了祸乱，都拿起了长兵器站在里巷门外，这件事该怎么办？"

睢休相答道："其实原本没有发生祸乱而百姓却以为有，就是因为仁德的贤人不在都城之中。请主公下令告知全国百姓，说晏子此时就在城中。"庄公说："好"。于是通告全国："谁说都城发生了祸乱，晏子此时就在城中。"这通告发布之后，那些百姓都收起兵器而分散回到各自家中。君子说："一个人的德行不可以不去努力修为啊。晏子就是一个德才兼备的人，有他在而人民就会心安，这并不是仅凭一天两天的努力就能办到的，之所以会出现先前手拿兵器全民戒备的情形而又发生了后面相信君王通告的原因，正是由于晏子廉洁无私地立于朝中的重臣之位，才使亿万人民的心得到安定。"

晏子死景公驰哭往哭哀毕而去第十六

【原文】

景公游于菑[①]，闻晏子死，公乘侈舆服繁驵驱之[②]。自以为迟，下车而趋；知不若车之速，则又乘。

比至于国者，四下而趋，行哭而往，伏尸而号，曰："子大夫日夜责寡人，不遗尺寸，寡人犹且淫泆[③]而不收，怨罪重积于百姓。今天降祸于齐，不加于寡人，而加于夫子。齐国之社稷危矣，百姓将谁告[④]夫！"

【注释】

①菑（zī）：这里指菑川，地名，在今山东省寿光县。

②侈舆服：催促赶快驾车。驵（zǎng）：骏马，快马。

③淫泆（yì）：恣纵逸乐，骄奢淫逸。

④将谁告：将向谁诉说。

【译文】

景公在菑川游玩的时候，突然听到晏子去世的消息，景公命令车夫马上返回并且催促车夫驱赶骏马火速奔往晏子家中。而景公嫌马车跑得太慢，于是就下车自己向前急跑；可跑了一会儿，发现还是不如马车的速度快，就又乘上了马车。

等回到都城的时候，景公已如此反复下车急跑四次了，他一边跑一边哭着到了晏子的家中，趴在晏子的尸体上大声号哭，说："先生以前不分白天黑夜地规劝责谏我，就连细小的事情都不遗漏，可我却还是恣纵逸乐而不知收敛，以至于怨恨与责备深深地积蓄在百姓心中。如今上天降临灾祸于齐国，可这灾祸没有施加在我的身上，却施加给了先生您。齐国的社稷危险了啊，百姓又将向谁去告求啊！"

晏子死景公哭之称莫复陈告吾过第十七

【原文】

晏子死，景公操玉①加于晏子尸上而哭之，涕沾襟。

章子②谏曰："非礼也。"

公曰："安用礼乎？昔者吾与夫子游于公邑之上，一日而三不听寡人，今其孰能然乎！吾失夫子则亡③，何礼之有？"免④而哭，哀尽而去。

【注释】

①操玉：拿着玉器。

②章子：这里指匡章，匡章（生卒年不详），又称章子、匡子、田章，战国时期齐国将领。孟子的学生，齐威王末年为齐国大将，曾率军打退秦国的进攻。

③亡（wú）：通"无"，没有。

④免：通"绕（miǎn）"，古代的一种丧服，去冠，用布包裹发髻。

【译文】

晏子死了，景公前来吊丧，他拿着玉器放在晏子的尸体上作为晏子的陪葬品，忍不住痛哭晏子，涕泪沾湿了衣裳。

章子上前劝谏说："晏子先生毕竟是臣子，主公您这样做太不符合君臣之礼了。"

景公说："还用讲究什么礼法吗？当年我与晏子先生在公邑游赏之时，他曾一天之内三次劝谏我而不肯屈从我邪僻的意见，如今还有谁能这样做呢！我失去了晏子先生就什么都没有了，还有什么礼法可讲呢?”景公悲伤地脱下帽子，然后束上免布而大声痛哭，直到极尽哀痛之后才离去。

晏子没左右谀弦章谏景公赐之鱼第十八

【原文】

晏子没①十有七年，景公饮诸大夫酒。公射，出质②，堂上唱善，若出一口。公作色太息，播弓矢③。

弦章入，公曰：“章！自吾失晏子，于今十有七年，未尝闻吾不善。今射出质，而唱善者若出一口。”弦章对曰：“之臣闻此诸臣之不肖也，知不足以知君之不善，勇不足以犯君之颜色，然而有一焉，君好之，则臣服之；君嗜之，则臣食之。夫尺蠖④食黄则其身黄，食苍⑤则其身苍。君其犹有谄人言乎?”

公曰：“善！今日之言，章为君，我为臣。”是时海人入鱼，公以五十乘赐弦章。章归，鱼乘塞途，抚其御之手，曰：“曩之唱善者，皆欲若鱼者也。昔者晏子辞党⑥以正君，故过失不掩之。今诸臣谀以干利，故出质而唱善，如出一口。今所辅于君，未见于众而受若鱼，是反晏子之义，而顺谄谀之欲。”固辞鱼不受。君子曰：“弦章之廉，晏子之遗行也。”

【注释】

①没：一作“殁”，死亡，去世。

②出质：弓箭越出了靶子。

③播弓矢：扔掉弓箭。

④尺蠖（chǐ huò）：尺蛾的幼虫，尺蠖身体细长，行动时一屈一伸像个拱桥。休息时，身体能斜向伸直如枝状。

⑤苍：深青色。

⑥辞党：疑误字。当作“辞赏”，辞谢赏赐。

【译文】

晏子去世十七年后，这一天，景公设宴与朝中的诸位大夫饮酒。在宴饮之中，景公兴起射箭，但弓箭越出了靶子而没有射中，然而殿堂之上的人们依然高声叫好，就好像出自一人之口。景公并不高兴，反而面带怒色地长声叹息，随手扔掉弓箭，离开了筵席。

这时弦章跟随景公走了进来，景公说：“弦章啊！自从晏子先生去世后，这十七年来就再也听不到有人指出我有哪些做得不妥善的事了。今日我射箭时弓箭越出了靶子而没有射中，然而高声叫好的人像是出自一人之口。”弦章回答：“这是大臣们的过错，智慧不足以发现您的不妥善之处，勇气也不足所以不敢当面反对您。但还有一点，我听说君王喜欢衣着服饰，大臣们就跟从讲究穿着服饰；主公您嗜好宴饮，大臣们就跟着讲求饮食。那尺蠖吃了黄色的食物它会变成黄色，吃了深青色的食物就会变成深青色。君王您是不是犹如在食用谄媚之人的言辞呢？”

景公说：“好！今天这些话，我听你的。”当时渔民正捕获鱼回来，景公为了激励弦章直谏，便赏赐他五十乘鱼。弦章回到家中时，发现送鱼的车已经阻塞了整条路，于是他按住那个驾御马车的人的手说：“之前那些说好话的人，就是想要这些鱼。从前晏子就曾用辞谢赏赐的方式来匡正国君，所以他才能做到不掩饰君王的过失。现在满朝的大臣们都在阿谀奉承以谋取私利，所以即使脱靶了也说好，人人如此。今天我辅佐国君，没有什么明显的成绩。如果接受了这些鱼，就是违背了晏子的德义准则，从而顺应了阿谀谄媚之人的欲望。”于是，弦章坚决不接受这些鱼。君子说：“弦章的廉洁无私，正是晏子遗留下来的美好德行啊。”

参考文献

[1] 吴则虞 . 晏子春秋集释 [M]. 北京：中华书局，1982.

[2] 汤化 . 晏子春秋：中华经典名著全本全注全译 [M]. 北京：中华书局，2015.

[3] 陈涛 . 晏子春秋：中华经典藏书升级版 [M]. 北京：中华书局，2016.

[4] 卢守助 . 晏子春秋译注 [M]. 上海：上海古籍出版社，2012.

[5] 张纯一 . 晏子春秋校注 [M]. 北京：中华书局，2014.